医師の時間外労働規制関係法令通達集

認定登録医業経営コンサルタ
特定社会保険労務士
元厚生労働省老健局総務課
大澤範恭［編］
Osawa Noriyasu

日本法令®

はじめに

医師の時間外労働規制が始まる令和６年４月まで、残すところあとわずかとなりました。各医療機関においては、宿日直許可申請、医療機関勤務環境評価センターの評価受審、特定労務管理対象機関（B・連携B・C－１・C－２水準）の指定申請などの準備作業に追われていることと思います。

私も、埼玉県医療勤務環境改善支援センターの医業経営アドバイザー・医療労務管理アドバイザーとして、多くの医療機関の支援を行っていますが、その中で、あらためて医師の時間外労働規制についてその法的根拠を問われ、大変苦労しました。関係する法令及び通達が労働法制と医事法制に分かれ、それらを一覧できるものがなかったためです。

例えば、皆さんは、長時間労働の医師に対する面接指導や勤務間インターバルが確保できなかったときの代償休息について、それらに関する記録の保存期間や、実施できなかった場合に都道府県知事から改善命令が出されたり、罰則が適用されたりすることをご存知でしょうか。

実際に医師の時間外労働規制が始まったときに、何をどこまですればよいのかについては、やはり根拠となる法令や通達の内容を正確に押さえておく必要があります。

そこで本書では、まず、医師の時間外労働規制の概要と法的根拠を整理して、一覧できるようにしたうえで、労働法制と医事法制ごとに、今回の法令改正の概要と、関係法令の条文及び通達・ガイドライン等を確認しやすいように編集しました。

わかりやすさを重視しましたので、法令上の漢数字はできる限り算用数字に改めるといった工夫もしてあります。

各医療機関において、医師の時間外労働規制に備えるための実務に従事している方々はもちろん、医療機関に助言・指導をされている、行政関係者、社会保険労務士、弁護士、コンサルタントの皆さんに広くご活用いただければ幸いです。

令和５年９月

大澤範恭

もくじ

第１章　医師の時間外労働規制の概要と法的根拠

第2章 労働基準法関係

1 概 要

2 関係条文

第３章　労働安全衛生法関係

1　概　要

2　関係条文

第４章　医療法等関係

〔医療法関係〕

1　概　要

2 関係条文

〔医師法関係〕

1　概　要

2　関係条文

〔介護保険法関係〕

1　概　要

第6章　通達・ガイドライン等

1　宿日直許可・研鑽

2　副業・兼業

3　専門業務型裁量労働制

4　医師の働き方改革に関するＦＡＱ

5　医師労働時間短縮計画作成ガイドライン

6　医療機関の医師の労働時間短縮の取組の評価

7　追加的健康確保措置

8　タスク・シフト／シェアの推進について

第1章

医師の時間外労働規制の概要と法的根拠

1　労働時間の原則

労働時間の一般原則を定める労働基準法（昭和22年法律第49号）では、１日８時間、週40時間を法定労働時間とし、原則としてこれを超えて労働させてはならないと定めています（労働基準法第32条）。

ただし、使用者は、当該事業場に、労働者の過半数で組織する労働組合がある場合においてはその労働組合、労働者の過半数で組織する労働組合がない場合においては労働者の過半数を代表する者との書面による協定（いわゆる「36協定」）をし、これを労働基準監督署に届け出れば、法定労働時間を超えて労働させることができます。

これまで、36協定で定める時間外労働については、厚生労働大臣の告示によって、上限の基準が定められていましたが、臨時的に限度時間を超えて時間外労働を行わなければならない特別の事情が予想される場合には、特別条項付きの36協定を締結すれば、限度時間を超える時間まで時間外労働を行わせることが可能でした。これまでの限度基準告示による上限は、罰則による強制力がなく、また特別条項を設けることで上限なく時間外労働を行わせることが可能となっていました。

そこで、令和元年４月から段階的に適用が始まった働き方改革によって、罰則付きの上限が法律に規定され、さらに、臨時的な特別な事情がある場合にも上回ることのできない上限が設けられました。

すなわち、働き方改革を推進するための関係法律の整備に関する法律（平成30年法律第71号）によって、法律上、時間外労働の上限は原則として月45時間・年360時間となり、臨時的な特別の事情がなければこれを超えることができなくなりました（労働基準法第36条第４項・第５項）。

臨時的な特別の事情があって労使が合意する場合（特別条項）でも、次の事項を守らなければなりません。

○時間外労働が年720時間以内
○時間外労働と休日労働の合計が月100時間未満
○時間外労働と休日労働の合計について、「２か月平均」「３か月平均」「４か月平均」「５か月平均」「６か月平均」がすべて１月当たり80時間以内
○時間外労働が月45時間を超えることができるのは、年６か月が限度

上記に違反した場合には、罰則（６か月以下の懲役または30万円以下の罰金）が科されるおそれがあります（労働基準法第119条第１号）。

以上の時間外労働の改正内容は、令和元年４月１日から施行され、中小企業（医療のようなサービス業の場合、資本金の額若しくは出資の総額が5,000万円以下又は常時使用する労働者数が100人以下）については１年間猶予された令和２年４月１日から施行されています。

医療機関においても、医師以外の医療

従事者については、この改正内容が適用されていますが、医師については、その業務の特殊性から５年間適用が猶予され、その間、関係者間において、医師の時間外労働規制の在り方について、検討が行われ、いよいよ令和６年４月１日から医師についても時間外労働規制が始まることになりました。

2　医師に対する時間外労働規制

厚生労働大臣は、労働時間を短縮し健康を確保することにより、医師が良質かつ適切な医療を行うことができるよう、関係者が適切に対処するために必要な指針を定め、公表するものとされました（医療法（昭和23年法律第205号）第105条、医師の労働時間短縮等に関する指針（令和４年厚生労働省告示第７号））。

⑴　時間外・休日労働の上限（原則・Ａ水準）

医業に従事する医師（※）についても、36協定において定める時間外労働（休日労働を含まない。）の上限の原則は、月45時間・年360時間とされ、臨時的な特別の事情がなければこれを超えることができなくなりました（労働基準法施行規則（昭和22年厚生省令第23号）第69条の３第５項）。

臨時的な特別の事情があって労使が合意する場合（特別条項）には、36協定において定める時間外・休日労働の上限は、月100時間未満・年960時間とされました。ただし、月100時間以上となることが見込まれる者に面接指導を行うことを定めた場合は年960時間とされました（Ａ水準。労働基準法施行規則第69条の４、第69条の５）。

※「医業に従事する医師」とは、病院、診療所、介護老人保健施設又は介護医療院に勤務し、患者への診療を直接の目的とする業務を行う者をいいます。そのため、産業医、検診センターの医師、裁量労働制（大学における教授研究等）が適用される医師等は「医業に従事する医師」に当たらず、時間外労働の上限規制は、一般の業種の労働者と同様の基準が適用されます（「医師の働き方改革に関するFAQ（2023年６月７日ver.）」QA－３）。

⑵　特定地域医療提供機関（Ｂ水準）、連携型特定地域医療提供機関（連携Ｂ水準）、技能向上集中研修機関（Ｃ－１水準）及び特定高度技能研修機関（Ｃ－２水準）の時間外・休日労働の上限

医療機関において医師が従事する業務の中には、地域の医療提供体制を確保するため又は一定の期間で集中的に必要な知識や技術を習得するために、業務の性格上、一定の長時間労働が不可避となるものが存在することから、そうした業務が存在する医療機関を、特定地域医療提供機関、連携型特定地域医療提供機関、技能向上集中研修機関及び特定高度技能研修機関（以下「特定労務管理対象機関」と総称します）として指定することとされました（医療法第113条等）。

そして、特定労務管理対象機関の36協定において定める時間外労働（休日労働を含まない）の上限の原則は、月45時間・年360時間ですが、臨時的な特別の事情があって労使が合意する場合（特別条項）には、36協定において定める時間外・休日労働の上限は、月100時間

未満・年1,860時間とされました。ただし、月100時間以上となることが見込まれる者に面接指導を行うことを定めた場合は年1,860時間とされました（B・連携B・C－1・C－2水準。医療法第128条の規定により読み替えて適用する労働基準法第141条第２項の厚生労働省令で定める時間等を定める省令（令和４年厚生労働省令第６号）第１条・第２条）。

3　特定労務管理対象機関の指定

(1)　特定地域医療提供機関（B水準）

①　都道府県知事は、次に掲げる病院又は診療所について、それぞれに掲げる業務であって、当該業務に従事する医師の時間外・休日労働時間が1年について960時間を超える必要があると認められるものを、当該病院又は診療所の開設者の申請により、特定地域医療提供機関として指定することができるものとされました（医療法第113条第1項、医療法施行規則（昭和23年厚生省令第50号）第80条、医療法施行規則第80条第1号の規定に基づき救急医療を提供する病院又は診療所であって厚生労働大臣の定めるもの（令和4年厚生労働省告示第9号））。

ア　救急医療を提供する病院又は診療所であって次に掲げるもの　救急医療の提供に係る業務

ⅰ　医療計画において3次救急医療機関として位置づけられている病院又は診療所

ⅱ　医療計画において2次救急医療機関として位置づけられている病院又は診療所であって、次に掲げる要件を満たすもの

(1)　年間の救急車の受入件数が1,000件以上であること又は当該病院若しくは診療所が表示する診療時間以外の時間、休日若しくは夜間に受診した患者のうち、診察後直ちに入院となった患者の数が年間500人以上であること

(2)　5疾病・5事業の確保について重要な役割を担う病院又は診療所であること

イ　居宅等における医療を提供する役割を積極的に果たす病院又は診療所　居宅等における医療の提供に係る業務

ウ　地域において当該病院又は診療所以外で提供することが困難な医療の提供その他地域における医療の確保のために必要な機能を有すると都道府県知事が認めた病院又は診療所　当該機能に係る業務

②　①の指定の申請は、厚生労働省令で定める事項を記載した申請書に、①の業務に従事する医師の労働時間の短縮に関する計画（以下「労働時間短縮計画」という。）の案を添えてしなければならないものとされました（医療法第113条第2項、医療法施行規則第81条第1項）。

③　都道府県知事は、①の申請に係る病院又は診療所が次に掲げる要件に該当すると認めるときは、①の指定をすることができるものとされました（医療法第113条第3項）。

ア　②の労働時間短縮計画の案が、当該病院又は診療所に勤務する医師その他関係者の意見を聴いて作成されたものであることその他の次に定める要件を満たすものであ

ること（医療法施行規則第82条第１項）。

ⅰ　当該病院又は診療所に勤務する医師その他関係者の意見を聴いて作成されたものであること。

ⅱ　次に掲げる事項が全て記載されていること。

⑴　当該病院又は診療所に勤務する医師の労働時間の状況

⑵　当該病院又は診療所に勤務する労働が長時間にわたる医師の労働時間の短縮に係る目標

⑶　当該病院又は診療所に勤務する医師の労務管理及び健康管理に関する事項

⑷　⑴から⑶までに掲げるもののほか当該病院又は診療所に勤務する労働が長時間にわたる医師の労働時間の短縮に関する事項

イ　面接指導及び休息時間の確保を行うことができる体制が整備されていること。

ウ　労働に関する法律の規定であって次に定めるものの違反に関し、法律に基づく処分、公表その他の措置が講じられた事実であって厚生労働省令で定めるものがないこと（医療法施行令（昭和23年政令第326号）第14条、医療法施行規則第82条第２項）。

⑴　労働基準法第24条、第32条、第34条、第35条第１項、第36条第６項（第２号及び第３号に係る部分に限る。）、第37条第１項及び第４項並びに第141条第３項

⑵　最低賃金法（昭和34年法律第137号）第４条第１項

④　都道府県知事は、①の指定をするに当たっては、医療機関勤務環境評価センターによる評価の結果を踏まえなければならないものとし、あらかじめ、都道府県医療審議会の意見を聴かなければならないものとされました（医療法第113条第４項及び第５項）。

⑤　都道府県知事は、①の指定をしたときは、その旨を公示しなければならないものとされました（医療法第113条第６項）。

⑵　連携型特定地域医療提供機関（連携Ｂ水準）

①　都道府県知事は、当該病院又は診療所の管理者の指示により行われるものその他の当該病院又は診療所の管理者が医療提供体制の確保のために必要と認めたものであって、当該派遣を行うことによって当該派遣をされる医師の時間外・休日労働時間が１年について960時間を超える必要があると認められる医師の派遣を行うことによって、当該派遣をされる医師の労働時間がやむを得ず長時間となる病院又は診療所を、当該病院又は診療所の開設者の申請により、連携型特定地域医療提供機関として指定することができるものとされました（医療法第118条第１項、医療法施行規則第87条）。

②　⑴の②から⑤までの規定は、連携型特定地域医療提供機関について準用されます（医療法第118条第２項）。

⑶　技能向上集中研修機関（C－1水準）

①　都道府県知事は、次のいずれかに該当する病院又は診療所であって、それぞれ次に掲げる医師をやむを得ず長時間従事させる必要がある業務としてそれぞれ次に定めるものがあると認められるものを、当該病院又は診療所の開設者の申請により、技能向上集中研修機関として指定することができるものとされました（医療法第119条第1項、医療法施行規則第94条）。

ア　医師法（昭和23年法律第201号）第16条の2第1項の都道府県知事の指定する病院　同項の臨床研修を受ける医師　同項の臨床研修に係る業務であって、一定期間、集中的に診療を行うことにより基本的な診療能力を身に付けるために当該業務に従事する医師の時間外・休日労働時間が1年について960時間を超える必要があると認められるもの

ⅰ　医師法第16条の2第1項の都道府県知事の指定する病院（臨床研修病院）の管理者は、当分の間、研修医の募集を行おうとするときは、次に掲げる事項を公表しなければならないものとされました（医師法第16条の2第1項に規定する臨床研修に関する省令（平成14年厚生労働省令第158号）附則第4項）。

ⅱ　研修プログラムにおける労働時間を延長して労働させ、及び休日に労働させる時間に関する事項

ⅲ　研修プログラムにおける宿日直勤務に関する事項

イ　医師法第16条の11第1項の研修を行う病院又は診療所　当該研修を受ける医師　当該研修に係る業務であって、一定期間、集中的に診療を行うことにより最新の知見及び技能を修得するために当該業務に従事する医師の時間外・休日労働時間が1年について960時間を超える必要があると認められるもの

②　⑴の②から⑤までの規定は、技能向上集中研修機関について準用されます（医療法第119条第2項）。

⑷　特定高度技能研修機関（C－2水準）

①　都道府県知事は、特定分野（医療の分野のうち高度な技能を有する医師を育成することが公益上特に必要と認められるものとして厚生労働大臣が公示したものをいう。）における高度な技能を有する医師を育成するために、当該技能の修得のための研修を行う病院又は診療所であって、当該研修を受ける医師（当該研修を受けることが適当と認められる者として厚生労働省令で定める要件に該当する者に限る。）を高度な技能を修得するための研修に係る業務であって、当該業務に従事する医師の時間外・休日労働時間が1年について960時間を超える必要があると認められるもの（当該研修を効率的に行う能力を有することについて厚生労働大臣の確認を受けたものに

限る。）を、当該病院又は診療所の開設者の申請により、特定高度技能研修機関として指定することができるものとされました（医療法第120条第１項、医療法第120条第１項の医療の分野のうち高度な技能を有する医師を育成することが公益上特に必要と認められる特定分野を公示する件（令和４年厚生労働省告示第23号）、医療法施行規則第101条第１項・第４項）。

② ⑴の②から⑤までの規定は、特定高度技能研修機関について準用されます（医療法第120条第２項）。

③ 厚生労働大臣は、①の確認に係る事務の全部又は一部を、厚生労働省令で定める者に委託することができるものとされました（医療法第121条第２項、医療法施行規則第101条第３項）。

⑸ 指定の有効期間

特定労務管理対象機関の指定は、３年ごとにその更新を受けなければ、その期間の経過によって、その効力を失うものとされました（医療法第115条第１項、第118条第２項、第119条第２項及び第120条第２項）。

⑹ 指定の取消し

都道府県知事は、特定労務管理対象機関がその要件を欠くに至ったと認められるとき又は特定労務管理対象機関の開設者が**５**の⑴の④（11頁）若しくは**５**の⑵の②のキ（14頁）の命令に違反したとき等は、あらかじめ、都道府県医療審議会の意見を聴いた上で、当該特定労務管理対象機関の指定を取り消すことができるものとされました（医療法第117条、第118条第２項、第119条第２項及び第120条第２項）。

4　医療機関勤務環境評価センター

⑴　厚生労働大臣が指定する医療機関勤務環境評価センター（公益社団法人日本医師会）は、病院又は診療所に勤務する医師の労働時間の短縮のための取組の状況その他次に定める事項について評価を行うこと等の業務を行うものとされました（医療法第107条及び第108条（令和６年４月１日以降は第130条及び第131条）、医療法施行規則第65条（令和６年４月１日以降は附則第124条）、医療法第107条第１項の指定をした旨を公示する件（令和４年厚生労働省告示第146号））。

①　当該病院又は診療所に勤務する医師の労務管理を行うための体制

②　当該病院又は診療所に勤務する医師の労働時間の短縮のための取組

③　①の体制の運用状況及び②の取組の成果

④　①から③までに掲げるもののほか、当該病院又は診療所の勤務環境に関する事項

⑵　医療機関勤務環境評価センターは、⑴の評価の結果を、遅滞なく、当該評価に係る病院又は診療所の管理者及びその所在地の都道府県知事に対して通知しなければならないものとし、都道府県知事は、通知された評価の結果の要旨について、当該評価の結果の通知を受けてからおおむね１年以内に、インターネットの利用その他の適切な方法により公表しなければならないものとされました（医療法第109条及び第111条（令和６年４月１日以降は第132条及び第134条）、医療法施行規則第66条（令和６年４月１日以降は第125条））。

5　追加的健康確保措置

⑴　面接指導

（注）　介護保険法（平成９年法律第123号）の改正により、長時間労働となる医師に対する面接指導を、介護老人保健施設及び介護医療院に準用する旨が規定されました（介護保険法附則第10条第１項）。

①　病院又は診療所の管理者は、当分の間、当該病院又は診療所に勤務する医師の健康状態を把握し、適切に対応するために必要な体制を整備しなければならないとされました（医療法第107条）。

②　病院又は診療所の管理者は、当該病院又は診療所に勤務する医師（医療を受ける者に対する診療を直接の目的とする業務を行わない者等を除く。）であって、時間外・休日労働時間が１か月について100時間以上となることが見込まれる者（以下「面接指導対象医師」という。）に対し、医師（当該病院又は診療所の管理者でなく、医師の健康管理を行うのに必要な知識を修得させるための講習を修了している者に限る。以下「面接指導実施医師」という。）による面接指導を行わなければならないものとするとともに、面接指導実施医師の意見を勘案し、その必要があると認めるときは、当該面接指導対象医師の実情を考慮して、労働時間の短縮、宿直の回数の減少その他の適切な措置を講じなければならないものとされました（医療法第108条第１項から第５項まで、医療法施行規則第62条及び第65条）。

③　病院又は診療所の管理者は、面接指導対象医師の時間外・休日労働時間が１か月について155時間を超えた場合に、労働時間の短縮のために必要な措置を講じなければならないものとされました（医療法第108条第６項、医療法施行規則第70条）。

④　都道府県知事は、病院又は診療所の管理者が、正当な理由がなく、①の必要な体制を整備していないとき、②の面接指導を行っていないと認めるとき又は③の必要な措置を講じていないと認めるときは、当該病院又は診療所の開設者に対し、期限を定めて、その改善に必要な措置をとるべきことを命ずることができるものとされ、この命令に違反した場合には、６か月以下の懲役又は30万円以下の罰金に処することとされました（医療法第111条、第148条、第150条）。

⑤　病院又は診療所の管理者は、面接指導の結果に基づき、当該面接指導の結果の記録を作成して、これを５年間保存しなければならないこととされました（医療法施行規則第71条第１項）。

（注）　労働安全衛生規則（昭和47年労働省令第32号）の改正により、上記面接指導を、労働安全衛生法（昭

和47年法律第57号）に基づく面接指導と位置付ける旨が規定されました（労働安全衛生規則附則第19条～第19条の３）。

⑵ 継続した休息時間の確保（連続勤務時間制限・勤務間インターバル）

① 特定労務管理対象機関以外の医療機関の場合

（注） 介護保険法（平成９年法律第123号）の改正により、継続した休息時間の確保（特定労務管理対象機関以外の医療機関の場合）を、介護老人保健施設及び介護医療院に準用する旨規定されました（介護保険法附則第10条第１項）。

ア 管理者は、当該医療機関に勤務する医師のうち、１年について労働時間を延長して労働させる時間が720時間を超えることが見込まれる者又は１か月について労働時間を延長して労働させる時間が45時間を超える月数が１年について６か月を超えることが見込まれる者（②のアの特定対象医師を除き、以下「対象医師」という。）に対し、当該対象医師ごとに、次のいずれかの方法により、継続した休息時間を確保するよう努めなければならないものとされました（医療法第110条第１項本文、医療法施行規則第73条～第76条）。

ⅰ 業務の開始から24時間を経過するまでに、９時間の継続した休息時間を確保すること

ⅱ 業務の開始から46時間を経過するまでに、18時間の継続した休息時間を確保すること（対象医師を特定宿日直勤務(厚生労働大臣の定める基準（※）に適合する宿日直勤務をいう。以下同じ。）以外の宿日直勤務に従事させる場合であって、ⅰに掲げる方法により継続した休息時間を確保することとしない場合に限る。）

※ 宿日直勤務で断続的な業務について、労働基準法施行規則第23条の許可を受けたもの（医療法第110条第１項ただし書の規定に基づき厚生労働大臣の定める基準（令和４年厚生労働省告示第８号））

イ 対象医師を、業務の開始から24時間を経過するまでに、特定宿日直勤務に継続して９時間従事させる場合は、アの継続した休息時間の確保を要さないこととされました（医療法第110条第１項ただし書）。

ウ 管理者は、対象医師に対し、アの休息時間を確保しなかった場合には、当該休息時間の終了後当該労働が発生した日の属する月の翌月末までの間にできるだけ早期に、これに相当する休息時間を確保するよう努めなければならないものとされました（医療法第110条第２項、医療法施行規則第78条）。

エ イの場合において、管理者は、宿日直勤務中に、対象医師を労働させたときは、当該宿日直勤務後に、当該対象医師に対し、当該休息時間の終了後当該労働が発生した日の属する月の翌月末までの間

に、当該労働の負担の程度に応じ必要な休息時間を確保するよう努めなければならないものとされました（医療法第110条第３項、医療法施行規則附則第79条)。

② 特定労務管理対象機関の場合

※ 「特定対象医師」とは、特定地域医療提供機関（Ｂ水準)、技能向上集中研修機関（Ｃ－１水準）若しくは特定高度技能研修機関（Ｃ－２水準）の指定に係る業務に従事する医師又は連携型特定地域医療提供機関（連携Ｂ水準）の指定に係る派遣の対象となる医師であって、１年について時間外・休日労働時間が960時間を超えることが見込まれる者をいいます。

※ 「特定臨床研修医」とは、技能向上集中研修機関（Ｃ－１水準）に指定された臨床研修病院において当該指定に係る業務に従事する医師をいいます。

ア 管理者は、当該特定労務管理対象機関に勤務する医師のうち、特定対象医師に対し、次のいずれかの方法により、継続した休息時間を確保しなければならないものとされました（医療法第123条第１項本文、医療法施行規則第110条～第114条)。

【特定臨床研修医以外の特定対象医師の場合】

ｉ 業務の開始から24時間を経過するまでに、９時間の継続した休息時間を確保すること

ii 業務の開始から46時間を経過するまでに、18時間の継続した休息時間を確保すること（対象医師を特定宿日直勤務以外の宿日直勤務に従事させる場合であって、ｉに掲げる方法により継続した休息時間を確保することとしない場合に限る。)

【特定臨床研修医の場合】

ｉ 業務の開始から24時間を経過するまでに、９時間の継続した休息時間を確保すること

ii 業務の開始から48時間を経過するまでに、24時間の継続した休息時間を確保すること（やむを得ない理由によりｉに掲げる方法により継続した休息時間を確保することができない場合に限る。)

イ 特定医師を、業務の開始から24時間を経過するまでに、特定宿日直勤務に継続して９時間従事させる場合は、アの継続した休息時間の確保を要さないこととされました（医療法第123条第１項ただし書)。

ウ 代償休息の確保

【特定臨床研修医以外の特定対象医師の場合】

管理者が、外来患者及び入院患者に関する緊急の業務が発生したことにより、アにより確保することとした休息時間（以下「休息予定時間」という。）中に特定対象医師を労働させる必要がある場合は、アにかかわらず、当該休息予定時間中に当該特定対象医師を労働させることができることとし、この場合においては、当該休息予定時間の終了後当該労働が発生し

た日の属する月の翌月末日までの間にできるだけ早期に、当該特定対象医師に対し、当該休息予定時間中に労働をさせた時間に相当する時間の休息時間（以下「代償休息」という。）を確保しなければならないものとされました（医療法第123条第２項、医療法施行規則第116条第１項、第117条第１項）。

【特定臨床研修医の場合】

管理者が、臨床研修の修了に必要な症例を経験するために、外来患者及び入院患者に関する緊急の業務（臨床研修を適切に修了するために必要な業務に限る。）が発生した場合に速やかに当該業務に従事できるよう休息予定時間中に特定臨床研修医を待機させる場合又は特定臨床研修医を特定宿日直勤務に従事させる場合であって、当該休息予定時間中又は当該特定宿日直勤務中に当該業務が発生したことにより、アにより確保することとした休息予定時間中に特定臨床研修医を労働させる必要がある場合は、アにかかわらず、当該休息予定時間中に当該特定臨床研修医を労働させることができることとし、この場合においては、代償休息を、原則として「当該診療科の研修期間の末日」又は「翌月末日」までのいずれか早い日までの間にできるだけ早期に確保しなければならないこととされました（医療法第123条第２項、医療法施行規則第116条第２項、第117条第２項）。

エ　イの場合において、管理者は、宿日直勤務中に特定対象医師を労働させたときは、当該宿日直勤務後に、当該特定対象医師に対し、当該労働が発生した日の属する月の翌月末日までの間に、当該労働の負担の程度に応じ必要な休息時間を確保するよう配慮しなければならないこととされました（医療法第123条第３項、医療法施行規則第118条）。

オ　災害その他避けることのできない事由によって、臨時の必要がある場合においては、管理者は、その所在地の都道府県知事の許可を受けて、その必要の限度においてア及びウの休息時間の確保を行わないことができるものとされました（医療法第123条第４項）。

カ　管理者は、複数の病院又は診療所に勤務する医師に係るア及びウの休息時間を適切に確保するために必要があると認めるときは、当該医師が勤務する他の病院又は診療所の管理者に対し、必要な協力を求めることができるものとするとともに、協力を求められた病院又は診療所の管理者は、その求めに応ずるよう努めなければならないものとされました（医療法第125条）。

キ　都道府県知事は、管理者が、正当な理由がなく、ア又はウの休息時間の確保を行っていないと認めるときは、当該特定労務管理対象機関の開設者に対し、期限を定めて、その改善に必要な措置をとるべきことを命ずることができるものとされ、この命令に違反した場合には、６か月以下の懲役又は30万円以下の罰金に処することとされました（医療法第126条、第148条、第150条）。

ク　特定労務管理対象機関の管理者は、特定対象医師に対する継続した休息時間（連続勤務時間制限・勤務間インターバル）及び代償休息の確保に関する記録を作成し、これを５年間保存しておかなければならないこととされました（医療法施行規則第119条第１項）。

6　労働時間短縮計画

⑴　特定労務管理対象機関の管理者は、指定を受けた後、遅滞なく、労働時間短縮計画を定めなければならないものとされました（医療法第114条、第118条第２項、第119条第２項及び第120条第２項）。

⑵　特定労務管理対象機関の管理者は、労働時間短縮計画に基づき、医師の労働時間の短縮のための取組を実施しなければならないものとされました（医療法第122条第１項）。

⑶　特定労務管理対象機関の管理者は、１年ごとに、当該特定労務管理対象機関に勤務する医師その他関係者の意見を聴いた上で、労働時間短縮計画の見直しのための検討を行い、必要があると認めるときは、労働時間短縮計画の変更をするとともに、変更後の労働時間短縮計画を都道府県知事に提出しなければならないものとされました（医療法第122条第２項、医療法施行規則第109条第１項）。

⑷　特定労務管理対象機関の管理者は、⑶の見直しのための検討を行った結果、変更の必要がないと認めるときは、その旨を都道府県知事に届け出なければならないものとされました（医療法第122条第３項）。

⑸　病院又は診療所の管理者は、令和６年３月31日までの間において、当該病院又は診療所に勤務する医師の労働時間が、１年に係る労働時間を延長して労働させ、及び休日に労働させる時間について960時間を超えている場合には、当該医師に係る労働時間短縮計画を作成するよう努めなければならないものとされました（良質かつ適切な医療を効率的に提供する体制の確保を推進するための医療法等の一部を改正する法律（令和３年法律第49号）附則第４条、良質かつ適切な医療を効率的に提供する体制の確保を推進するための医療法等の一部を改正する法律の施行に伴う厚生労働省関係省令の整備及び経過措置に関する省令（令和４年厚生労働省令第７号）第８条第１項）。

7　タスク・シフト／シェアの推進

医師の時間外労働の上限規制が適用される令和６年４月に向けて、医師の労働時間の短縮を進めるためには、多くの医療関係職種それぞれが自らの能力を生かし、より能動的に対応できるようにする観点から、まずは、現行制度の下で実施可能な範囲において、医師の業務のうち、医師以外の医療関係職種が実施可能な業務について、医療機関において医師から他の医療関係職種へのタスク・シフト／シェアを早急に進める必要があります。

このため、「現行制度の下で実施可能な範囲におけるタスク・シフト／シェアの推進について（令和３年９月30日医政発0930第16号厚生労働省医政局長）」において、現行制度の下で医師から他の医療関係職種へのタスク・シフト／シェアが可能な業務の具体例やタスク・シフト／シェアを推進するに当たっての留意点等について、整理されました。さらに、医師から他の医療関係職種へのタスク・シフト／シェアを推進するため、診療放射線技師法（昭和26年法律第226号）、臨床検査技師等に関する法律（昭和33年法律第76号）、臨床工学技士法（昭和62年法律第60号）及び救急救命士法（平成３年法律第36号）の改正[※]により、次のとおり各職種の業務範囲の拡大等が行われました（令和３年10月１日施行）。

※　良質かつ適切な医療を効率的に提供する体制の確保を推進するための医療法等の一部を改正する法律（令和３年法律第49号）

⑴　診療放射線技師（診療放射線技師法第２条第２項、第26条第２項、同法施行規則（昭和26年厚生省令第33号）第15条の２～第15条の４）

①　ＲＩ検査[※]のために、静脈路を確保し、ＲＩ検査医薬品を投与する行為、投与終了後に抜針及び止血する行為

※　RI検査とは、RI(Radio Isotope：放射性同位元素)を用いた「放射性医薬品」を体内に投与して、疾患の診断を行う検査のことです。

②　医師又は歯科医師が診察した患者について、その医師又は歯科医師の指示を受け、病院又は診療所以外の場所に出張して行う超音波検査

⑵　臨床検査技師（臨床検査技師等に関する法律第20条の２第１項、同法施行規則（昭和33年厚生省令第24号）第１条の２、第10条の２）

①　超音波検査において、静脈路を確保して、造影剤を接続し、注入する行為、当該造影剤の投与が終了した後に抜針及び止血する行為

②　採血に伴い静脈路を確保し、電解質輸液（ヘパリン加生理食塩水を含む。）に接続する行為

③　静脈路を確保し、成分採血装置を接続・操作する行為、終了後に抜針及び止血する行為

⑶　臨床工学技士（臨床工学技士法第37条第1項、同法施行規則（昭和63年厚生省令第19号）第31条の2）

①　手術室等で生命維持管理装置や輸液ポンプ・シリンジポンプに接続するために静脈路を確保し、それらに接続する行為／輸液ポンプやシリンジポンプを用いて薬剤（手術室等で使用する薬剤に限る。）を投与する行為、投与終了後に抜針及び止血する行為

②　心・血管カテーテル治療において、身体に電気的負荷を与えるために、当該負荷装置を操作する行為

③　手術室で行う鏡視下手術において、体内に挿入されている内視鏡用ビデオカメラを保持し、手術野視野を確保するために操作する行為

⑷　救急救命士（救急救命士法第2条第1項、第44条第2項・第3項、同法施行規則（平成3年厚生省令第44号）第23条・第24条）

現行法上、医療機関に搬送されるまでの間（病院前）に重度傷病者に対して実施可能な救急救命処置について、救急外来(※)においても実施可能とされました。

※　救急外来とは、救急診療を要する傷病者が来院してから入院（病棟）に移行するまで（入院しない場合は、帰宅するまで）に必要な診察・検査・処置等を提供される場のことを指します。

■表　医師の働き方改革に関する労働法制と医事法制の関係

※本書の該当頁を示しています。

労働法制	
概　　要	該当頁
労働基準法において、すべての労働者に適用される労働条件の最低基準を規定	
○働き方改革関連法（※１）により、時間外労働の上限規制（※２）を新たに規定 ※１　働き方改革を推進するための関係法律の整備に関する法律（平成30年法律第71号） ※２　36協定において定める時間外労働の上限を、月45時間・年360時間、臨時的に必要がある場合においても月100時間未満（休日労働を含む）・年720時間（月45時間を超えられるのは１年のうち６か月以内）とし、実際の時間外労働（休日労働を含む）について、100時間未満、２～６か月平均80時間以内とする。（第36条）	第２章 40頁
○医業に従事する医師（※３）については、令和６年３月まで上限規制の適用を猶予し、令和６年４月から上限規制を適用（第141条） ※３「医業に従事する医師」とは、病院、診療所、介護老人保健施設又は介護医療院に勤務し、患者への診療を直接の目的とする業務を行う者をいう。（労働基準法施行規則第69条の2） そのため、産業医、検診センターの医師、裁量労働制（大学における教授研究等）が適用される医師等は「医業に従事する医師」に当たらず、時間外労働の上限規制は、一般の業種の労働者と同様の基準が適用される。（医師の働き方改革に関するＦＡＱ（2023年6月7日ver.）Q_A－３）	第２章 42頁 第６章 227頁

医事法制	
概　要	該当頁
医師の働き方改革に関する検討会報告書及び医師の働き方改革の推進に関する検討会中間とりまとめを踏まえた医療法における対応	
○医療法の改正（※４）により、医師の時間外労働の上限規制に係る枠組みについて新たに規定 ※４　良質かつ適切な医療を効率的に提供する体制の確保を推進するための医療法等の一部を改正する法律（令和３年法律第49号） ・医師の労働時間短縮等に関する指針（第105条） ・医療機関勤務環境評価センター（第107条～第125条。令和６年４月１日以降は、第130条～第149条） ・特例水準（連携Ｂ、Ｂ、Ｃ－１、Ｃ－２）の対象医療機関の指定に係る枠組み（第113条～第121条） ・追加的健康確保措置の義務化（面接指導（第108条）、連続勤務時間制限、勤務間インターバル（第110条））及び履行確保に係る枠組み（第111条・第148条） ※５　介護保険法の改正（※４）により、介護老人保健施設及び介護医療院について、医療法に規定する追加的健康確保措置の義務化を準用する旨規定 ・医師労働時間短縮計画に係る枠組み（第114条、第118条第２項、第119条第２項、第120条第２項、第122条） 【関連する通達・ガイドライン等】 ・医師の働き方改革に関するFAQ（2023年６月７日ver.）	第４章 101頁・136頁 101頁 102頁 104頁 152頁 107頁 第６章 226頁

労働法制	
概　　要	該当頁
医業に従事する医師の時間外・休日労働に関する具体的な上限時間数等は、本則の上限規制、労働者の健康・福祉を勘案して厚生労働省令において規定	
○労働基準法施行規則の改正（※6）により、A水準適用医師の時間外・休日労働の上限時間を規定 ※6　労働基準法施行規則の一部を改正する省令（令和4年厚生労働省令第5号） ・医業に従事する医師について、36協定において定める時間外労働（休日労働を含まない）の上限を、月45時間・年360時間とする。（第69条の3第5項） ・A水準適用医師について、36協定において定める時間外・休日労働の上限を、月100時間未満・年960時間とする。ただし、月100時間以上となることが見込まれる者に面接指導を行うことを定めた場合は年960時間とする。（第69条の4、第69条の5） ・A水準適用医師について、厚生労働大臣が定める要件に該当する面接指導を行うこと等を36協定に定める。（第69条の3第2項・第3項）	第2章 48頁 49頁 47頁
○医療法第128条の規定により読み替えて適用する労働基準法第141条第2項の厚生労働省令で定める時間等を定める省令（令和4年厚生労働省令第6号）により、特例水準（連携B、B、C－1、C－2）適用医師の時間外・休日労働の上限時間を規定 ・特例水準適用医師について、36協定において定める時間外・休日労働の上限を、月100時間未満・年1,860時間とする。ただし、月100時間以上となることが見込まれる者に面接指導を行う等の措置を講じた場合は年1,860時間とする。（第1条、第2条） ・特例水準適用医師について、厚生労働大臣が定める要件に該当する面接指導を行うこと等を36協定に定める。（第3条） ・B水準・連携B水準の時間外・休日労働時間の上限時間については、令和18年3月31日を目途にA水準の時間外・休日労働時間の上限時間とすることを目標として、この省令の施	第2章 64頁 65頁 66頁

医事法制	
概　　要	該当頁
医師の労働時間短縮等に関する指針、医療機関勤務環境評価センター、特例水準の対象となる医療機関、追加的健康確保措置に関する事項は、政令、厚生労働省令及び厚生労働省告示において規定	
○医師の労働時間短縮等に関する指針（令和４年厚生労働省告示第７号）において、労働時間短縮に向けた基本的考え方、短縮目標ライン、関係者が取り組むべき事項等を規定 【関連する通達・ガイドライン等】 ・医師労働時間短縮計画作成ガイドライン　第１版（令和４年４月厚生労働省）	第４章 136頁 第６章 241頁
○医療法施行規則の改正（※７）により、医療機関勤務環境評価センター、特例水準の対象となる医療機関、追加的健康確保措置に関する事項を規定 ※７　良質かつ適切な医療を効率的に提供する体制の確保を推進するための医療法等の一部を改正する法律の施行に伴う厚生労働省関係省令の整備及び経過措置に関する省令（令和４年厚生労働省令第７号） ①　医療機関勤務環境評価センターに関する事項 ・センターの指定手続（第61条～第63条）、業務規程の内容（第67条）、評価等業務諮問委員の任命手続（第73条）等 ・評価事項（医療機関の労務管理体制等）（第65条）、評価結果の公表方法（第66条）等 （注）　令和６年４月１日以降、第61条～第74条は、第120	第４章 116頁 117頁

労働法制	
概　　要	該当頁
行後３年ごとに医師の労働時間の動向その他の状況を勘案して段階的に見直しを行う。（附則第２項）	
【関連する通達・ガイドライン等】	第６章
①　宿日直許可・研鑽	
・労働基準法関係解釈例規について（昭和63年３月14日基発第150号・婦発第47号労働省労働基準局長・婦人局長）	180頁
・医師、看護師等の宿日直許可基準について（令和元年７月１日基発0701第８号厚生労働省労働基準局長）	182頁
・医師の研鑽に係る労働時間に関する考え方について（令和元年７月１日基発0701第９号厚生労働省労働基準局長）	184頁
・医師等の宿日直許可基準及び医師の研鑽に係る労働時間に関する考え方についての運用に当たっての留意事項について（令和元年７月１日基監発0701第１号厚生労働省労働基準局監督課長）	188頁
・医療機関の宿日直許可申請に関するFAQ（2022年７月29日ver.）	191頁
②　副業・兼業	
・副業・兼業の場合における労働時間管理に係る労働基準法第38条第１項の解釈等について（令和２年９月１日基発0901第３号厚生労働省労働基準局長）	201頁
・副業・兼業の促進に関するガイドライン（平成30年１月策定（令和２年９月改定）厚生労働省）	207頁
③　専門業務型裁量労働制	
・労働基準法施行規則第24条の２の２第２項第６号の規定に基づき厚生労働大臣の指定する業務を定める告示の一部を改正する告示の適用について（平成15年10月22日基発第1022004号・平成18年２月15日基発第0215002号厚生労働省労働基準局長）	223頁
・学校教育法改正に伴う「労働基準法施行規則第24条の２の２第２項第６号の規定に基づき厚生労働大臣の指定する業務を定める告示の一部を改正する告示の適用について」の取り扱いについて（平成19年４月２日基監発第0402001号厚生労働省労働基準局監督課長）	225頁

医事法制	
概　要	該当頁
条～第133条に条ずれ。 【関連する通達・ガイドライン等】 ・医療機関の医師の労働時間短縮の取組の評価に関するガイドライン（評価項目と評価基準）第１版（令和４年４月厚生労働省） ・労働時間の適正な把握のために使用者が講ずべき措置に関するガイドライン（平成29年１月20日厚生労働省策定）	 第６章 270頁 294頁
②　特例水準の対象となる医療機関に関する事項 ・Ｂ水準医療機関 （指定に係る業務の要件（第80条）） ・連携Ｂ水準医療機関 （指定に係る医師の派遣の要件（第87条）） ・Ｃ－１水準医療機関 （指定に係る業務の要件（第94条）） ※８　臨床研修病院の管理者は、研修プログラムにおける時間外・休日労働時間、宿日直勤務に関する事項を公示すべき旨規定（医師法第16条の２第１項に規定する臨床研修に関する省令（平成14年厚生労働省令第158号）） ・Ｃ－２水準医療機関 （特定分野（※９）、対象医師の要件（第101条第１項）、指定に係る業務の要件（第101条第４項）） ※９　医療法第120条第１項の医療の分野のうち高度な技能を有する医師を育成することが公益上特に必要と認められる特定分野を公示する件（令和４年厚生労働省告示第23号）により規定。	第４章 123頁 125頁 127頁 148頁 129頁 144頁
〈共通事項〉 ・欠格事由となる労働法令違反の内容（医療法施行令第14条） ・指定や指定更新の手続（第81条、第84条、第88条、第91条、第95条、第98条、第102条、第105条） ・労働時間短縮計画の記載事項（第82条第１項第２号、第89条第１項、第96条第１項第２号イ、第103条第１項）等	 115頁 123頁 124頁

労働法制		
概　　要	該当頁	
○「労働基準法施行規則第69条の３第２項第２号の規定に基づき厚生労働大臣が定める要件」（令和４年厚生労働省告示第６号。以下「面接指導告示」という。）により、Ａ水準適用医師・特例水準適用医師に対する面接指導の要件を規定 ①　管理者が、事前に面接指導の対象となる医師（以下「面接指導対象医師」という。）の睡眠の状況等を確認した上で、１か月について時間外・休日労働時間が100時間に達するまでに行われるものであること。ただし、Ａ水準適用医師については、疲労の蓄積が認められない場合は、時間外・休日労働時間が100時間に達するまでの間又は100時間以上となった後に遅滞なく行われるものであること。 ②　面接指導を実施する医師(以下「面接指導実施医師」という。)が一定の講習を受講していること等の要件に該当すること。 ③　面接指導実施医師が、管理者から、面接指導対象医師の労働時間に関する情報その他の面接指導を適切に行うために必要な情報の速やかな提供を受けていること。 ④　面接指導実施医師が面接指導対象医師の勤務の状況等について確認を行うものであること。	第２章 68頁	
上記面接指導と労働安全衛生法に基づく面接指導が整合的に行われるよう、労働安全衛生規則において規定		
○労働安全衛生規則の改正（※10）により、上記面接指導を、労働安全衛生法に基づく面接指導と位置付ける旨規定 ※10　労働安全衛生規則及び厚生労働省の所管する法令の規定に基づく民間事業者等が行う書面の保存等における情報通信の技術の利用に関する省令の一部を改正する省令（令和４年厚生労働省令第８号） ・労働安全衛生法に基づく面接指導の対象となる労働者の要件を、当分の間、労働安全衛生規則に定めるもののほか、医業に従事する医師であって、１月について時間外・休日労働時間が100時間以上となることが見込まれる面接指導対象医師のうち、管理者が上記面接指導を行い、かつ、面接指導の結	第３章 75頁	

医事法制	
概　　要	該当頁
③　追加的健康確保措置に関する事項 ・勤務間インターバルの確保方法（始業から24時間以内に9時間の継続した休息時間の確保等）、代償休息の付与方法、許可あり宿日直勤務の場合の取扱（第73条〜第79条） ・面接指導対象医師の要件（第62条）、面接指導実施医師の要件（第65条）、面接時の確認事項（第64条）等 【関連する通達・ガイドライン等】 ・追加的健康確保措置（連続勤務時間制限・勤務間インターバル規制等）の運用について（令和３年８月４日第13回医師の働き方改革の推進に関する検討会資料１） ・長時間労働の医師への健康確保措置に関するマニュアル（令和２年12月厚生労働行政推進調査事業費補助金（政策科学研究事業）「医師の専門性を考慮した勤務実態を踏まえた需給等に関する研究」研究班）	 122頁 119頁 第６章 297頁 309頁
タスク・シフト／シェアを推進するため、診療放射線技師法、臨床検査技師等に関する法律、臨床工学技士法及び救急救命士法において、医療関係職種の業務範囲の見直し	
○「現行制度の下で実施可能な範囲におけるタスク・シフト／シェアの推進について（令和３年９月30日医政発0930第16号厚生労働省医政局長）」により、現行制度の下で医師から他の医療関係職種へのタスク・シフト／シェアが可能な業務の具体例やタスク・シフト／シェアを推進するに当たっての留意点等を整理 ○診療放射線技師法、臨床検査技師等に関する法律、臨床工学技士法及び救急救命士法の改正（※11）により、各職種の業務範囲の拡大等を規定 ※11　良質かつ適切な医療を効率的に提供する体制の確保を推進するための医療法等の一部を改正する法律（令和３年法律	第６章 320頁 第５章

労働法制	
概　要	該当頁
果を証明する書面の提出があった者以外の者に見直したものであること。（附則第19条第１項） ・面接指導対象医師に該当するかどうかの判断は、毎月１回以上、一定の期日を定めて行わなければならないものとしたこと。（附則第19条第２項） ・上記面接指導については、本人の申出の有無にかかわらず、面接指導対象医師に対して必ず実施するものであることから、面接指導対象医師について、事業者が管理者に上記面接指導を行わせる場合においては、本人の申出を前提とした労働安全衛生規則の規定は、適用しないものとしたこと。 　また、上記面接指導における確認事項については、面接指導告示において定められていることから、事業者が管理者に上記面接指導を行わせる場合においては、労働安全衛生規則の規定は適用しないものとしたこと。（附則第19条第３項） ・面接指導対象医師が受けた面接指導の証明及び面接指導結果の記録の作成については、労働安全衛生規則に規定されたもののほか、睡眠の状況を記載したものとしたこと。（附則第19条の２・第19条の３）	

医事法制	
概　　要	該当頁
第49号） ・診療放射線技師（診療放射線技師法第２条第２項、第26条第２項、同法施行規則第15条の２～第15条の４） ①　ＲＩ検査のために、静脈路を確保し、ＲＩ検査医薬品を投与する行為、投与終了後に抜針及び止血する行為 ②　医師又は歯科医師が診察した患者について、その医師又は歯科医師の指示を受け、病院又は診療所以外の場所に出張して行う超音波検査	162頁
・臨床検査技師（臨床検査技師等に関する法律第20条の２第１項、同法施行規則第１条の２、第10条の２） ①　超音波検査において、静脈路を確保して、造影剤を接続し、注入する行為、当該造影剤の投与が終了した後に抜針及び止血する行為 ②　採血に伴い静脈路を確保し、電解質輸液（ヘパリン加生理食塩水を含む。）に接続する行為 ③　静脈路を確保し、成分採血装置を接続・操作する行為、終了後に抜針及び止血する行為	167頁
・臨床工学技士（臨床工学技士法第37条第１項、同法施行規則第31条の２） ①　手術室等で生命維持管理装置や輸液ポンプ・シリンジポンプに接続するために静脈路を確保し、それらに接続する行為／輸液ポンプやシリンジポンプを用いて薬剤（手術室等で使用する薬剤に限る。）を投与する行為、投与終了後に抜針及び止血する行為 ②　心・血管カテーテル治療において、身体に電気的負荷を与えるために、当該負荷装置を操作する行為 ③　手術室で行う鏡視下手術において、体内に挿入されている内視鏡用ビデオカメラを保持し、術野視野を確保するために操作する行為	172頁
・救急救命士（救急救命士法第２条第１項、第44条第２項・第３項、同法施行規則第23条・第24条） ①　現行法上、医療機関に搬送されるまでの間（病院前）に重度傷病者に対して実施可能な救急救命処置について、救急外来（※10）においても実施可能とする。	176頁

労働法制	
概　　要	該当頁

医事法制	
概　要	該当頁
※10　救急外来とは、救急診療を要する傷病者が来院してから入院（病棟）に移行するまで（入院しない場合は、帰宅するまで）に必要な診察・検査・処置等を提供される場のことを指す。 【関連する通達・ガイドライン等】 ・現行制度の下で実施可能な範囲におけるタスク・シフト/シェアの推進について（令和３年９月30日医政発0930第16号厚生労働省医政局長）	 第６章 320頁

第2章

労働基準法関係

1　概　要

1　労働基準法施行規則の一部を改正する省令（令和４年厚生労働省令第５号）による改正の概要（令和６年４月１日施行）

【労働基準法施行規則（昭和22年厚生省令第23号）】

⑴　特定医師（第69条の２）

労働基準法第141条第１項の厚生労働省令で定める者は、病院若しくは診療所において勤務する医師（医療を受ける者に対する診療を直接の目的とする業務を行わない者を除く。）又は介護老人保健施設若しくは介護医療院において勤務する医師（以下「特定医師」という。）をいうものとしたこと。

⑵　特定医師に関する法第36条第１項の協定（第69条の３第２項）

労働基準法第141条第１項の場合において、労働基準法第36条第１項の協定に、厚生労働省令で定める事項として、第69条の３第１項の規定により読み替えて適用する第17条第１項各号に掲げる事項のほか、次に掲げる事項を定めるものとしたこと。

①　対象期間における１日、１箇月及び１年のそれぞれの期間について労働時間を延長して労働させることができる時間又は労働させることができる休日の日数

②　病院若しくは診療所の開設者が当該病院若しくは当該診療所を管理させることとした者又は介護老人保健施設若しくは介護医療院の開設者が当該介護老人保健施設若しくは当該介護医療院を管理させることとした者（以下「管理者」という。）に、１箇月について労働時間を延長して労働させ、及び休日において労働させる時間が100時間以上となることが見込まれる特定医師に対して厚生労働大臣が定める要件に該当する面接指導を行わせること

③　管理者に、②の規定による面接指導（面接指導の対象となる特定医師の希望により、当該管理者の指定した医師以外の医師が行った面接指導であって、当該管理者がその結果を証明する書面の提出を受けたものを含む。）の結果に基づき、当該面接指導を受けた特定医師の健康を保持するために必要な措置について、当該面接指導が行われた後（当該管理者の指定した医師以外の医師が当該面接指導を行った場合にあっては、当該管理者がその結果を証明する書面の提出を受けた後）、遅滞なく、当該面接指導を行った医師の意見を聴かせること

④　管理者に、②の規定による面接指導を行った医師の意見を勘案し、その必要があると認めるときは、当該面接指導を受けた特定医師の実情を考慮して、遅滞なく、労働時間の短縮、宿直の回数の減少その他の適切な措置を講じさせること

⑤　管理者に、医療法第108条第6項の規定により、1箇月について労働時間を延長して労働させ、及び休日において労働させる時間が特に長時間である特定医師に対して労働時間の短縮のために必要な措置を講じさせること

⑶　特定医師に関する限度時間（第69条の3第5項）

労働基準法第141条第1項（医療法第128条の規定により適用する場合を含む。）の規定により読み替えて適用する労働基準法第36条第3項の厚生労働省令で定める時間は、1箇月について45時間及び1年について360時間（労働基準法第32条の4第1項第2号の対象期間として3箇月を超える期間を定めて同条の規定により労働させる場合にあっては、1箇月について42時間及び1年について320時間）としたこと。

⑷　時間外・休日労働の上限時間（第69条の4及び第69条の5）

①　労働基準法第141条第2項の厚生労働省令で定める時間は、労働時間を延長して労働させ、及び休日において労働させることができる時間について、1箇月について100時間未満及び1年について960時間としたこと。ただし、労働基準法第36条第1項の協定に⑵の②から④までに規定する事項を定めた場合にあっては、1年について960時間としたこと。

②　労働基準法第141条第3項の厚生労働省令で定める時間は、労働時間を延長して労働させ、及び休日において労働させる時間について、1箇月について100時間未満及び1年について960時間としたこと。ただし、⑵の②の面接指導が行われ、かつ、⑵の④の措置が講じられた特定医師については1年について960時間としたこと。

2 医療法第128条の規定により読み替えて適用する労働基準法第141条第２項の厚生労働省令で定める時間等を定める省令（令和４年厚生労働省令第６号）の概要（令和６年４月１日施行）

(1) 時間外・休日労働の上限時間（第１条及び第２条）

① 医療法第128条の規定により読み替えて適用する労働基準法第141条第２項の厚生労働省令で定める時間（通常予見することのできない業務量の大幅な増加等に伴い臨時的に労働させる必要がある場合の上限時間）は、次のア又はイに掲げる特定医師（以下「ＢＣ水準適用医師」という。）の区分に応じ、それぞれア又はイに定める時間としたこと。

ア 医療法第113条第１項の規定に基づき特定地域医療提供機関として指定されている病院又は診療所（以下「特定地域医療提供機関」という。）、同法第119条第１項の規定に基づき技能向上集中研修機関として指定されている病院又は診療所（以下「技能向上集中研修機関」という。）又は同法第120条第１項の規定に基づき特定高度技能研修機関として指定されている病院又は診療所（以下「特定高度技能研修機関」という。）において当該指定に係る業務に従事するＢＣ水準適用医師 労働時間を延長して労働させ、及び休日において労働させることができる時間について、１箇月について100時間未満及び１年について1,860時間。ただし、法第36条第１項の協定に次頁の(2)の②から④までに規定する事項を定めた場合にあっては、１年について1,860時間。

イ 医療法第118条第１項の規定に基づき連携型特定地域医療提供機関として指定されている病院又は診療所（以下「連携型特定地域医療提供機関」という。）から他の病院又は診療所に派遣されるＢＣ水準適用医師（同項に規定する派遣に係るものに限る。） 労働時間を延長して労働させ、及び休日において労働させることができる時間について、１箇月について100時間未満及び１年について960時間。ただし、法第36条第１項の協定に次頁の(2)の②から④までに規定する事項を定めた場合にあっては、１年について960時間。

② 医療法第128条の規定により読み替えて適用する法第141条第３項の厚生労働省令で定める時間は、労働時間を延長して労働させ、及び休日において労働させる時間について、１箇月について100時間未満及び１年について1,860時間とし

たこと。ただし、次の⑵の②の面接指導が行われ、かつ、次の⑵の④の措置が講じられたＢＣ水準適用医師については１年について1,860時間としたこと。

⑵ 特定地域医療提供機関、連携型特定地域医療提供機関、技能向上集中研修機関及び特定高度技能研修機関における労働基準法第36条第１項の協定（第３条）

特定地域医療提供機関、連携型特定地域医療提供機関、技能向上集中研修機関及び特定高度技能研修機関（以下「特定労務管理対象機関」という。）において労働基準法第36条第１項の協定をする場合には、労働基準法第36条第２項第５号の厚生労働省令で定める事項として、労働基準法施行規則第69条の３第１項の規定により読み替えて適用する労働基準法施行規則第17条第１項各号に掲げる事項のほか、次に掲げる事項を定めるものとしたこと。

① 対象期間における１日、１箇月及び１年のそれぞれの期間について労働時間を延長して労働させることができる時間又は労働させることができる休日の日数

② 管理者に、１箇月について労働時間を延長して労働させ、及び休日において労働させる時間が100時間以上となることが見込まれるＢＣ水準適用医師に対して厚生労働大臣が定める要件に該当する面接指導を行わせること

③ 管理者に、②の規定による面接指導（面接指導の対象となるＢＣ水準適用医師の希望により、当該管理者の指定した医師以外の医師が行った面接指導であって、当該管理者がその結果を証明する書面の提出を受けたものを含む。）の結果に基づき、当該面接指導を受けたＢＣ水準適用医師の健康を保持するために必要な措置について、当該面接指導が行われた後（当該管理者の指定した医師以外の医師が当該面接指導を行った場合にあっては、当該管理者がその結果を証明する書面の提出を受けた後）、遅滞なく、当該面接指導を行った医師の意見を聴かせること

④ 管理者に、②の規定による面接指導を行った医師の意見を勘案し、その必要があると認めるときは、当該面接指導を受けたＢＣ水準適用医師の実情を考慮して、遅滞なく、労働時間の短縮、宿直の回数の減少その他の適切な措置を講じさせること

⑤ 管理者に、医療法第108条第６項の規定により、１箇月について労働時間を延長して労働させ、及び休日において労働させる時間が特に長時間であるＢＣ水準適用医師に対して労働時間の短縮のために必要な措置を講じさせること

⑥ 管理者に、医療法第123条第１項及び第２項の規定により、休息時間を確保させること

[3] 労働基準法施行規則第69条の３第２項第２号の規定に基づき厚生労働大臣が定める要件（令和４年厚生労働省告示第６号）の概要（令和６年４月１日から適用）

⑴　34頁の⑵の②の面接指導の要件

①　管理者が、事前に次に掲げる事項を確認した上で、１箇月について労働時間を延長して労働させ、及び休日において労働させる時間(以下｢時間外・休日労働時間」という。）が100時間に達するまでの間に行われるものであることとしたこと。ただし、特定医師のうち、特定労務管理対象機関において勤務するＢＣ水準適用医師以外の医師については、疲労の蓄積が認められない場合は、時間外・休日労働時間が100時間に達するまでの間又は100時間以上となった後に遅滞なく行われるものであることとしたこと。

ア　時間外・休日労働時間が100時間以上となることが見込まれる者（以下「面接指導対象医師」という。）の勤務の状況

イ　当該面接指導対象医師の睡眠の状況

ウ　当該面接指導対象医師の疲労の蓄積の状況

エ　イ及びウに掲げるもののほか、当該面接指導対象医師の心身の状況

オ　面接指導を受ける意思の有無

②　医療法第108条第１項に規定する面接指導実施医師（以下「面接指導実施医師」という。）により行われるものであることとしたこと。

③　当該面接指導を行う面接指導実施医師が、管理者から、面接指導対象医師の労働時間に関する情報その他の面接指導を適切に行うために必要な情報として次に掲げるものの提供を受けていることとしたこと。ただし、アに掲げる情報については、当該面接指導対象医師の時間外・休日労働時間が100時間以上となることが見込まれることの確認を行った後速やかに、イに掲げる情報については、当該面接指導実施医師から当該情報の提供を求められた後速やかに、それぞれ提供されなければならないものとしたこと。

ア　当該面接指導対象医師の氏名及び当該面接指導対象医師に係る①のアからオまでに掲げる事項に関する情報

イ　アに掲げるもののほか、当該面接指導対象医師の業務に関する情報であって、当該面接指導実施医師が当該面接指導対象医師の面接指導を適切に行うために必要と認めるもの

④ 当該面接指導実施医師が次に掲げる事項について確認を行うものとしたこと。

ア 当該面接指導対象医師の勤務の状況

イ 当該面接指導対象医師の睡眠の状況

ウ 当該面接指導対象医師の疲労の蓄積の状況

エ イ及びウに掲げるもののほか、当該面接指導対象医師の心身の状況

2　関係条文

(1)　労働基準法（昭和23年法律第49号）

（労働時間）

第32条　使用者は、労働者に、休憩時間を除き１週間について40時間を超えて、労働させてはならない。

②　使用者は、１週間の各日については、労働者に、休憩時間を除き１日について８時間を超えて、労働させてはならない。

（時間外及び休日の労働）

第36条　使用者は、当該事業場に、労働者の過半数で組織する労働組合がある場合においてはその労働組合、労働者の過半数で組織する労働組合がない場合においては労働者の過半数を代表する者との書面による協定をし、厚生労働省令で定めるところによりこれを行政官庁に届け出た場合においては、第32条から第32条の５まで若しくは第40条の労働時間（以下この条において「労働時間」という。）又は前条の休日（以下この条において「休日」という。）に関する規定にかかわらず、その協定で定めるところによつて労働時間を延長し、又は休日に労働させることができる。

②　前項の協定においては、次に掲げる事項を定めるものとする。

一　この条の規定により労働時間を延長し、又は休日に労働させることができることとされる労働者の範囲

二　対象期間（この条の規定により労働時間を延長し、又は休日に労働させることができる期間をいい、１年間に限るものとする。第４号及び第６項第３号において同じ。）

三　労働時間を延長し、又は休日に労働させることができる場合

四　対象期間における１日、１箇月及び１年のそれぞれの期間について労働時間を延長して労働させることができる時間又は労働させることができる休日の日数

五　労働時間の延長及び休日の労働を適正なものとするために必要な事項として厚生労働省令で定める事項

③　前項第４号の労働時間を延長して労働させることができる時間は、当該事業場の業務量、時間外労働の動向その他の事情を考慮して通常予見される時間外労働の範囲内において、限度時間を超えない時間に限る。

④　前項の限度時間は、１箇月について45時間及び１年について360時間（第32条の４第１項第２号の対象期間として３箇月を超える期間を定めて同条

の規定により労働させる場合にあつては、1箇月について42時間及び1年について320時間）とする。

⑤　第1項の協定においては、第2項各号に掲げるもののほか、当該事業場における通常予見することのできない業務量の大幅な増加等に伴い臨時的に第3項の限度時間を超えて労働させる必要がある場合において、1箇月について労働時間を延長して労働させ、及び休日において労働させることができる時間（第2項第4号に関して協定した時間を含め100時間未満の範囲内に限る。）並びに1年について労働時間を延長して労働させることができる時間（同号に関して協定した時間を含め720時間を超えない範囲内に限る。）を定めることができる。この場合において、第1項の協定に、併せて第2項第2号の対象期間において労働時間を延長して労働させる時間が1箇月について45時間（第32条の4第1項第2号の対象期間として3箇月を超える期間を定めて同条の規定により労働させる場合にあつては、1箇月について42時間）を超えることができる月数（1年について6箇月以内に限る。）を定めなければならない。

⑥　使用者は、第1項の協定で定めるところによつて労働時間を延長して労働させ、又は休日において労働させる場合であつても、次の各号に掲げる時間について、当該各号に定める要件を満たすものとしなければならない。

一　坑内労働その他厚生労働省令で定める健康上特に有害な業務について、1日について労働時間を延長して労働させた時間　2時間を超えないこと。

二　1箇月について労働時間を延長して労働させ、及び休日において労働させた時間　100時間未満であること。

三　対象期間の初日から1箇月ごとに区分した各期間に当該各期間の直前の1箇月、2箇月、3箇月、4箇月及び5箇月の期間を加えたそれぞれの期間における労働時間を延長して労働させ、及び休日において労働させた時間の1箇月当たりの平均時間　80時間を超えないこと。

⑦～⑪　略

第38条の3　使用者が、当該事業場に、労働者の過半数で組織する労働組合があるときはその労働組合、労働者の過半数で組織する労働組合がないときは労働者の過半数を代表する者との書面による協定により、次に掲げる事項を定めた場合において、労働者を第1号に掲げる業務に就かせたときは、当該労働者は、厚生労働省令で定めるところにより、第2号に掲げる時間労働したものとみなす。

一　業務の性質上その遂行の方法を大幅に当該業務に従事する労働者の裁量にゆだねる必要があるため、当該業務の遂行の手段及び時間配分の決定等に関し使用者が具体的な指示をすることが困難なものとして厚生労働省令で定める業務のうち、労働者に就かせることとする業務（以下この条において「対象業務」という。）

二　対象業務に従事する労働者の労働時間として算定される時間

三　対象業務の遂行の手段及び時間配

分の決定等に関し、当該対象業務に従事する労働者に対し使用者が具体的な指示をしないこと。

四　対象業務に従事する労働者の労働時間の状況に応じた当該労働者の健康及び福祉を確保するための措置を当該協定で定めるところにより使用者が講ずること。

五　対象業務に従事する労働者からの苦情の処理に関する措置を当該協定で定めるところにより使用者が講ずること。

六　前各号に掲げるもののほか、厚生労働省令で定める事項

②　前条第３項の規定は、前項の協定について準用する。

（労働時間等に関する規定の適用除外）

第41条　この章、第６章及び第６章の２で定める労働時間、休憩及び休日に関する規定は、次の各号の一に該当する労働者については適用しない。

一　別表第１第６号（林業を除く。）又は第７号に掲げる事業に従事する者

二　事業の種類にかかわらず監督若しくは管理の地位にある者又は機密の事務を取り扱う者

三　監視又は断続的労働に従事する者で、使用者が行政官庁の許可を受けたもの

第141条　医業に従事する医師（医療提供体制の確保に必要な者として厚生労働省令で定める者に限る。）に関する第36条の規定の適用については、当分の間、同条第２項第４号中「における１日、１箇月及び１年のそれぞれの期間について」とあるのは「における」とし、同条第３項中「限度時間」とあるのは「限度時間並びに労働者の健康及び福祉を勘案して厚生労働省令で定める時間」とし、同条第５項及び第６項（第２号及び第３号に係る部分に限る。）の規定は適用しない。

②　前項の場合において、第36条第１項の協定に、同条第２項各号に掲げるもののほか、当該事業場における通常予見することのできない業務量の大幅な増加等に伴い臨時的に前項の規定により読み替えて適用する同条第３項の厚生労働省令で定める時間を超えて労働させる必要がある場合において、同条第２項第４号に関して協定した時間を超えて労働させることができる時間（同号に関して協定した時間を含め、同条第５項に定める時間及び月数並びに労働者の健康及び福祉を勘案して厚生労働省令で定める時間を超えない範囲内に限る。）その他厚生労働省令で定める事項を定めることができる。

③　使用者は、第１項の場合において、第36条第１項の協定で定めるところによつて労働時間を延長して労働させ、又は休日において労働させる場合であつても、同条第６項に定める要件並びに労働者の健康及び福祉を勘案して厚生労働省令で定める時間を超えて労働させてはならない。

④　前３項の規定にかかわらず、医業に従事する医師については、令和６年３月31日（同日及びその翌日を含む期間を定めている第36条第１項の協定に関しては、当該協定に定める期間の初日から起算して１年を経過する日）までの間、同条第２項第４号中「１箇

月及び」とあるのは、「１日を超え３箇月以内の範囲で前項の協定をする使用者及び労働組合若しくは労働者の過半数を代表する者が定める期間並びに」とし、同条第３項から第５項まで及び第６項（第２号及び第３号に係る部分に限る。）の規定は適用しない。

⑤　第３項の規定に違反した者は、６箇月以下の懲役又は30万円以下の罰金に処する。

※医療法（昭和23年法律第205号）

第128条　特定地域医療提供機関において第113条第１項に規定する業務に従事する医師、連携型特定地域医療提供機関から他の病院又は診療所に派遣される医師（第118条第１項に規定する派遣に係るものに限る。）、技能向上集中研修機関において第119条第１項に規定する業務に従事する医師又は特定高度技能研修機関において第120条第１項に規定する業務に従事する医師についての労働基準法（昭和22年法律第49号）第141条の規定の適用については、当分の間、同条第２項中「を勘案して」とあるのは「並びに医療法（昭和23年法律第205号）第122条第１項に規定する特定労務管理対象機関（次項において単に「特定労務管理対象機関」という。）における業務の性質を勘案して」と、同条第３項中「を勘案して」とあるのは「並びに特定労務管理対象機関における業務の性質を勘案して」とする。

※医療法第128条の規定により読み替えて適用する労働基準法第141条第２項

②　前項の場合において、第36条第１項の協定に、同条第２項各号に掲げるもののほか、当該事業場における通常予見することのできない業務量の大幅な増加等に伴い臨時的に前項の規定により読み替えて適用する同条第３項の厚生労働省令で定める時間を超えて労働させる必要がある場合において、同条第２項第４号に関して協定した時間を超えて労働させることができる時間（同号に関して協定した時間を含め、同条第５項に定める時間及び月数並びに労働者の健康及び福祉並びに医療法（昭和23年法律第205号）第122条第１項に規定する特定労務管理対象機関（次項において単に「特定労務管理対象機関」という。）における業務の性質を勘案して厚生労働省令で定める時間を超えない範囲内に限る。）その他厚生労働省令で定める事項を定めることができる。

※医療法第128条の規定により読み替えて適用する労働基準法第141条第３項

③　使用者は、第１項の場合において、第36条第１項の協定で定めるところによつて労働時間を延長して労働させ、又は休日において労働させる場合であつても、同条第６項に定める要件並びに労働者の健康及び福祉並びに特定労務管理対象機関における業務の性質を勘案して厚生労働省令で定める時間を超えて労働させてはならない。

⑵　労働基準法施行規則（昭和22年厚生省令第23号）

第17条　法第36条第２項第５号の厚生労働省令で定める事項は、次に掲げるものとする。ただし、第４号から第７号までの事項については、同条第１項の協定に同条第５項に規定する事項に関する定めをしない場合においては、この限りでない。

一　法第36条第１項の協定（労働協約による場合を除く。）の有効期間の定め

二　法第36条第２項第４号の１年の起算日

三　法第36条第６項第２号及び第３号に定める要件を満たすこと。

四　法第36条第３項の限度時間（以下この項において「限度時間」という。）を超えて労働させることができる場合

五　限度時間を超えて労働させる労働者に対する健康及び福祉を確保するための措置

六　限度時間を超えた労働に係る割増賃金の率

七　限度時間を超えて労働させる場合における手続

②・③　略

第23条　使用者は、宿直又は日直の勤務で断続的な業務について、様式第10号によつて、所轄労働基準監督署長の許可を受けた場合は、これに従事する労働者を、法第32条の規定にかかわらず、使用することができる。

第24条の２の２　法第38条の３第１項の規定は、法第４章の労働時間に関する規定の適用に係る労働時間の算定について適用する。

②　法第38条の３第１項第１号の厚生労働省令で定める業務は、次のとおりとする。

一　新商品若しくは新技術の研究開発又は人文科学若しくは自然科学に関する研究の業務

二　情報処理システム（電子計算機を使用して行う情報処理を目的として複数の要素が組み合わされた体系であつてプログラムの設計の基本となるものをいう。）の分析又は設計の業務

三　新聞若しくは出版の事業における記事の取材若しくは編集の業務又は放送法（昭和25年法律第132号）第２条第28号に規定する放送番組（以下「放送番組」という。）の制作のための取材若しくは編集の業務

四　衣服、室内装飾、工業製品、広告等の新たなデザインの考案の業務

五　放送番組、映画等の制作の事業におけるプロデューサー又はディレクターの業務

六　前各号のほか、厚生労働大臣の指定する業務

③・④　略

■労働基準法施行規則様式第10号

様式第10号（第23条関係）

断続的な宿直又は日直勤務許可申請書

事業の種類	事業の名称	事業の所在地

宿直						
総員数	一回の宿直員数	宿直勤務の開始及び終了時刻	一定期間における一人の宿直回数	一回の宿直手当	就寝設備	勤務の態様

日直					
総員数	一回の日直員数	日直勤務の開始及び終了時刻	一定期間における一人の日直回数	一回の日直手当	勤務の態様

年　月　日

使用者　職　氏　名

労働基準監督署長殿

【以下の条文は、令和６年４月１日施行】

第69条の２　法第141条第１項の厚生労働省令で定める者は、病院（医療法（昭和23年法律第205号）第１条の５第１項に規定する病院をいう。次条第２項第２号において同じ。）若しくは診療所（同法第１条の５第２項に規定する診療所をいう。次条第２項第２号において同じ。）において勤務する医師（医療を受ける者に対する診療を直接の目的とする業務を行わない者を除く。）又は介護老人保健施設（介護保険法（平成９年法律第123号）第８条第28項に規定する介護老人保健施設をいう。次条第２項第２号において同じ。）若しくは介護医療院（同法第８条第29項に規定する介護医療院をいう。次条第２項第２号において同じ。）において勤務する医師（以下「特定医師」という。）をいう。

第69条の３　法第141条第１項（医療法第128条の規定により適用する場合を含む。第５項において同じ。）の規定により法第36条の規定を読み替えて適用する場合における第17条の規定の適用については、次の表の上欄に掲げる規定中同表の中欄に掲げる字句は、それぞれ同表の下欄に掲げる字句とする。ただし、医療法第128条の規定により読み替えられた場合にあつては、同表第１項ただし書きの項中「法第141条第２項」とあるのは「医療法（昭和23年法律第205号）第128条の規定により読み替えて適用する法第141条第２項」と、同表第１項第３号の項中「法第141条第３項」とあるのは「医療法第128条の規定により読み替えて適用する法第141条第３項」とする。

第１項ただし書き	同条第５項	法第141条第２項
第１項第２号	法第36条第２項第４号	第69条の３第２項第１号
第１項第３号	法第36条第６項第２号及び第３号	法第141条第３項
第１項第４号	法第36条第３項の限度時間	法第141条第1項（医療法（昭和23年法律第205号）第128条の規定により適用する場合を含む。）の規定により読み替えて適用する法第36条第３項の厚生労働省令で定める時間

②　法第141条第１項の場合において、法第36条第１項の協定に、同条第２項第５号の厚生労働省令で定める事項として、前項の規定により読み替えて適用する第17条第１項各号に掲げる事項のほか、次に掲げる事項を定めるものとする。

一　対象期間における１日、１箇月及び１年のそれぞれの期間について労働時間を延長して労働させることができる時間又は労働させることができる休日の日数

二　医療法第10条の規定により病院若しくは診療所の開設者が当該病院

若しくは当該診療所を管理させることとした者又は介護保険法第95条若しくは同法第109条の規定により介護老人保健施設若しくは介護医療院の開設者が当該介護老人保健施設若しくは当該介護医療院を管理させることとした者（以下この項において「管理者」という。）に、１箇月について労働時間を延長して労働させ、及び休日において労働させる時間が100時間以上となることが見込まれる特定医師に対して厚生労働大臣が定める要件に該当する面接指導を行わせること。

三　管理者に、前号の規定による面接指導（面接指導の対象となる特定医師の希望により、当該管理者の指定した医師以外の医師が行つた面接指導であつて、当該管理者がその結果を証明する書面の提出を受けたものを含む。）の結果に基づき、当該面接指導を受けた特定医師の健康を保持するために必要な措置について、当該面接指導が行われた後（当該管理者の指定した医師以外の医師が当該面接指導を行つた場合にあつては、当該管理者がその結果を証明する書面の提出を受けた後）、遅滞なく、当該面接指導を行つた医師の意見を聴かせること。

四　管理者に、第２号の規定による面接指導を行つた医師の意見を勘案し、その必要があると認めるときは、当該面接指導を受けた特定医師の実情を考慮して、遅滞なく、労働時間の短縮、宿直の回数の減少その他の適切な措置を講じさせること。

五　管理者に、医療法第108条第６項の規定により、１箇月について労働時間を延長して労働させ、及び休日において労働させる時間が特に長時間である特定医師に対して労働時間の短縮のために必要な措置を講じさせること。

③　前項第３号の書面は、当該特定医師の受けた面接指導について、次に掲げる事項を記載したものでなければならない。

一　実施年月日

二　当該面接指導を受けた特定医師の氏名

三　当該面接指導を行つた医師の氏名

四　当該面接指導を受けた特定医師の睡眠の状況

五　当該面接指導を受けた特定医師の疲労の蓄積の状況

六　前２号に掲げるもののほか、当該面接指導を受けた特定医師の心身の状況

④　第２項第２号から第５号までの事項は、次の各号に掲げる区分に応じ、当該各号に定める場合には、法第36条第１項の協定に定めないことができる。

一　第２項第２号から第４号までに掲げる事項　１箇月について労働時間を延長して労働させ、及び休日において労働させる時間が100時間以上となることが見込まれない場合

二　第２項第５号に掲げる事項　１箇月について労働時間を延長して労働させ、及び休日において労働させる時間が特に長時間となることが見込まれない場合

⑤　法第141条第１項の規定により読み替えて適用する法第36条第３項の

厚生労働省令で定める時間は、1箇月について45時間及び1年について360時間（法第32条の4第1項第2号の対象期間として3箇月を超える期間を定めて同条の規定により労働させる場合にあつては、1箇月について42時間及び1年について320時間）とする。

第69条の4 法第141条第2項の厚生労働省令で定める時間は、労働時間を延長して労働させ、及び休日において労働させることができる時間について、1箇月について100時間未満及び1年について960時間とする。ただし、法第36条第1項の協定に前条第2項第2号から第4号までに規定する事項を定めた場合にあつては、1年について960時間とする。

第69条の5 法第141条第3項の厚生労働省令で定める時間は、労働時間を延長して労働させ、及び休日において労働させる時間について、1箇月について100時間未満及び1年について960時間とする。ただし、第69条の3第2項第2号に規定する面接指導が行われ、かつ、同項第4号に規定する措置が講じられた特定医師については1年について960時間とする。

第70条 第16条第1項の規定にかかわらず、法第36条第2項第1号に規定する労働者に特定医師が含まれている場合における同条第1項の規定による届出は、様式第9号の4（法第141条第2項（医療法第128条の規定により読み替えて適用する場合を含む。）に規定する事項に関する定めをする場合にあつては、様式第9号の5）により、所轄労働基準監督署長にしなければならない。

② 略

③ 第16条第3項の規定は、第1項の届出について準用する。

■様式第９号の４（第70条関係） 時間外労働・休日労働に関する協定届

時間外労働
休 日 労 働 に

様式第９号の４（第70条関係）

事業の種類	事業の名称

時間外労働		時間外労働をさせる必要のある具体的事由	業務の種類	労働者数（満18歳以上の者）
	① 下記②に該当しない労働者			
	② １年単位の変形労働時間制により労働する労働者			
休日労働	休日労働をさせる必要のある具体的事由		業務の種類	労働者数（満18歳以上の者）

上記で定める時間数にかかわらず、時間外労働及び休日労働を合算した時間数は、１箇月について 100 時間未満でな

【医業に従事する医師】

上記で定める時間数にかかわらず、時間外労働及び休日労働を合算した時間数は、１箇月について 100 時間未満でなければな
又は連携Ｂ水準医療機関から他の病院若しくは診療所に派遣される医師（当該指定に係る派遣に係るものに限る。）については
面接指導を実施し、健康確保のために必要な就業上の適切な措置を講ずる場合は、１箇月の時間外労働及び休日労働を合算した

１箇月の時間外労働及び休日労働を合算した時間数が 100 時間以上となることが見込まれる場合、以下の措置を講ずること。

１箇月の時間外労働及び休日労働を合算した時間数が 100 時間に到達する前に疲労の蓄積の状況等を確認し、面接指
指導でも差し支えない。）。また、面接指導を行つた医師の意見を踏まえ、労働者の健康確保のために必要な就業上の適

１箇月の時間外労働及び休日労働を合算した時間数が 155 時間を超えた場合、労働時間短縮のための具体的な措置を

協定の成立年月日　　年　　月　　日

協定の当事者である労働組合（事業場の労働者の過半数で組織する労働組合）の名称又は労働者の過半数を代表する者の

協定の当事者（労働者の過半数を代表する者の場合）の選出方法（　　　　　　　　）

上記協定の当事者である労働組合が事業場の全ての労働者の過半数で組織する労働組合である又は上記協定の当事者である労

上記労働者の過半数を代表する者が、労働基準法第 41 条第２号に規定する監督又は管理の地位にある者でなく、かつ、同法
であつて使用者の意向に基づき選出されたものでないこと。

年　　月　　日

使用者

労働基準監督署長殿

関する協定届

労働保険番号	都道府県 所掌 管轄 基幹番号 枝番号 被一括事業場番号
法人番号	

事業の所在地（電話番号）	協定の有効期間
（〒 — ） （電話番号： − − ）	

所定労働時間（1日）（任意）	延長することができる時間数					
	1日		1箇月（①については45時間まで、②については42時間まで）		1年（①については360時間まで、②については320時間まで）起算日（年月日）	
	法定労働時間を超える時間数	所定労働時間を超える時間数（任意）	法定労働時間を超える時間数	所定労働時間を超える時間数（任意）	法定労働時間を超える時間数	所定労働時間を超える時間数（任意）

所定休日（任意）	労働させることができる法定休日の日数	労働させることができる法定休日における始業及び終業の時刻

ければならず、かつ2箇月から6箇月までを平均して 80 時間を超過しないこと（医業に従事する医師は除く。）。
□（チェックボックスに要チェック）

らず、かつ1年について960時間（B水準医療機関若しくはC水準医療機関において当該指定に係る業務に従事する医師 1, 860時間）以下でなければならないこと（ただし、1箇月について100時間以上となることが見込まれる医師について、時間数が100時間以上になつても差し支えない。）。 □（チェックボックスに要チェック）

導を行うこと（A水準医療機関で勤務する医師で疲労の蓄積が認められない場合は、100 時間以上となつた後での面接切な措置を講ずること。 □（チェックボックスに要チェック）

行うこと。 □（チェックボックスに要チェック）

職名
氏名

働者の過半数を代表する者が事業場の全ての労働者の過半数を代表する者であること。
□（チェックボックスに要チェック）
に規定する協定等をする者を選出することを明らかにして実施される投票、挙手等の方法による手続により選出された者
□（チェックボックスに要チェック）

職名
氏名

■様式第９号の４（第70条関係）（裏面）

様式第９号の４（第 70 条関係）（裏面）

（記載心得）

1　「業務の種類」の欄には、時間外労働又は休日労働をさせる必要のある業務を具体的に記入し、労働基準法第 36 条第６項第１号の健康上特に有害な業務について協定をした場合には、当該業務を他の業務と区別して記入すること。なお、業務の種類を記入するに当たつては、業務の区分を細分化することにより当該業務の範囲を明確にしなければならないことに留意すること。

2　「労働者数（満 18 歳以上の者）」の欄には、時間外労働又は休日労働をさせることができる労働者の数を記入すること。

3　「延長することができる時間数」の欄の記入に当たつては、次のとおりとすること。時間数は労働基準法第 32 条から第 32 条の５まで又は第 40 条の規定により労働させることができる最長の労働時間（以下「法定労働時間」という。）を超える時間数を記入すること。

（1）「１日」の欄には、法定労働時間を超えて延長することができる時間数であつて、１日についての延長することができる限度となる時間数を記入すること。なお、所定労働時間を超える時間数についても協定する場合においては、所定労働時間を超える時間数を併せて記入することができる。

（2）「１箇月」の欄には、法定労働時間を超えて延長することができる時間数であつて、「１年」の欄に記入する「起算日」において定める日から１箇月ごとについての延長することができる限度となる時間数を 45 時間（対象期間が３箇月を超える１年単位の変形労働時間制により労働する者については、42 時間）の範囲内で記入すること。なお、所定労働時間を超える時間数についても協定する場合においては、所定労働時間を超える時間数を併せて記入することができる。

（3）「１年」の欄には、法定労働時間を超えて延長することができる時間数であつて、「起算日」において定める日から１年についての延長することができる限度となる時間数を 360 時間（対象期間が３箇月を超える１年単位の変形労働時間制により労働する者については、320 時間）の範囲内で記入すること。なお、所定労働時間を超える時間数についても協定する場合においては、所定労働時間を超える時間数を併せて記入することができる。

4　上記３について、同欄に記入する時間数にかかわらず、医業に従事する医師以外の者については、時間外労働及び休日労働を合算した時間数が１箇月について 100 時間以上となつた場合、及び２箇月から６箇月までを平均して 80 時間を超えた場合には労働基準法違反（同法第 119 条の規定により６箇月以下の懲役又は 30 万円以下の罰金）となることに留意すること。また、医業に従事する医師については、同欄に記入する時間数にかかわらず、時間外労働及び休日労働を合算した時間数が１箇月について 100 時間以上となつた場合（労働基準法施行規則第 69 条の３第２項第２号から第４号まで又は医療法第百二十八条の規定により読み替えて適用する労働基準法第百四十一条第二項の厚生労働省令で定める時間等を定める省令第３条第１項第２号から第４号までに規定するところにより面接指導等を行つた場合（Ａ水準医療機関で勤務する医師については事後の面接指導を行つた場合も含む。）を除く。）、及び１年について 960 時間（Ｂ水準医療機関若しくはＣ水準医療機関において当該指定に係る業務に従事する医師又は連携Ｂ水準医療機関から他の病院若しくは診療所に派遣される医師（当該指定に係る派遣に係るものに限る。）については 1,860 時間）を超えた場合には労働基準法違反（同法第 141 条第５項の規定により６箇月以下の懲役又は 30 万円以下の罰金）となることに留意すること。

5　②の欄は、労働基準法第 32 条の４の規定による労働時間により労働する労働者（対象期間が３箇月を超える１年単位の変形労働時間制により労働する者に限る。）について記入すること。なお、延長することができる時間の上限は①の欄の労働者よりも短い（１箇月 42 時間、１年 320 時間）ことに留意すること。

6　「労働させることができる法定休日の日数」の欄には、労働基準法第 35 条の規定による休日（１週１休又は４週４休であることに留意すること。）に労働させることができる日数を記入すること。

7　「労働させることができる法定休日における始業及び終業の時刻」の欄には、労働基準法第 35 条の規定による休日であつて労働させることができる日の始業及び終業の時刻を記入すること。

8（1）　労働基準法第 36 条第６項第２号及び第３号の要件を遵守する趣旨のチェックボックスについて、「２箇月から６箇月まで」とは、起算日をまたぐケースも含め、連続した２箇月から６箇月までの期間を指すことに留意すること。また、チェックボックスにチェックがない場合には有効な協定とはならないことに留意すること（医業に従事する医師は除く。）。

（2）　「医業に従事する医師」とは、労働基準法第 141 条第１項に規定する医師をいうこと。

（3）　医業に従事する医師についての労働時間の上限を遵守する趣旨のチェックボックスに係る記載並びに１箇月の

時間外労働及び休日労働を合算した時間数が 100 時間以上となることが見込まれる場合のチェックボックスに係る記載中の面接指導及び健康確保のために必要な就業上の適切な措置とは、労働基準法施行規則第 69 条の3第２項第２号から第４号まで又は医療法第百二十八条の規定により読み替えて適用する労働基準法第百四十一条第二項の厚生労働省令で定める時間等を定める省令第３条第１項第２号から第４号までに規定するものであること。

（4） 1箇月の時間外労働及び休日労働を合算した時間数が 155 時間（医療法施行規則に定める時間）を超えた場合に行うべき労働時間短縮のための具体的な措置は、医療法第 108 条第６項に規定する措置とすること。

（5） 医業に従事する医師についてチェックボックスが設けられている項目のうち、該当する項目であるにもかかわらず、チェックボックスにチェックがない場合には有効な協定とはならないことに留意すること。

9 「Ａ水準医療機関」とは病院（医療法第１条の５第１項に規定する病院をいう。）若しくは診療所（同条第２項に規定する診療所をいう。）又は介護老人保健施設（介護保険法第８条第 28 項に規定する介護老人保健施設をいう。）若しくは介護医療院（同条第 29 項に規定する介護医療院をいう。）のうち医療法に基づく次のいずれの指定も受けていないものをいい、「Ｂ水準医療機関」とは医療法第 113 条第１項の規定による指定を受けた病院又は診療所を、「連携Ｂ水準医療機関」とは同法第 118 条第１項の規定による指定を受けた病院又は診療所を、「Ｃ水準医療機関」とは同法第 119 条第１項又は第 120 条第１項の規定による指定を受けた病院又は診療所をいうこと。

10 協定については、労働者の過半数で組織する労働組合がある場合はその労働組合と、労働者の過半数で組織する労働組合がない場合は労働者の過半数を代表する者と協定すること。なお、労働者の過半数を代表する者は、労働基準法施行規則第６条の２第１項の規定により、労働基準法第 41 条第２号に規定する監督又は管理の地位にある者でなく、かつ、同法に規定する協定等をする者を選出することを明らかにして実施される投票、挙手等の方法による手続により選出された者であつて、使用者の意向に基づき選出されたものでないこと。これらの要件を満たさない場合には、有効な協定とはならないことに留意すること。また、これらの要件を満たしていても、当該要件に係るチェックボックスにチェックがない場合には、届出の形式上の要件に適合していないことに留意すること。

11 本様式をもつて協定とする場合においても、協定の当事者たる労使双方の合意があることが、協定上明らかとなるような方法により締結するよう留意すること。

12 本様式で記入部分が足りない場合は同一様式を使用すること。この場合、必要のある事項のみ記入することで差し支えない。

（備考）

1 労働基準法施行規則第 24 条の２第４項の規定により、労働基準法第 38 条の２第２項の協定（事業場外で従事する業務の遂行に通常必要とされる時間を協定する場合の当該協定）の内容を本様式に付記して届け出る場合においては、事業場外労働の対象業務については他の業務とは区別し、事業場外労働の対象業務である旨を括弧書きした上で、「所定労働時間」の欄には当該業務の遂行に通常必要とされる時間を括弧書きすること。また、「協定の有効期間」の欄には事業場外労働に関する協定の有効期間を括弧書きすること。

2 労働基準法第 38 条の４第５項の規定により、労使委員会が設置されている事業場において、本様式を労使委員会の決議として届け出る場合においては、委員の５分の４以上の多数による議決により行われたものである旨、委員会の委員数、委員の氏名を記入した用紙を別途提出することとし、本様式中「協定」とあるのは「労使委員会の決議」と、「協定の当事者である労働組合」とあるのは「委員会の委員の半数について任期を定めて指名した労働組合」と、「協定の当事者（労働者の過半数を代表する者の場合）の選出方法」とあるのは「委員会の委員の半数について任期を定めて指名した者（労働者の過半数を代表する者の場合）の選出方法」と読み替えるものとする。なお、委員の氏名を記入するに当たつては、任期を定めて指名された委員とその他の委員とで区別することとし、任期を定めて指名された委員の氏名を記入するに当たつては、同条第２項第１号の規定により、労働者の過半数で組織する労働組合がある場合においてはその労働組合、労働者の過半数で組織する労働組合がない場合においては労働者の過半数を代表する者に任期を定めて指名された委員の氏名を記入することに留意すること。

3 労働時間等の設定の改善に関する特別措置法第７条の規定により、労働時間等設定改善委員会が設置されている事業場において、本様式を労働時間等設定改善委員会の決議として届け出る場合においては、委員の５分の４以上の多数による議決により行われたものである旨、委員会の委員数、委員の氏名を記入した用紙を別途提出することとし、本様式中「協定」とあるのは「労働時間等設定改善委員会の決議」と、「協定の当事者である労働組合」とあるのは「委員会の委員の半数の推薦者である労働組合」と、「協定の当事者（労働者の過半数を代表する者の場合）の選出方法」とあるのは「委員会の委員の半数の推薦者（労働者の過半数を代表する者の場合）の選出方法」と読み替えるものとする。なお、委員の氏名を記入するに当たつては、推薦に基づき指名された委員とその他の委員とで区別することとし、推薦に基づき指名された委員の氏名を記入するに当たつては、同条第１号の規定により、労働者の過半数で組織する労働組合がある場合においてはその労働組合、労働者の過半数で組織する労働組合がない場合においては労働者の過半数を代表する者の推薦に基づき指名された委員の氏名を記入することに留意すること。

■様式第９号の５（第70条関係）時間外労働・休日労働に関する協定届

時間外労働
休 日 労 働 に関

様式第９号の５（第 70 条関係）

事業の種類	事業の名称

		時間外労働をさせる必要のある具体的事由	業務の種類	労働者数（満 18 歳以上の者）
時間外労働	① 下記②に該当しない労働者			
	② １年単位の変形労働時間制により労働する労働者			

	休日労働をさせる必要のある具体的事由	業務の種類	労働者数（満 18 歳以上の者）
休日労働			

上記で定める時間数にかかわらず、時間外労働及び休日労働を合算した時間数は、１箇月について 100 時間未満 は除く。)。

【医業に従事する医師】
上記で定める時間数にかかわらず、時間外労働及び休日労働を合算した時間数は、１箇月について 100 時間未満 定に係る業務に従事する医師又は連携Ｂ水準医療機関から他の病院若しくは診療所に派遣される医師（当該指定に ついて 100 時間以上となることが見込まれる医師について、面接指導を実施し、健康確保のために必要な就業上の も差し支えない。)。

する協定届

労働保険番号	□□□□□□□□□□□□□□□□□□ 都道府県 所掌 管轄 基幹番号 枝番号 被一括事業場番号
法人番号	□□□□□□□□□□□□□

事業の所在地（電話番号）	協定の有効期間
（〒　　　―　　　） （電話番号：　　－　　－　　）	

所定労働時間（1日）（任意）	延長することができる時間数					
	1日		1箇月（①については45時間まで、②については42時間まで）		1年（①については360時間まで、②については320時間まで） 起算日（年月日）	
	法定労働時間を超える時間数	所定労働時間を超える時間数（任意）	法定労働時間を超える時間数	所定労働時間を超える時間数（任意）	法定労働時間を超える時間数	所定労働時間を超える時間数（任意）

所定休日（任意）	労働させることができる法定休日の日数	労働させることができる法定休日における始業及び終業の時刻

でなければならず、かつ２箇月から６箇月までを平均して80時間を超過しないこと（医業に従事する医師

□（チェックボックスに要チェック）

でなければならず、かつ１年について960時間（Ｂ水準医療機関若しくはＣ水準医療機関において当該指
係る派遣に係るものに限る。）については1,860時間）以下でなければならないこと（ただし、１箇月に
適切な措置を講ずる場合は、１箇月の時間外労働及び休日労働を合算した時間数が100時間以上になつて

□（チェックボックスに要チェック）

■様式第９号の５（第70条関係）（裏面）

様式第９号の５（第70条関係）（裏面）

（記載心得）

1 「業務の種類」の欄には、時間外労働又は休日労働をさせる必要のある業務を具体的に記入し、労働基準法第36条第６項第１号の健康上特に有害な業務について協定をした場合には、当該業務を他の業務と区別して記入すること。なお、業務の種類を記入するに当たつては、業務の区分を細分化することにより当該業務の範囲を明確にしなければならないことに留意すること。

2 「労働者数（満18歳以上の者）」の欄には、時間外労働又は休日労働をさせることができる労働者の数を記入すること。

3 「延長することができる時間数」の欄の記入に当たつては、次のとおりとすること。時間数は労働基準法第32条から第32条の５まで又は第40条の規定により労働させることができる最長の労働時間（以下「法定労働時間」という。）を超える時間数を記入すること。

（1） 「１日」の欄には、法定労働時間を超えて延長することができる時間数であつて、１日についての延長することができる限度となる時間数を記入すること。なお、所定労働時間を超える時間数についても協定する場合においては、所定労働時間を超える時間数を併せて記入することができる。

（2） 「１箇月」の欄には、法定労働時間を超えて延長することができる時間数であつて、「１年」の欄に記入する「起算日」において定める日から１箇月ごとについての延長することができる限度となる時間数を45時間（対象期間が３箇月を超える１年単位の変形労働時間制により労働する者については、42時間）の範囲内で記入すること。なお、所定労働時間を超える時間数についても協定する場合においては、所定労働時間を超える時間数を併せて記入することができる。

（3） 「１年」の欄には、法定労働時間を超えて延長することができる時間数であつて、「起算日」において定める日から１年についての延長することができる限度となる時間数を360時間（対象期間が３箇月を超える１年単位の変形労働時間制により労働する者については、320時間）の範囲内で記入すること。なお、所定労働時間を超える時間数についても協定する場合においては、所定労働時間を超える時間数を併せて記入することができる。

4 上記３について、同欄に記入する時間数にかかわらず、医業に従事する医師以外の者については、時間外労働及び休日労働を合算した時間数が１箇月について100時間以上となつた場合、及び２箇月から６箇月までを平均して80時間を超えた場合には労働基準法違反（同法第119条の規定により６箇月以下の懲役又は30万円以下の罰金）となることに留意すること。また、医業に従事する医師については、同欄に記入する時間数にかかわらず、時間外労働及び休日労働を合算した時間数が１箇月について100時間以上となつた場合（労働基準法施行規則第69条の３第２項第２号から第４号まで又は医療法第百二十八条の規定により読み替えて適用する労働基準法第百四十一条第二項の厚生労働省令で定める時間等を定める省令第３条第１項第２号から第４号までに規定するところにより面接指導等を行つた場合（Ａ水準医療機関で勤務する医師については事後の面接指導を行つた場合も含む。）を除く。）、及び１年について960時間（Ｂ水準医療機関若しくはＣ水準医療機関において当該指定に係る業務に従事する医師又は連携Ｂ水準医療機関から他の病院若しくは診療所に派遣される医師（当該指定に係る派遣に係るものに限る。）については1,860時間）を超えた場合には労働基準法違反（同法第141条第５項の規定により６箇月以下の懲役又は30万円以下の罰金）となることに留意すること。

5 ②の欄は、労働基準法第32条の４の規定による労働時間により労働する労働者（対象期間が３箇月を超える１年単位の変形労働時間制により労働する者に限る。）について記入すること。なお、延長することができる時間の上限は①の欄の労働者よりも短い（１箇月42時間、１年320時間）ことに留意すること。

6　「労働させることができる法定休日の日数」の欄には、労働基準法第35条の規定による休日（1週1休又は4週4休であることに留意すること。）に労働させることができる日数を記入すること。

7　「労働させることができる法定休日における始業及び終業の時刻」の欄には、労働基準法第35条の規定による休日であつて労働させることができる日の始業及び終業の時刻を記入すること。

8（1）　労働基準法第36条第6項第2号及び第3号の要件を遵守する趣旨のチェックボックスについて、「2箇月から6箇月まで」とは、起算日をまたぐケースも含め、連続した2箇月から6箇月までの期間を指すことに留意すること。また、チェックボックスにチェックがない場合には有効な協定とはならないことに留意すること（医業に従事する医師は除く。）。

（2）　「医業に従事する医師」とは、労働基準法第141条第1項に規定する医師をいうこと。また、医業に従事する医師についての労働時間の上限を遵守する趣旨のチェックボックスにチェックがない場合には有効な協定とはならないことに留意すること。

9　「A水準医療機関」とは病院（医療法第1条の5第1項に規定する病院をいう。）若しくは診療所（同条第2項に規定する診療所をいう。）又は介護老人保健施設（介護保険法第8条第28項に規定する介護老人保健施設をいう。）若しくは介護医療院（同条第29項に規定する介護医療院をいう。）のうち医療法に基づく次のいずれの指定も受けていないものをいい、「B水準医療機関」とは医療法第113条第1項の規定による指定を受けた病院又は診療所を、「連携B水準医療機関」とは同法第118条第1項の規定による指定を受けた病院又は診療所を、「C水準医療機関」とは同法第119条第1項又は第120条第1項の規定による指定を受けた病院又は診療所をいうこと。

10　上記8（2）に関し、チェックボックスに係る記載中の面接指導及び健康確保のために必要な就業上の適切な措置とは、労働基準法施行規則第69条の3第2項第2号から第4号まで又は医療法第百二十八条の規定により読み替えて適用する労働基準法第百四十一条第二項の厚生労働省令で定める時間等を定める省令第3条第1項第2号から第4号までに規定するものであること。

11　協定については、労働者の過半数で組織する労働組合がある場合はその労働組合と、労働者の過半数で組織する労働組合がない場合は労働者の過半数を代表する者と協定すること。なお、労働者の過半数を代表する者は、労働基準法施行規則第6条の2第1項の規定により、労働基準法第41条第2号に規定する監督又は管理の地位にある者でなく、かつ、同法に規定する協定等をする者を選出することを明らかにして実施される投票、挙手等の方法による手続により選出された者であつて、使用者の意向に基づき選出されたものでないこと。これらの要件を満たさない場合には、有効な協定とはならないことに留意すること。

12　本様式をもつて協定とする場合においても、協定の当事者たる労使双方の合意があることが、協定上明らかとなるような方法により締結するよう留意すること。

13　本様式で記入部分が足りない場合は同一様式を使用すること。この場合、必要のある事項のみ記入することで差し支えない。

（備考）

労働基準法施行規則第24条の2第4項の規定により、労働基準法第38条の2第2項の協定（事業場外で従事する業務の遂行に通常必要とされる時間を協定する場合の当該協定）の内容を本様式に付記して届け出る場合においては、事業場外労働の対象業務については他の業務とは区別し、事業場外労働の対象業務である旨を括弧書きした上で、「所定労働時間」の欄には当該業務の遂行に通常必要とされる時間を括弧書きすること。また、「協定の有効期間」の欄には事業場外労働に関する協定の有効期間を括弧書きすること。

■様式第９号の５（第70条関係）時間外労働・休日労働に関する協定届（特別条項）

様式第９号の５（第70条関係）

時間外労働
休日労働 に関す

臨時的に限度時間を超えて労働させることができる場合		業務の種類	労働者数（満18歳以上の者）	1日（任意） 延長することができ 法定労働時間を超える時間数	所定…超え…
①（下記②-⑤以外の者）					
②A水準医療機関で勤務する医師					
③B水準医療機関で対象業務に従事する医師					
④連携B水準医療機関で対象業務に従事する医師					
⑤C水準医療機関で対象業務に従事する医師					

る協定届（特別条項）

		1箇月 （時間外労働及び休日労働を合算した時間数。100時間未満に限る。ただし、②-⑤について、面接指導を実施し、健康確保のために必要な就業上の適切な措置を講ずることとしている場合はこの限りではない。）			1年 （①については720時間以内（時間外労働のみの時間数）、②·④については960時間以内、③·⑤については1,860時間以内（②-⑤は時間外労働及び休日労働を合算した時間数）に限る。） 起算日 (年月日)		
る時間数	限度時間を超えて労働させることができる回数 （①については、6回以内、②-⑤については任意）	延長することができる時間数及び休日労働の時間数		限度時間を超えた労働に係る割増賃金率	延長することができる時間数		限度時間を超えた労働に係る割増賃金率
労働時間を る時間数 （任意）		法定労働時間を超える時間数と休日労働の時間数を合算した時間数	所定労働時間を超える時間数と休日労働の時間数を合算した時間数 （任意）		法定労働時間を超える時間数	所定労働時間を超える時間数 （任意）	

限度時間を超えて労働させる場合における手続		
限度時間を超えて労働させる労働者に対する健康及び福祉を確保するための措置	（該当する番号）	（具体的内容）

上記で定める時間数にかかわらず、時間外労働及び休日労働を合算した時間数は、1箇月について100時間未
除く。）。

【医業に従事する医師】

上記で定める時間数にかかわらず、時間外労働及び休日労働を合算した時間数は、1箇月について100時間
に係る業務に従事する医師又は連携Ｂ水準医療機関から他の病院若しくは診療所に派遣される医師（当該指定
て100時間以上となることが見込まれる医師について、面接指導を実施し、健康確保のために必要な就業上の
支えない。）。

③－⑤の場合、都道府県知事からＢ水準医療機関、連携Ｂ水準医療機関又はＣ水準医療機関としての指定を

協定で定める1箇月の時間外労働及び休日労働を合算した時間数が100時間以上である場合には、以下の措

1箇月の時間外労働及び休日労働を合算した時間数が100　時間に到達する前に疲労の蓄積の状況等を
も差し支えない。）。また、面接指導を行つた医師の意見を踏まえ、労働者の健康確保のために必要な就業

1箇月の時間外労働及び休日労働を合算した時間数が155時間を超えた場合、労働時間短縮のための具

③－⑤の場合、1年の時間外労働及び休日労働を合算した時間数が960時間を超えることが見込まれる者に

協定の成立年月日　　　　　　年　　　月　　　日

協定の当事者である労働組合（事業場の労働者の過半数で組織する労働組合）の名称又は労働者の過半数を代

協定の当事者（労働者の過半数を代表する者の場合）の選出方法（

上記協定の当事者である労働組合が事業場の全ての労働者の過半数で組織する労働組合である又は上記協定

上記労働者の過半数を代表する者が、労働基準法第41条第2号に規定する監督又は管理の地位にある者でな
続により選出された者であつて使用者の意向に基づき選出されたものでないこと。

年　　　月　　　日

労働基準監督署長殿

満でなければならず、かつ２箇月から６箇月までを平均して 80 時間を超過しないこと（医業に従事する医師は
□（チェックボックスに要チェック）

未満でなければならず、かつ１年について 960 時間（Ｂ水準医療機関若しくはＣ水準医療機関において当該指定
に係る派遣に係るものに限る。）については 1, 860 時間）以下でなければならないこと（ただし、１箇月につい
適切な措置を講ずる場合は、１箇月の時間外労働及び休日労働を合算した時間数が 100 時間以上になつても差し
□（チェックボックスに要チェック）

受けていること。　□（チェックボックスに要チェック）

置を講ずること。

確認し、面接指導を行うこと（②で疲労の蓄積が認められない場合は、100 時間以上となつた後での面接指導で
上の適切な措置を講ずること。　□（チェックボックスに要チェック）

体的な措置を行うこと。　□（チェックボックスに要チェック）

対して、勤務間インターバルの確保等により休息時間を確保すること。□（チェックボックスに要チェック）

表する者の　職名
氏名

）

の当事者である労働者の過半数を代表する者が事業場の全ての労働者の過半数を代表する者であること。
□（チェックボックスに要チェック）
く、かつ、同法に規定する協定等をする者を選出することを明らかにして実施される投票、挙手等の方法による手
□（チェックボックスに要チェック）

使用者　職名
氏名

■様式第９号の５（第70条関係）（裏面）（特別条項）

様式第９号の５（第 70 条関係）

（記載心得）

1　労働基準法第 36 条第１項の協定において同法第 141 条第２項に規定する事項に関する定めを締結した場合における本様式の記入に当たつては、次のとおりとすること。

（1）　「Ａ水準医療機関」とは病院（医療法第１条の５第１項に規定する病院をいう。）若しくは診療所（同条第２項に規定する診療所をいう。）又は介護老人保健施設（介護保険法第８条第 28 項に規定する介護老人保健施設をいう。）若しくは介護医療院（同条第 29 項に規定する介護医療院をいう。）のうち医療法に基づく次のいずれの指定も受けていないものをいい、「Ｂ水準医療機関」とは医療法第 113 条第１項の規定による指定を受けた病院又は診療所を、「連携Ｂ水準医療機関」とは同法第 118 条第１項の規定による指定を受けた病院又は診療所を、「Ｃ水準医療機関」とは同法第 119 条第１項又は第 120 条第１項の規定による指定を受けた病院又は診療所をいうこと。

（2）　「臨時的に限度時間を超えて労働させることができる場合」の欄には、当該事業場における通常予見することのできない業務量の大幅な増加等に伴い臨時的に限度時間を超えて労働させる必要がある場合をできる限り具体的に記入すること。なお、業務の都合上必要な場合、業務上やむを得ない場合等恒常的な長時間労働を招くおそれがあるものを記入することは認められないことに留意すること。

（3）　「業務の種類」の欄には、時間外労働又は休日労働をさせる必要のある業務を具体的に記入し、労働基準法第 36 条第６項第１号の健康上特に有害な業務について協定をした場合には、当該業務を他の業務と区別して記入すること。なお、業務の種類を記入するに当たつては、業務の区分を細分化することにより当該業務の範囲を明確にしなければならないことに留意すること。

（4）　「労働者数（満 18 歳以上の者）」の欄には、時間外労働又は休日労働をさせることができる労働者の数を記入すること。

（5）　「起算日」の欄には、本様式における「時間外労働・休日労働に関する協定届」の起算日と同じ年月日を記入すること。

（6）　「延長することができる時間数及び休日労働の時間数」の欄には、労働基準法第 32 条から第 32 条の５まで又は第 40 条の規定により労働させることができる最長の労働時間（以下「法定労働時間」という。）を超える時間数と休日労働の時間数を合算した時間数であつて、「起算日」において定める日から１箇月ごとについての延長することができる限度となる時間数を 100 時間未満の範囲内で記入すること（医業に従事する医師については、労働基準法施行規則第 69 条の３第２項第２号から第４号まで又は医療法第百二十八条の規定により読み替えて適用する労働基準法第百四十一条第二項の厚生労働省令で定める時間等を定める省令第３条第１項第２号から第４号までに規定するところにより面接指導を実施し、健康確保のために必要な就業上の適切な措置を講ずることとしている場合を除く。)。なお、所定労働時間を超える時間数についても協定する場合においては、所定労働時間を超える時間数と休日労働の時間数を合算した時間数を併せて記入することができる。

「延長することができる時間数」の欄には、法定労働時間を超えて延長することができる時間数を記入すること。「１年」にあつては、「起算日」において定める日から１年についての延長することができる限度となる時間数を、医業に従事する医師以外の者については 720 時間の範囲内、医業に従事する医師については 960 時間（Ｂ水準医療機関又はＣ水準医療機関において当該指定に係る業務に従事する医師については 1,860 時間）の範囲内で記入すること。なお、所定労働時間を超える時間数についても協定する場合においては、所定労働時間を超える時間数を併せて記入することができる。

なお、これらの欄に記入する時間数にかかわらず、医業に従事する医師以外の者については、時間外労働及び休日労働を合算した時間数が１箇月について 100 時間以上となつた場合、及び２箇月から６箇月までを平均して 80 時間を超えた場合には労働基準法違反（同法第 119 条の規定により６箇月以下の懲役又は 30 万円以下の罰金）となることに留意すること。また、医業に従事する医師については、これらの欄に記入する時間数にかかわらず、時間外労働及び休日労働を合算した時間数が１箇月について 100 時間以上となつた場合（労働基準法施行規則第 69 条の３第２項第２号から第４号まで又は医療法第百二十八条の規定により読み替えて適用する労働基準法第百四十一条第二項の厚生労働省令で定める時間等を定める省令第３条第１項第２号から第４号までに規定するところにより面接指導等を行つた場合（Ａ水準医療機関で勤務する医師については事後の面接指導を行つた場合も含む。）を除く。)、及び１年について 960 時間（Ｂ水準医療機関若しくはＣ水準医療機関において当該指定に係る業務に従事する医師又は連携Ｂ水準医療機関から他の病院若しくは診療所に派遣される医師（当該指定に係る派遣に係るものに限る。）については 1,860 時間）を超えた場合には労働基準法違反（同法第 141 条第５項の規定により６箇月以下の懲役又は 30 万円以下の罰金）となることに留意すること。

（7）　医業に従事する医師以外の者については、「限度時間を超えて労働させることができる回数」の欄には、限度時間（１箇月 45 時間（対象期間が３箇月を超える１年単位の変形労働時間制により労働する者については、42 時間)）を超えて労働させることができる回数を６回の範囲内で記入すること。

（8）　「限度時間を超えた労働に係る割増賃金率」の欄には、限度時間を超える時間外労働に係る割増賃金の率を記入すること。なお、当該割増賃金の率は、法定割増賃金率を超える率とするよう努めること。

（9）　「限度時間を超えて労働させる場合における手続」の欄には、協定の締結当事者間の手続として、「協議」、「通告」等具体的な内容を記入すること。

(10)　「限度時間を超えて労働させる労働者に対する健康及び福祉を確保するための措置」の欄には、以下の番号を「(該当する番号)」に選択して記入した上で、その具体的内容を「(具体的内容)」に記入すること。

① 労働時間が一定時間を超えた労働者に医師による面接指導を実施すること。
② 労働基準法第 37 条第 4 項に規定する時刻の間において労働させる回数を 1 箇月について一定回数以内とすること。
③ 終業から始業までに一定時間以上の継続した休息時間を確保すること。
④ 労働者の勤務状況及びその健康状態に応じて、代償休日又は特別な休暇を付与すること。
⑤ 労働者の勤務状況及びその健康状態に応じて、健康診断を実施すること。
⑥ 年次有給休暇についてまとまつた日数連続して取得することを含めてその取得を促進すること。
⑦ 心とからだの健康問題についての相談窓口を設置すること。
⑧ 労働者の勤務状況及びその健康状態に配慮し、必要な場合には適切な部署に配置転換をすること。
⑨ 必要に応じて、産業医等による助言・指導を受け、又は労働者に産業医等による保健指導を受けさせること。
⑩ その他

2（1）　労働基準法第 36 条第 6 項第 2 号及び第 3 号の要件を遵守する趣旨のチェックボックスについて、「2 箇月から 6 箇月まで」とは、起算日をまたぐケースも含め、連続した 2 箇月から 6 箇月までの期間を指すことに留意すること。また、チェックボックスにチェックがない場合には有効な協定とはならないことに留意すること（医業に従事する医師は除く。)。

（2）　「医業に従事する医師」とは、労働基準法第 141 条第 1 項に規定する医師をいうこと。

（3）　医業に従事する医師についての労働時間の上限を遵守する趣旨のチェックボックスに係る記載並びに協定で定める 1 箇月の時間外労働及び休日労働を合算した時間数が 100 時間以上である場合のチェックボックスに係る記載中の面接指導及び健康確保のために必要な就業上の適切な措置とは、労働基準法施行規則第 69 条の 3 第 2 項第 2 号から第 4 号まで又は医療法第百二十八条の規定により読み替えて適用する労働基準法第百四十一条第二項の厚生労働省令で定める時間等を定める省令第 3 条第 1 項第 2 号から第 4 号までに規定するものであること。

（4）　1 箇月の時間外労働及び休日労働を合算した時間数が 155 時間（医療法施行規則に定める時間）を超えた場合に行うべき労働時間短縮のための具体的な措置は、医療法第 108 条第 6 項に規定する措置とすること。

（5）　1 年の時間外労働及び休日労働を合算した時間数が 960 時間を超えることが見込まれる者に対して行われるべき勤務間インターバルの確保等による休息時間の確保は、医療法第 123 条第 1 項及び第 2 項に規定するものとすること。

（6）　医業に従事する医師についてチェックボックスが設けられている項目のうち、該当する項目であるにもかかわらず、チェックボックスにチェックがない場合には有効な協定とはならないことに留意すること。

3　協定については、労働者の過半数で組織する労働組合がある場合はその労働組合と、労働者の過半数で組織する労働組合がない場合は労働者の過半数を代表する者と協定すること。なお、労働者の過半数を代表する者は、労働基準法施行規則第 6 条の 2 第 1 項の規定により、労働基準法第 41 条第 2 号に規定する監督又は管理の地位にある者でなく、かつ、同法に規定する協定等をする者を選出することを明らかにして実施される投票、挙手等の方法による手続により選出された者であつて、使用者の意向に基づき選出されたものでないこと。これらの要件を満たさない場合には、有効な協定とはならないことに留意すること。また、これらの要件を満たしていても、当該要件に係るチェックボックスにチェックがない場合には、届出の形式上の要件に適合していないことに留意すること。

4　本様式をもつて協定とする場合においても、協定の当事者たる労使双方の合意があることが、協定上明らかとなるような方法により締結するよう留意すること。

5　本様式で記入部分が足りない場合は同一様式を使用すること。この場合、必要のある事項のみ記入することで差し支えない。

（備考）

1　労働基準法第 38 条の 4 第 5 項の規定により、労使委員会が設置されている事業場において、本様式を労使委員会の決議として届け出る場合においては、委員の 5 分の 4 以上の多数による議決により行われたものである旨、委員会の委員数、委員の氏名を記入した用紙を別途提出することとし、本様式中「協定」とあるのは「労使委員会の決議」と、「協定の当事者である労働組合」とあるのは「委員会の委員の半数について任期を定めて指名した労働組合」と、「協定の当事者（労働者の過半数を代表する者の場合）の選出方法」とあるのは「委員会の委員の半数について任期を定めて指名した者（労働者の過半数を代表する者の場合）の選出方法」と読み替えるものとする。なお、委員の氏名を記入するに当たつては、任期を定めて指名された委員とその他の委員とで区別することとし、任期を定めて指名された委員の氏名を記入するに当たつては、同条第 2 項第 1 号の規定により、労働者の過半数で組織する労働組合がある場合においてはその労働組合、労働者の過半数で組織する労働組合がない場合においては労働者の過半数を代表する者に任期を定めて指名された委員の氏名を記入することに留意すること。

2　労働時間等の設定の改善に関する特別措置法第 7 条の規定により、労働時間等設定改善委員会が設置されている事業場において、本様式を労働時間等設定改善委員会の決議として届け出る場合においては、委員の 5 分の 4 以上の多数による議決により行われたものである旨、委員会の委員数、委員の氏名を記入した用紙を別途提出することとし、本様式中「協定」とあるのは「労働時間等設定改善委員会の決議」と、「協定の当事者である労働組合」とあるのは「委員会の委員の半数の推薦者である労働組合」と、「協定の当事者（労働者の過半数を代表する者の場合）の選出方法」とあるのは「委員会の委員の半数の推薦者（労働者の過半数を代表する者の場合）の選出方法」と読み替えるものとする。なお、委員の氏名を記入するに当たつては、推薦に基づき指名された委員とその他の委員とで区別することとし、推薦に基づき指名された委員の氏名を記入するに当たつては、同条第 1 号の規定により、労働者の過半数で組織する労働組合がある場合においてはその労働組合、労働者の過半数で組織する労働組合がない場合においては労働者の過半数を代表する者の推薦に基づき指名された委員の氏名を記入することに留意すること。

⑶ 医療法第128条の規定により読み替えて適用する労働基準法第141条第２項の厚生労働省令で定める時間等を定める省令（令和４年厚生労働省令第６号）

【以下の条文は、令和６年４月１日施行】

第１条　医療法（昭和23年法律第205号）第128条の規定により読み替えて適用する労働基準法（昭和22年法律第49号。以下「法」という。）第141条第２項の厚生労働省令で定める時間は、労働基準法施行規則（昭和22年厚生省令第23号。以下「規則」という。）第69条の４の規定にかかわらず、次の各号に掲げる規則第69条の２に規定する医師（以下「特定医師」という。）の区分に応じ、当該各号に定める時間とする。

一　医療法第113条第１項の規定に基づき特定地域医療提供機関として指定されている病院（同法第１条の５第１項に規定する病院をいう。以下この条において同じ。）又は診療所（同法第１条の５第２項に規定する診療所をいう。以下この条において同じ。）（第３条第１項において「特定地域医療提供機関」という。）において当該指定に係る業務に従事する特定医師、同法第119条第１項の規定に基づき技能向上集中研修機関として指定されている病院又は診療所（第３条第１項及び附則第２項において「技能向上集中研修機関」という。）において当該指定に係る業務に従事する特定医師又は同法第120条第１項の規定に基づき特定高度技能研修機関として指定されている病院又は診療所（第３条第１項及び附則第２項において「特定高度技能研修機関」という。）において当該指定に係る業務に従事する特定医師　労働時間を延長して労働させ、及び休日において労働させることができる時間について、１箇月について100時間未満及び１年について1860時間。ただし、法第36条第１項の協定に第３条第１項第２号から第４号までに規定する事項を定めた場合にあっては、１年について1860時間とする。

二　医療法第118条第１項の規定に基づき連携型特定地域医療提供機関として指定されている病院又は診療所（第３条第１項において「連携型特定地域医療提供機関」という。）から他の病院又は診療所に派遣される特定医師（同法第118条第１項に規定する派遣に係るものに限る。）

　労働時間を延長して労働させ、及び休日において労働させることができる時間について、１箇月について100時間未満及び１年について960時間。ただし、法第36条第１項の協定に、第３条第１項第２号から第４号までに規定する事項を定めた場合にあっては、1年について960時間とする。

第2条　医療法第128条の規定により読み替えて適用する法第141条第3項の厚生労働省令で定める時間は、規則第69条の5の規定にかかわらず、労働時間を延長して労働させ、及び休日において労働させる時間について、1箇月について100時間未満及び1年について1860時間とする。ただし、次条第1項第2号に規定する面接指導が行われ、かつ、同項第4号に規定する措置が講じられた特定医師については1年について1860時間とする。

第3条　特定地域医療提供機関、連携型特定地域医療提供機関、技能向上集中研修機関及び特定高度技能研修機関において法第36条第1項の協定をする場合には、規則第69条の3第2項の規定にかかわらず、法第36条第2項第5号の厚生労働省令で定める事項として、規則第69条の3第1項の規定により読み替えて適用する規則第17条第1項各号に掲げる事項のほか、次に掲げる事項を定めるものとする。

一　対象期間における1日、1箇月及び1年のそれぞれの期間について労働時間を延長して労働させることができる時間又は労働させることができる休日の日数

二　規則第69条の3第2項第2号に規定する管理者（以下この項において「管理者」という。）に、1箇月について労働時間を延長して労働させ、及び休日において労働させる時間が100時間以上となることが見込まれる特定医師に対して同号に規定する面接指導を行わせること。

三　管理者に、前号の規定による面接指導（面接指導の対象となる特定医師の希望により、当該管理者の指定した医師以外の医師が行った面接指導であって、当該管理者がその結果を証明する書面の提出を受けたものを含む。）の結果に基づき、当該面接指導を受けた特定医師の健康を保持するために必要な措置について、当該面接指導が行われた後（当該管理者の指定した医師以外の医師が当該面接指導を行った場合にあっては、当該管理者がその結果を証明する書面の提出を受けた後）、遅滞なく、当該面接指導を行った医師の意見を聴かせること。

四　管理者に、第2号の規定による面接指導を行った医師の意見を勘案し、その必要があると認めるときは、当該面接指導を受けた特定医師の実情を考慮して、遅滞なく、労働時間の短縮、宿直の回数の減少その他の適切な措置を講じさせること。

五　管理者に、医療法第108条第6項の規定により、1箇月について労働時間を延長して労働させ、及び休日において労働させる時間が特に長時間である特定医師に対して労働時間の短縮のために必要な措置を講じさせること。

六　管理者に、医療法第123条第1項及び第2項の規定により、休息時間を確保させること。

2　前項第3号の書面は、当該特定医師の受けた面接指導について、次に掲げる事項を記載したものでなければなら

ない。
一　実施年月日
二　当該面接指導を受けた特定医師の氏名
三　当該面接指導を行った医師の氏名
四　当該面接指導を受けた特定医師の睡眠の状況
五　当該面接指導を受けた特定医師の疲労の蓄積の状況
六　前2号に掲げるもののほか、当該面接指導を受けた特定医師の心身の状況

3　第1項第2号から第5号までの事項は、次の各号に掲げる区分に応じ、当該各号に定める場合には、法第36条第1項の協定に定めないことができる。
一　第1項第2号から第4号までに掲げる事項　1箇月について労働時間を延長して労働させ、及び休日において労働させる時間が100時間以上となることが見込まれない場合
二　第1項第5号に掲げる事項　1箇月について労働時間を延長して労働させ、及び休日において労働させる時間が特に長時間となることが見込まれない場合

附　則

1　この省令は、令和6年4月1日から施行する。

2　第1条及び第2条（技能向上集中研修機関において当該技能向上集中研修機関が受けた指定に係る業務に従事する特定医師及び特定高度技能研修機関において当該特定高度技能研修機関が受けた指定に係る業務に従事する特定医師に係る部分を除く。）に規定する時間については、令和18年3月31日を目途に当該時間を規則第69条の4及び第69条の5に規定する時間とすることを目標として、この省令の施行後3年ごとに、特定医師の労働時間の動向その他の状況を勘案して必要な見直しを行うものとする。

⑷　労働基準法施行規則第24条の2の2第2項第6号の規定に基づき厚生労働大臣の指定する業務(平成9年2月14日労働省告示第7号)

労働基準法施行規則（昭和22年厚生省令第23号）第24条の2第6項第6号の規定に基づき、厚生労働大臣の指定する業務を次のように定め、平成9年4月1日から適用する。

労働基準法施行規則第24条の2の2第2項第6号の規定に基づき厚生労働大臣の指定する業務（平14厚労告令22・題名追加）

一　広告、宣伝等における商品等の内容、特長等に係る文章の案の考案の業務
二　事業運営において情報処理システム（労働基準法施行規則第24条の2の2第2項第2号に規定する情報処理システムをいう。）を活用するための問題点の把握又はそれを活用するための方法に関する考案若しくは助言の業務
三　建築物内における照明器具、家具等の配置に関する考案、表現又は助言の業務
四　ゲーム用ソフトウェアの創作の業務
五　有価証券市場における相場等の動向又は有価証券の価値等の分析、評価又はこれに基づく投資に関する助言の業務
六　金融工学等の知識を用いて行う金融商品の開発の業務
七　学校教育法（昭和22年法律第26号）に規定する大学における教授研究の業務（主として研究に従事するものに限る。）
八　公認会計士の業務
九　弁護士の業務
十　建築士の業務
十一　不動産鑑定士の業務
十二　弁理士の業務
十三　税理士の業務
十四　中小企業診断士の業務

附則（平成12年12月25日労働省告示第120号）抄

（適用期日）

第1　この告示は、内閣法の一部を改正する法律（平成12年法律第88号）の施行の日（平成13年1月6日）から適用する。

改正文（平成14年2月13日厚生労働省告示第22号）抄

平成14年2月13日から適用する。ただし、第11号の次に2号を加える改正規定（第12号に係る部分に限る。）は、平成14年4月1日から適用する。

改正文（平成15年10月22日厚生労働省告示第354号）抄

平成16年1月1日から適用する。

改正文（令和5年3月30日厚生労働省告示第115号）抄

令和六年四月一日から適用する。

⑸ 労働基準法施行規則第69条の３第２項第２号の規定に基づき厚生労働大臣が定める要件（令和４年厚生労働省告示第６号）

労働基準法施行規則（昭和22年厚生省令第23号）第69条の３第２項第２号の規定に基づき、厚生労働大臣が定める要件を次のように定め、令和６年４月１日から適用する。

一　労働基準法施行規則（昭和22年厚生省令第23号）第69条の３第２項第２号に規定する管理者（以下「管理者」という。）が、事前に次に掲げる事項を確認した上で、１箇月について労働時間を延長して労働させ、及び休日において労働させる時間（以下「時間外・休日労働時間」という。）が100時間に達するまでの間に行われるものであること。ただし、労働基準法（昭和22年法律第49号）第141条第１項に規定する医業に従事する医師のうち、医療法（昭和23年法律第205号）第122条第１項に規定する特定労務管理対象機関において勤務する医師（医療法第128条の規定により読み替えて適用する労働基準法第141条第２項の厚生労働省令で定める時間等を定める省令（令和４年厚生労働省令第６号）第１条第１号及び第２号に掲げる者に限る。）以外の医師については、疲労の蓄積が認められない場合は、時間外・休日労働時間が100時間に達するまでの間又は100時間以上となった後に遅滞なく行われるものであること。

イ　時間外・休日労働時間が100時間以上となることが見込まれる者（以下「面接指導対象医師」という。）の勤務の状況

ロ　当該面接指導対象医師の睡眠の状況

ハ　当該面接指導対象医師の疲労の蓄積の状況

ニ　ロ及びハに掲げるもののほか、当該面接指導対象医師の心身の状況

ホ　面接指導を受ける意思の有無

二　医療法第108条第１項に規定する面接指導実施医師（以下「面接指導実施医師」という。）により行われるものであること。

三　当該面接指導を行う面接指導実施医師が、管理者から、面接指導対象医師の労働時間に関する情報その他の面接指導を適切に行うために必要な情報として次に掲げるものの提供を受けていること。ただし、イに掲げる情報については当該面接指導対象医師の時間外・休日労働時間が100時間以上となることが見込まれることの確認を行った後速やかに、ロに掲げる情報については当該面接指導実施医師から当該情報の提供を求められた後速やかに、それぞれ提供されなければならない。

イ　当該面接指導対象医師の氏名及び当該面接指導対象医師に係る第１号

　　イからホまでに掲げる事項に関する情報
　ロ　イに掲げるもののほか、当該面接指導対象医師の業務に関する情報であって当該面接指導実施医師が当該面接指導対象医師の面接指導を適切に行うために必要と認めるもの
四　当該面接指導実施医師が次に掲げる事項について確認を行うものであること。
　イ　当該面接指導対象医師の勤務の状況
　ロ　当該面接指導対象医師の睡眠の状況
　ハ　当該面接指導対象医師の疲労の蓄積の状況
　ニ　ロ及びハに掲げるもののほか、当該面接指導対象医師の心身の状況

第３章

労働安全衛生法関係

1　概　要

○　労働安全衛生規則及び厚生労働省の所管する法令の規定に基づく民間事業者等が行う書面の保存等における情報通信の技術の利用に関する省令の一部を改正する省令（令和４年厚生労働省令第８号）による改正の概要

【労働安全衛生規則（昭和47年労働省令第32号）】（令和６年４月１日施行）

⑴　面接指導の対象となる医師の要件等（附則第19条）

①　労働基準法施行規則に基づく面接指導と労働安全衛生法に基づく面接指導とが整合的に行われるよう、労働安全衛生法第66条の８第１項の面接指導の対象となる労働者の要件を、当分の間、第52条の２第１項に定めるもののほか、労働基準法施行規則第69条の２に規定する特定医師（以下「特定医師」という。）であって、１か月について労働時間を延長して労働させ、及び休日において労働させる時間（以下「時間外・休日労働時間」という。）が100時間以上となることが見込まれる者（以下「面接指導対象医師」という。）のうち、労働基準法施行規則第69条の３第２項第２号に規定する管理者（以下「管理者」という。）が同号に規定する面接指導（以下「新労基則の面接指導」という。）を行い、かつ、労働安全衛生法第66条の８第２項ただし書の書面の提出があった者以外の者に見直したものであること。

②　面接指導対象医師に該当するかどうかの判断は、毎月１回以上、一定の期日を定めて行わなければならないものとしたこと。

③　新労基則の面接指導については、本人の申出の有無にかかわらず、面接指導対象医師に対して必ず実施するものであることから、面接指導対象医師について、事業者が管理者に新労基則の面接指導を行わせる場合においては、本人の申出を前提とした第52条の２第３項及び第52条の３の規定は、適用しないものとしたこと。

また、新労基則の面接指導における確認事項については、労働基準法施行規則第69条の３第２項第２号の規定に基づき厚生労働大臣が定める要件（令和４年厚生労働省告示第６号）において定められていることから、事業者が管理者に新労基則の面接指導を行わせる場合においては、第52条の４の規定は適用しないものとしたこと。

⑵　面接指導対象医師が受けた面接指導の証明（附則第19条の2）

新労基則の面接指導においては、労働安全衛生法第66条の8に基づく面接指導における確認事項に加え、睡眠の状況を確認することとなっていることから、新労基則の面接指導と労働安全衛生法に基づく面接指導が整合的に行われるよう、面接指導対象医師に対する面接指導に係る労働安全衛生法第66条の8第2項ただし書の書面は、第52条の5各号に掲げるもののほか、当該面接指導対象医師の睡眠の状況を記載したものでなければならないものとしたこと。

⑶　面接指導対象医師に対する面接指導結果の記録の作成（附則第19条の3）

新労基則の面接指導と労働安全衛生法に基づく面接指導が整合的に行われるよう、面接指導対象医師に対する労働安全衛生法第66条の8第1項に規定する面接指導（同条第2項ただし書の場合において当該面接指導対象医師が受けたものを含む。）の結果の記録は、⑵に規定する事項を記載したものでなければならないものとしたこと。

【厚生労働省の所管する法令の規定に基づく民間事業者等が行う書面の保存等における情報通信の技術の利用に関する省令（平成17年厚生労働省令第44号）】（令和6年4月1日施行）

事業者が書面の保存及び作成に代えて、電磁的記録による保存及び作成とすることができる対象に、前述の⑶の記録を追加することとしたこと。

2　関係条文

(1)　労働安全衛生法（昭和47年法律第57号）

（面接指導等）

第66条の８　事業者は、その労働時間の状況その他の事項が労働者の健康の保持を考慮して厚生労働省令で定める要件に該当する労働者（次条第１項に規定する者及び第66条の８の４第１項に規定する者を除く。以下この条において同じ。）に対し、厚生労働省令で定めるところにより、医師による面接指導（問診その他の方法により心身の状況を把握し、これに応じて面接により必要な指導を行うことをいう。以下同じ。）を行わなければならない。

２　労働者は、前項の規定により事業者が行う面接指導を受けなければならない。ただし、事業者の指定した医師が行う面接指導を受けることを希望しない場合において、他の医師の行う同項の規定による面接指導に相当する面接指導を受け、その結果を証明する書面を事業者に提出したときは、この限りでない。

３～５　略

第66条の８の２　事業者は、その労働時間が労働者の健康の保持を考慮して厚生労働省令で定める時間を超える労働者（労働基準法第36条第11項に規定する業務に従事する者（同法第41条各号に掲げる者及び第66条の８の４第１項に規定する者を除く。）に限る。）に対し、厚生労働省令で定めるところにより、医師による面接指導を行わなければならない。

２　略

⑵　労働安全衛生規則（昭和47年労働省令第32号）

（面接指導の対象となる労働者の要件等）

第52条の２　法第66条の８第１項の厚生労働省令で定める要件は、休憩時間を除き１週間当たり40時間を超えて労働させた場合におけるその超えた時間が１月当たり80時間を超え、かつ、疲労の蓄積が認められる者であることとする。ただし、次項の期日前１月以内に法第66条の８第１項又は第66条の８の２第１項に規定する面接指導を受けた労働者その他これに類する労働者であつて法第66条の８第１項に規定する面接指導（以下この節において「法第66条の８の面接指導」という。）を受ける必要がないと医師が認めたものを除く。

２・３　略

（面接指導結果の記録の作成）

第52条の６　事業者は、法第66条の８の面接指導（法第66条の８第２項ただし書の場合において当該労働者が受けたものを含む。次条において同じ。）の結果に基づき、当該法第66条の８の面接指導の結果の記録を作成して、これを５年間保存しなければならない。

２　前項の記録は、前条各号に掲げる事項及び法第66条の８第４項の規定による医師の意見を記載したものでなければならない。

【以下の条文は、令和６年４月１日施行】

附　則

（面接指導の対象となる医師の要件等）

第19条　法第66条の８第１項の厚生労働省令で定める要件は、当分の間、第52条の２第１項に定めるもののほか、労働基準法施行規則第69条の２に規定する特定医師であつて、１箇月について労働時間を延長して労働させ、及び休日において労働させる時間が100時間以上となることが見込まれる者（以下「面接指導対象医師」という。）のうち、同令第69条の３第２項第２号に規定する管理者（以下「管理者」という。）が同号に規定する面接指導を行い、かつ、法第66条の８第２項ただし書の書面の提出があつた者以外の者であることとする。

２　面接指導対象医師に該当するかどうかの判断は、毎月１回以上、一定の期日を定めて行わなければならない。

３　面接指導対象医師について、事業者が管理者に労働基準法施行規則第69条の３第２項第２号に規定する面接指導を行わせる場合においては、第52条の２第３項、第52条の３及び第52条の４の規定は、適用しない。

（面接指導対象医師が受けた面接指導の証明）

第19条の２　面接指導対象医師に対する面接指導に係る法第66条の８第２項ただし書の書面は、第52条の５各号に掲げるもののほか、当該面接指導対象医師の睡眠の状況を記載したものでなければならない。

（面接指導対象医師に対する面接指導結果の記録の作成）

第19条の３　面接指導対象医師に対する法第66条の８第１項に規定する面接指導（同条第２項ただし書の場合において当該面接指導対象医師が受けたものを含む。）に係る第52条の６第１項の記録についての同条第２項の規定の適用については、「前条各号に掲げる」とあるのは、「附則第19条の２に規定する」とする。

⑶　民間事業者等が行う書面の保存等における情報通信の技術の利用に関する法律（平成16年法律第149号）

（電磁的記録による保存）

第３条　民間事業者等は、保存のうち当該保存に関する他の法令の規定により書面により行わなければならないとされているもの（主務省令で定めるものに限る。）については、当該法令の規定にかかわらず、主務省令で定めるところにより、書面の保存に代えて当該書面に係る電磁的記録の保存を行うことができる。

２　略

（電磁的記録による作成）

第４条　民間事業者等は、作成のうち当該作成に関する他の法令の規定により書面により行わなければならないとされているもの（当該作成に係る書面又はその原本、謄本、抄本若しくは写しが法令の規定により保存をしなければならないとされているものであって、主務省令で定めるものに限る。）については、当該他の法令の規定にかかわらず、主務省令で定めるところにより、書面の作成に代えて当該書面に係る電磁的記録の作成を行うことができる。

２・３　略

⑷　厚生労働省の所管する法令の規定に基づく民間事業者等が行う書面の保存等における情報通信の技術の利用に関する省令（平成17年厚生労働省令第44号）

（法第３条第１項の主務省令で定める保存）

第３条　法第３条第１項の主務省令で定める保存は、別表第１の１から３までの表の上欄に掲げる法令の同表の下欄に掲げる書面の保存とする。

（電磁的記録による保存）

第４条　民間事業者等が、法第３条第１項の規定に基づき、別表第１の１及び２の表の上欄に掲げる法令のこれらの表の下欄に掲げる書面の保存に代えて当該書面に係る電磁的記録の保存を行う場合並びに別表第１の４の表の上欄に掲げる法令の同表の下欄に掲げる電磁的記録による保存を行う場合は、次に掲げる方法のいずれかにより行わなければならない。

一　作成された電磁的記録を民間事業者等の使用に係る電子計算機に備えられたファイル又は磁気ディスク、シーディー・ロムその他これらに準ずる方法により一定の事項を確実に記録しておくことができる物（以下「磁気ディスク等」という。）をもって調製するファイルにより保存する方法

二　書面に記載されている事項をスキャナ（これに準ずる画像読取装置を含む。）により読み取ってできた電磁的記録を民間事業者等の使用に係る電子計算機に備えられたファイル又は磁気ディスク等をもって調製するファイルにより保存する方法

２　民間事業者等が、法第３条第１項の規定に基づき、別表第１の３の表の上欄に掲げる法令の同表の下欄に掲げる書面の保存に代えて当該書面に係る電磁的記録の保存を行う場合は、前項第２号に掲げる方法により行わなければならない。

３　民間事業者等が、第１項各号の規定に基づき別表第１の１の表に係る電磁的記録の保存を行う場合は、必要に応じ電磁的記録に記録された事項を出力することにより、直ちに明瞭かつ整然とした形式で使用に係る電子計算機その他の機器に表示し、及び書面を作成できるようにしなければならない。

４　民間事業者等が、第１項各号又は第１項の規定に基づき別表第１の２若しくは４又は３の表に係る電磁的記録の保存を行う場合は、次に掲げる措置を講じなければならない。

一　必要に応じ電磁的記録に記録された事項を出力することにより、直ちに明瞭かつ整然とした形式で使用に係る電子計算機その他の機器に表示し、及び書面を作成できるようにすること。

二　電磁的記録に記録された事項について、保存すべき期間中における当該事項の改変又は消去の事実の有無及びその内容を確認することができる措置を講じ、かつ、当該電磁的記録の作成に係る責任の所在を明らかにしていること。

三　電磁的記録に記録された事項について、保存すべき期間中において復元可能な状態で保存することができる措置を講じていること。

5　別表第1の1の表の上欄に掲げる法令の同表の下欄に掲げる書面の保存につき、同一内容の書面を2以上の事務所等（書面又は電磁的記録の保存が義務付けられている場所をいう。以下同じ。）に保存をしなければならないとされている民間事業者等が、第1項の規定に基づき、当該2以上の事務所等のうち、一の事務所等に当該書面に係る電磁的記録の保存を行うとともに、当該電磁的記録に記録されている事項を他の事務所等に備え付けた電子計算機の映像面に表示し、及び書面を作成することができる措置を講じた場合は、当該他の事務所等に当該書面の保存が行われたものとみなす。

（法第4条第1項の主務省令で定める作成）

第5条　法第4条第1項の主務省令で定める作成は、別表第2の上欄に掲げる法令の同表の下欄に掲げる書面の作成とする。

（電磁的記録による作成）

第6条　民間事業者等が、法第4条第1項の規定に基づき、別表第2の上欄に掲げる法令の同表の下欄に掲げる書面の作成に代えて当該書面に係る電磁的記録の作成を行う場合は、民間事業者等の使用に係る電子計算機に備えられたファイルに記録する方法又は磁気ディスク等をもって調製する方法により作成を行わなければならない。

（作成において氏名等を明らかにする措置）

第7条　別表第2の下欄に掲げる書面の作成において記載すべき事項とされた署名等に代わるものであって、法第4条第3項に規定する主務省令で定めるものは、電子署名（電子署名及び認証業務に関する法律（平成12年法律第102号）第2条第1項の電子署名をいう。）とする。

【以下の条文は、令和６年４月１日施行】

別表第１（第３条及び第４条関係）

表1

（略）	
労働安全衛生規則（昭和47年労働省令第32号）	（略）
	第52条の６第１項（第52条の７の２第２項及び第52条の７の４第２項において準用する場合並びに附則第19条の３の規定により第52条の６第２項を読み替える場合を含む。）の規定による面接指導の結果の記録の保存
	（略）
（略）	

表２～表４　（略）

別表第２（第５条、第６条及び第７条関係）

（略）	
労働安全衛生規則	（略）
	第52条の６第１項（第52条の７の２第２項及び第52条の７の４第２項において準用する場合並びに附則第19条の３の規定により第52条の６第２項を読み替える場合を含む。）の規定による面接指導の結果の記録の作成
	（略）
（略）	

第４章

医療法等関係

〔医療法関係〕

1　概　要

1　良質かつ適切な医療を効率的に提供する体制の確保を推進するための医療法等の一部を改正する法律（令和３年法律第49号）による改正の概要

【医療法(昭和23年法律第205号)】

1　厚生労働大臣が定める指針

厚生労働大臣は、労働時間を短縮し健康を確保することにより、医師が良質かつ適切な医療を行うことができるよう、関係者が適切に対処するために必要な指針を定め、公表するものとすること（第105条関係）。

2　医療機関勤務環境評価センター

(1)　厚生労働大臣が指定する医療機関勤務環境評価センターは、病院又は診療所に勤務する医師の労働時間の短縮のための取組の状況その他厚生労働省令で定める事項について評価を行うこと等の業務を行うものとすること（第107条及び第108条関係。令和６年４月１日以降は第130条及び第131条）。

(2)　医療機関勤務環境評価センターは、(1)の評価の結果を、遅滞なく、当該評価に係る病院又は診療所の管理者及びその所在地の都道府県知事に対して通知しなければならないものとし、都道府県知事は、厚生労働省令で定めるところにより、通知された評価の結果を公表しなければならないものとすること（第109条及び第111条関係。令和６年４月１日以降は第132条及び第134条）。

3　長時間労働となる医師に対する面接指導（3から13までは、令和6年4月1日から施行）

(1)　病院又は診療所の管理者は、当該病院又は診療所に勤務する医師のうち、各月の労働時間の状況が厚生労働省令で定める要件に該当する者（以下「面接指導対象医師」という。）に対し、医師（面接指導対象医師に対し、面接指導を行うのに適切な者として厚生労働省令で定める要件に該当する者に限る。以下「面接指導実施医師」という。）による面接指導を行わなければならないものとするとともに、面接指導実施医師の意見を勘案し、その必要があると認めるときは、当該面接指導対象医師の実情を考慮して、労働時間の短縮、宿直の回数の減少その他の適切な措置を講じなければならないものとすること（第108条第１項から第５項まで関係）。

(2) 病院又は診療所の管理者は、面接指導対象医師について、各月の当該面接指導対象医師の労働時間の状況が特に長時間であるものとして厚生労働省令で定める要件に該当する場合には、労働時間の短縮のために必要な措置を講じなければならないものとすること（第108条第６項関係）。

4　休息時間の確保

(1) 病院又は診療所の管理者は、当該病院又は診療所に勤務する医師のうち、その予定されている労働時間の状況（１年の期間に係るものに限る。）が厚生労働省令で定める要件に該当する者（13の(1)の特定対象医師を除き、以下「対象医師」という。）に対し、当該対象医師ごとに厚生労働省令で定める業務の開始から厚生労働省令で定める時間を経過するまでに、厚生労働省令で定めるところにより、継続した休息時間を確保するよう努めなければならないものとすること（第110条第１項本文関係）。

(2) 厚生労働省令で定める業務の開始から厚生労働省令で定める時間を経過するまでに、対象医師を宿日直勤務（厚生労働大臣の定める基準に適合するものに限る。以下この４及び13において同じ。）に従事させる場合は、(1)の限りでないものとすること（第110条第１項ただし書関係）。

(3) 病院又は診療所の管理者は、対象医師に対し、(1)の休息時間を確保しなかった場合には、厚生労働省令で定めるところにより、事後において、これに相当する休息時間を確保するよう努めなければならないものとすること（第110条第２項関係）。

(4) (2)の場合において、病院又は診療所の管理者は、宿日直勤務中に、対象医師を労働させたときは、当該宿日直勤務後に、当該対象医師に対し、厚生労働省令で定めるところにより、必要な休息時間を確保するよう努めなければならないものとすること（第110条第３項関係）。

5　都道府県知事による病院又は診療所の開設者に対する命令

都道府県知事は、病院又は診療所の管理者が、正当な理由がなく、３の(1)の面接指導を行っていないと認めるとき又は３の(2)の必要な措置を講じていないと認めるとき等は、当該病院又は診療所の開設者に対し、期限を定めて、その改善に必要な措置をとるべきことを命ずることができるものとすること（第111条関係）。

6　特定地域医療提供機関

(1) 都道府県知事は、次に掲げる医療のいずれかを提供するために医師をやむを得ず長時間従事させる必要がある業務として厚生労働省令で定めるものがあると認められる病院又は診療所を、当該病院又は診療所の開設者の申請により、特定地域医療提供機関として指定することができるものとすること（第113条第１項関係)。

① 救急医療

② 居宅等における医療

③ 地域において当該病院又は診療所以外で提供することが困難な医療

(2) (1)の指定の申請は、厚生労働省令で定める事項を記載した申請書に、(1)の業務に従事する医師の労働時間の短縮に関する計画(以下「労働時間短縮計画」という。)の案を添えてしなければならないものとすること(第113条第2項関係)。

(3) 都道府県知事は、(1)の申請に係る病院又は診療所が次に掲げる要件に該当すると認めるときは、(1)の指定をすることができるものとすること(第113条第3項関係)。

① (2)の労働時間短縮計画の案が、当該病院又は診療所に勤務する医師その他関係者の意見を聴いて作成されたものであることその他の厚生労働省令で定める要件を満たすものであること。

② **3**の(1)の面接指導並びに**13**の(1)及び(3)の休息時間の確保を行うことができる体制が整備されていること。

③ 労働に関する法律の規定であって政令で定めるものの違反に関し、法律に基づく処分、公表その他の措置が講じられた事実であって厚生労働省令で定めるものがないこと。

(4) 都道府県知事は、(1)の指定をするに当たっては、**2**の(2)により通知を受けた**2**の(1)の医療機関勤務環境評価センターによる評価の結果を踏まえなければならないものとし、あらかじめ、都道府県医療審議会の意見を聴かなければならないものとすること(第113条第4項及び第5項関係)。

(5) 都道府県知事は、(1)の指定をしたときは、その旨を公示しなければならないものとすること(第113条第6項関係)。

7 連携型特定地域医療提供機関

(1) 都道府県知事は、他の病院又は診療所に厚生労働省令で定めるところにより医師の派遣(医療提供体制の確保のために必要と認められるものに限る。)を行うことによって当該派遣をされる医師の労働時間がやむを得ず長時間となる病院又は診療所を、当該病院又は診療所の開設者の申請により、連携型特定地域医療提供機関として指定することができるものとすること(第118条第1項関係)。

(2) **6**の(2)から(5)までの規定は、連携型特定地域医療提供機関について準用すること(第118条第2項関係)。

8 技能向上集中研修機関

(1) 都道府県知事は、次のいずれかに該当する病院又は診療所であって、それぞれ次に掲げる医師をやむを得ず長時間従事させる必要がある業務として厚生労働省令で定めるものがあると認められるものを、当該病院又は診療所の開設者の申請により、技能向上集中研修機関として指定することができるものとすること(第119条第1項関係)。

① 医師法第16条の2第1項の都道府県知事の指定する病院　同項の臨床研修を受ける医師

② 医師法第16条の11第1項の研修を行う病院又は診療所　当該研修を受ける医師

(2) 6の(2)から(5)までの規定は、技能向上集中研修機関について準用すること（第119条第2項関係）。

9　特定高度技能研修機関

(1) 都道府県知事は、特定分野（医療の分野のうち高度な技能を有する医師を育成することが公益上特に必要と認められるものとして厚生労働大臣が公示したものをいう。）における高度な技能を有する医師を育成するために、当該技能の修得のための研修を行う病院又は診療所であって、当該研修を受ける医師（当該研修を受けることが適当と認められる者として厚生労働省令で定める要件に該当する者に限る。）をやむを得ず長時間従事させる必要がある業務として厚生労働省令で定めるものがあると認められるもの（当該研修を効率的に行う能力を有することについて厚生労働大臣の確認を受けたものに限る。）を、当該病院又は診療所の開設者の申請により、特定高度技能研修機関として指定することができるものとすること（第120条第1項関係）。

(2) 6の(2)から(5)までの規定は、特定高度技能研修機関について準用すること（第120条第2項関係）。

(3) 厚生労働大臣は、(1)の確認に係る事務の全部又は一部を、厚生労働省令で定める者に委託することができるものとすること（第121条第2項関係）。

10　労働時間短縮計画

(1) 特定地域医療提供機関、連携型特定地域医療提供機関、技能向上集中研修機関及び特定高度技能研修機関（以下「特定労務管理対象機関」と総称する。）の管理者は、指定を受けた後、遅滞なく、労働時間短縮計画を定めなければならないものとすること（第114条、第118条第2項、第119条第2項及び第120条第2項関係）。

(2) 特定労務管理対象機関の管理者は、労働時間短縮計画に基づき、医師の労働時間の短縮のための取組を実施しなければならないものとすること（第122条第1項関係）。

(3) 特定労務管理対象機関の管理者は、3年を超えない範囲内で厚生労働省令で定める期間ごとに、当該特定労務管理対象機関に勤務する医師その他関係者の意見を聴いた上で、労働時間短縮計画の見直しのための検討を行い、必要があると認めるときは、労働時間短縮計画の変更をするとともに、変更後の労働時間短縮計画を都道府県知事に提出しなければならないものとすること（第122条第2項関係）。

(4) 特定労務管理対象機関の管理者は、(3)の見直しのための検討を行った結果、変更の必要がないと認めるときは、その旨を都道府県知事に届け出なければならないものとすること（第122条第3項関係）。

11　指定の有効期間

特定労務管理対象機関の指定は、３年ごとにその更新を受けなければ、その期間の経過によって、その効力を失うものとすること（第115条第１項、第118条第２項、第119条第２項及び第120条第２項関係）。

12　指定の取消し

都道府県知事は、特定労務管理対象機関がその要件を欠くに至ったと認められるとき又は特定労務管理対象機関の開設者が５若しくは13の⑺の命令に違反したとき等は、あらかじめ、都道府県医療審議会の意見を聴いた上で、当該特定労務管理対象機関の指定を取り消すことができるものとすること（第117条、第118条第２項、第119条第２項及び第120条第２項関係）。

13　休息時間の確保

⑴　特定労務管理対象機関の管理者は、当該特定労務管理対象機関に勤務する医師のうち、その予定されている労働時間の状況（１年の期間に係るものに限る。）が厚生労働省令で定める要件に該当する者(以下「特定対象医師」という。）に対し、当該特定対象医師ごとに厚生労働省令で定める業務の開始から厚生労働省令で定める時間を経過するまでに、厚生労働省令で定めるところにより、継続した休息時間を確保しなければならないものとすること（第123条第１項本文関係)。

⑵　厚生労働省令で定める業務の開始から厚生労働省令で定める時間を経過するまでに、特定対象医師を宿日直勤務に従事させる場合は、⑴の限りでないものとすること（第123条第１項ただし書関係)。

⑶　特定労務管理対象機関の管理者が、厚生労働省令で定めるやむを得ない理由により、⑴により確保することとした休息時間（以下「休息予定時間」という。）中に特定対象医師を労働させる必要がある場合は、⑴にかかわらず、当該休息予定時間中に当該特定対象医師を労働させることができることとし、この場合においては、厚生労働省令で定めるところにより、当該休息予定時間の終了後に、当該特定対象医師に対し、当該休息予定時間中に労働をさせた時間に相当する時間の休息時間を確保しなければならないものとすること（第123条第２項関係)。

⑷　⑵の場合において、特定労務管理対象機関の管理者は、宿日直勤務中に特定対象医師を労働させたときは、当該宿日直勤務後に、当該特定対象医師に対し、厚生労働省令で定めるところにより、必要な休息時間を確保するよう配慮しなければならないものとすること（第123条第３項関係)。

⑸　災害その他避けることのできない事由によって、臨時の必要がある場合においては、特定労務管理対象機関の管理者は、その所在地の都道府県知事の許可を受けて、その必要の限度において⑴及び⑶の休息時間の確保を行わないことができるものとすること（第123条第４項関係)。

⑹　特定労務管理対象機関の管理者は、複数の病院又は診療所に勤務す

る医師に係る(1)及び(3)の休息時間を適切に確保するために必要があると認めるときは、当該医師が勤務する他の病院又は診療所の管理者に対し、必要な協力を求めることができるものとするとともに、協力を求められた病院又は診療所の管理者は、その求めに応ずるよう努めなければならないものとすること（第125条関係）。

(7) 都道府県知事は、特定労務管理対象機関の管理者が、正当な理由がなく、(1)又は(3)の休息時間の確保を行っていないと認めるときは、当該特定労務管理対象機関の開設者に対し、期限を定めて、その改善に必要な措置をとるべきことを命ずることができるものとすること（第126条関係）。

14　経過措置

病院又は診療所の管理者は、令和６年３月31日までの間において、当該病院又は診療所に勤務する医師の労働時間が厚生労働省令で定める時間を超えている場合には、当該医師に係る労働時間短縮計画を作成するよう努めなければならないものとすること（良質かつ適切な医療を効率的に提供する体制の確保を推進するための医療法等の一部を改正する法律(令和３年法律第49号)附則第４条関係)。

2　良質かつ適切な医療を効率的に提供する体制の確保を推進するための医療法等の一部を改正する法律の施行に伴う関係政令の整備に関する政令（令和４年政令第27号）による改正の概要

【医療法施行令（昭和23年政令第326号）】（令和６年４月１日から施行）

1　国の開設する病院又は診療所※に勤務する医師については、国家公務員法上の一般職又は特別職に属する職員にあたり、労働基準法等の規定が適用除外とされている一方、労働時間の上限や健康確保措置等については、人事院規則又は個別法等で規定されていることを踏まえ、令和６年４月１日から施行される改正後の医療法（以下「新医療法」という。）における医療機関の管理者に課せられる長時間労働の医師に対する面接指導等の健康確保のための措置や特定労務管理対象機関の指定の仕組み等については、国の開設する病院又は診療所については適用しないこととする（第12条関係）。

※　国立ハンセン病療養所、国立リハビリテーションセンター、刑事施設等に設けられた病院又は診療所、防衛医科大学校に設けられた病院等

2　医療法第25条の規定により立入検査を行った保健所を設置する市の市長又は特別区の区長は、面接指導等を実施していない医療機関に対する行政処分が行われる必要があると認めるときについて、理由を付してその旨を都道府県知事に通知しなければならないこととするため、医療法施行令の規定について必要な読替えを行う（第13条関係）。

3　都道府県知事が特定労務管理対象機関の指定を行うにあたり、指定の欠格事由となる労働に関する法律の違反の内容※を定める（第14条関係）。

※　次に掲げる規定とする。

- 労働基準法第24条、第32条、第34条、第35条第１項、第36条第６項（第２号及び第３号に係る部分に限る。）、第37条第１項及び第４項並びに第141条第３項
- 最低賃金法（昭和34年法律第137号）第４条第１項

3　良質かつ適切な医療を効率的に提供する体制の確保を推進するための医療法等の一部を改正する法律の施行に伴う厚生労働省関係省令の整備及び経過措置に関する省令（令和４年厚生労働省令第７号）による改正の概要

【医療法施行規則（昭和23年厚生省令第50号）】

1　医療機関勤務環境評価センター関係（第61条〜第74条。令和６年４月１日以降は、第120条〜第133条）

厚生労働大臣は、労働が長時間にわたる医師の労働時間を短縮するための病院又は診療所における取組を評価することにより、医師による良質かつ適切な医療の効率的な提供に資することを目的とする一般社団法人又は一般財団法人であって、評価等業務を適切かつ確実に行うことができると認められるものを、その申請により、医療機関勤務環境評価センターとして指定することができることとされたことを踏まえ、次のとおり、指定の申請手続等を定める。

ア　医療機関勤務環境評価センターの指定の申請手続、指定の基準等を定める。

イ　医療機関勤務環境評価センターは、病院又は診療所の求めに応じ、当該病院又は診療所に勤務する医師の労務管理を行うための体制、労働時間の短縮のための取組、当該体制の運用状況及び当該取組の成果等について評価を行うこととする。

ウ　医療機関勤務環境評価センターによる評価の結果の通知を受けた都道府県知事は、当該評価の結果の要旨について、当該評価の結果の通知を受けてからおおむね１年以内に、インターネットの利用その他の適切な方法により公表しなければならないこととする。

エ　その他、医療機関勤務環境評価センターが業務規程において定めるべき事項や、業務規程、事業計画書及び収支予算書の認可の手続、帳簿の保存方法等、業務の実施に当たって必要な事項を定める。

【以下は、令和６年４月１日から施行】

2　医師の労働時間の把握等関係（第61条）

長時間労働の医師に対する健康確保措置を実施するに当たっては、その前提として病院又は診療所に勤務する医師の労働時間の状況を適切に把握・確認することが重要であることから、当該把握・確認の方法等を定める。

ア　病院又は診療所の管理者は、タイムカードによる記録、パーソナルコンピュータ等の電子計算機の使用時間の記録等の客観的な方法その他の適切な方法により、当該病院又は診療所に勤務する医師の労働時間の状況を把握するとともに、把握した労働時間の状況についての記録の作成等を行うこととする。

イ　病院又は診療所の管理者は、毎月1回以上、一定の期日を定めて当該病院又は診療所に勤務する医師が各月の労働時間の状況が一定の要件に該当する医師（以下「面接指導対象医師」という。）又は面接指導対象医師のうち各月の労働時間の状況が特に長時間であるものとして労働時間短縮のために必要な措置の実施対象者に該当するかどうかの確認を行わなければならないこととする。

3　長時間労働の医師に対する面接指導関係（第62条～第72条）

病院又は診療所の管理者は、当該病院又は診療所に勤務する医師のうち、面接指導対象医師に対し、面接指導を行うのに適切な者として一定の要件を満たす医師（以下「面接指導実施医師」という。）による面接指導を行わなければならないこととされたことを踏まえ、面接指導対象医師の要件等を定める。

ア　面接指導対象医師の要件は、病院又は診療所に勤務する医師（医療を受ける者に対する診療を直接の目的とする業務を行わない者等を除く。）であって、時間外・休日労働時間が1箇月について100時間以上となることが見込まれる者であることとする。

イ　病院又は診療所の管理者は、面接指導対象医師に対し、勤務の状況等を確認し、原則として当該面接指導対象医師の時間外・休日労働時間が1箇月について100時間に達するまでの間に面接指導を行わなければならないこととする。

ウ　面接指導実施医師は、面接指導を行うに当たって、面接指導対象医師の勤務の状況、睡眠の状況、疲労の蓄積状況等を確認することとする。

エ　面接指導実施医師となることのできる医師の要件は、以下のとおりとする。

i　当該病院又は診療所の管理者でないこと

ii　医師の健康管理を行うのに必要な知識を修得させるための講習を修了していること

オ　病院又は診療所の管理者は、面接指導対象医師の時間外・休日労働時間が1箇月について155時間を超えた場合に、当該医師の労働時間の短縮のために必要な措置を遅滞なく講じなければならないこととする。

カ　その他、病院又は診療所の管理者からの面接指導実施医師に対する情報提供の方法、面接指導実施医師からの意見聴取の方法、面接指導の記録の作成・保存方法等、面接指導の実施に当たって必要な事項を定める。

4　継続した休息時間の確保の努力義務関係（第73条～第79条）

病院又は診療所の管理者は、勤務する医師のうち、その予定されている労働時間の状況が一定の要件に該当する者（5のカの特定対象医師を除く。以下「対象医師」という。）がいる場合には、当該医師に対し継続した休息時間を確保するよう努めなければならないこととされたことを踏まえ、次のとおり、継続した休息時間の確保方法等を定める。

ア　対象医師の要件は、病院又は診療所に勤務する医師（医療を受ける者に対する診療を直接の目的とする業務を行わない者等を除く。）であって、次に掲げるいずれかの要件に該当する者であることとする。

一　１年について労働時間を延長して労働させる時間が720時間を超えることが見込まれること

二　１箇月について労働時間を延長して労働させる時間が45時間を超える月数が１年について６箇月を超えることが見込まれること

イ　継続した休息時間は、以下のいずれかの方法により確保するよう努めなければならないこととする。

一　業務の開始から24時間を経過するまでに、９時間の継続した休息時間を確保すること

二　業務の開始から46時間を経過するまでに、18時間の継続した休息時間を確保すること（対象医師を特定宿日直勤務（厚生労働大臣の定める基準（※）に適合する宿日直勤務をいう。以下同じ）以外の宿日直勤務に従事させる場合であって、前号に掲げる方法により継続した休息時間を確保することとしない場合に限る。）

※　「医療法第110条第１項ただし書の規定に基づき厚生労働大臣の定める基準」（令和４年厚生労働省告示第８号）

ウ　対象医師を、業務の開始から24時間を経過するまでに、特定宿日直勤務に継続して９時間従事させる場合は、上記の継続した休息時間の確保を要さないこととする。

エ　上記の継続した休息時間の確保を行わなかった場合に、これに相当する時間の休息時間は、当該休息時間の終了後当該労働が発生した日の属する月の翌月末日までの間にできるだけ早期に確保するよう努めなければならないこととする。

オ　特定宿日直勤務中に労働させた対象医師に対し、必要な休息時間を確保する場合は、当該特定宿日直勤務後、当該労働が発生した日の属する月の翌月末日までの間に、当該労働の負担の程度に応じ必要な休息時間を確保するよう努めなければならないこととする。

5　特定労務管理対象機関関係（第80条～第119条）

医療機関において医師が従事する業務の中には、地域の医療提供体制を確保するため又は一定の期間で集中的に必要な知識や技術を習得するために、業務の性格上、一定の長時間労働が不可避となるものが存在することから、そうした業務が存在する医療機関を、特定地域医療提供機関、連携型特定地域医療提供機関、技能向上集中研修機関及び特定高度技能研修機関（以下「特定労務管理対象機関」と総称する。）として指定することとされたことを踏まえ、指定に係る業務等を定める。

ア　特定地域医療提供機関関係

特定地域医療提供機関の指定に係る業務は、次の各号に掲げる病院又は診療所について、それぞれ当該各号に定める業務であって、当該業務に従事する医師の時間外・休日労働時間が１年について960時間を超える必要があると認められるものとする。

一　救急医療を提供する病院又は診療所であって厚生労働大臣が定めるもの（※）については、救急医療の提供に係る業務

二　居宅等における医療を提供する役割を積極的に果たす病院又は診療所については、居宅等における医療の提供に係る業務

三　地域において当該病院又は診療所以外で提供することが困難な医療の提供その他地域における医療の確保のために必要な機能を有すると都道府県知事が認めた病院又は診療所については、当該機能に係る業務

※「医療法施行規則第80条第１号の規定に基づき救急医療を提供する病院又は診療所であって厚生労働大臣の定めるもの」(令和４年厚生労働省告示第９号)

イ　連携型特定地域医療提供機関関係

連携型特定地域医療提供機関の指定に係る医師の派遣は、当該病院又は診療所の管理者の指示により行われるものその他の当該病院又は診療所の管理者が医療提供体制の確保のために必要と認めたものであって、当該派遣を行うことによって当該派遣をされる医師の時間外・休日労働時間が１年について960時間を超える必要があると認められるものとする。

ウ　技能向上集中研修機関関係

技能向上集中研修機関の指定に係る業務は、

一　臨床研修病院については、臨床研修に係る業務であって、一定期間、集中的に診療を行うことにより基本的な診療能力を身に付けるために当該業務に従事する医師の時間外・休日労働時間が１年について960時間を超える必要があると認められるもの

二　専門研修を行う病院又は診療所については、専門研修に係る業務であって、一定期間、集中的に診療を行うことにより最新の知見及び技能を修得するために当該業務に従事する医師の時間外・休日労働時間が１年について960時間を超える必要があると認められるもの

とする。

エ　特定高度技能研修機関関係

一　特定高度技能研修機関において高度な技能の修得のための研修を受けることが適当と認められる医師の要件は、当該技能の修得に関する計画が作成された者であって、当該技能の修得のための研修を受けることが適当であることについて厚生労働大臣の確認を受けた者であることとする。

二　厚生労働大臣は、必要があると認めるときは、上記の確認に係る事務の全部又は一部を、病院又は診療所に関して高度な技能の修得のための研修を効率的に行う能力を有することについての厚生労働大臣の確認に係る事務の委託先に委託することができることとする。

三　特定高度技能研修機関の指定に係る業務は、高度な技能を修得するための研修に係る業務であって、当該業務に従事する医師の時間外・休日労働時間が１年につい

て960時間を超える必要があると認められるものとする。

オ　特定労務管理対象機関の指定に関するその他の事項関係

一　特定労務管理対象機関の指定の申請手続、添付書類等を定める。

二　特定労務管理対象機関の指定を受けようとする者が都道府県知事に提出しなければならない労働時間短縮計画の案は、以下の要件を満たすものとする。

ⅰ　当該病院又は診療所に勤務する医師その他関係者の意見を聴いて作成されたものであること

ⅱ　当該病院又は診療所に勤務する医師の労働時間の状況、当該病院又は診療所に勤務する労働が長時間にわたる医師の労働時間の短縮に係る目標等が記載されていること

三　都道府県知事は、特定労務管理対象機関の指定をしたとき及び指定を取消したときは、インターネットの利用その他の適切な方法により公示するものとする。

カ　継続した休息時間の確保の義務関係

特定労務管理対象機関の管理者は、勤務する医師のうち、その予定されている労働時間の状況が一定の要件に該当する者（以下「特定対象医師」という。）がいる場合には、当該医師に対し継続した休息時間を確保しなければならないこととされたことを踏まえ、次のとおり、継続した休息時間の確保方法等を定める。

一　特定対象医師の要件は、特定地域医療提供機関、技能向上集中研修機関若しくは特定高度技能研修機関の指定に係る業務に従事する医師又は連携型特定地域医療提供機関の指定に係る派遣の対象となる医師であって、１年について時間外・休日労働時間が960時間を超えることが見込まれる者であることとする。

【特定臨床研修医以外の特定対象医師について】

二　技能向上集中研修機関に指定された臨床研修病院において当該指定に係る業務に従事する医師（以下「特定臨床研修医」という。）以外の特定対象医師については、継続した休息時間は以下のいずれかの方法により確保しなければならないこととする。

ⅰ　業務の開始から24時間を経過するまでに、９時間の継続した休息時間を確保すること

ⅱ　業務の開始から46時間を経過するまでに、18時間の継続した休息時間を確保すること（特定宿日直勤務以外の宿日直勤務に従事させる場合であって、前号に掲げる方法により継続した休息時間を確保することとしない場合に限る。）

三　特定対象医師を、業務の開始から24時間を経過するまでに、特定宿日直勤務に継続して９時間従事させる場合は、上記の継続した休息時間の確保を要さないこととする。

四　上記により確保することとした

休息時間（以下「休息予定時間」という。）中に特定対象医師を労働させることができるやむを得ない理由は、外来患者及び入院患者に関する緊急の業務が発生したこととする。

五　上記のやむを得ない理由により休息予定時間中に労働させた場合には、当該労働させた時間に相当する休息時間（以下「代償休息」という。）を、当該休息予定時間の終了後当該労働が発生した日の属する月の翌月末日までの間にできるだけ早期に確保しなければならないこととする。

六　特定宿日直勤務中に労働させた特定対象医師に対し、必要な休息時間を確保する場合は、当該特定宿日直勤務後、当該労働が発生した日の属する月の翌月末日までの間に、当該労働の負担の程度に応じ必要な休息時間を確保するよう配慮しなければならないこととする。

【特定臨床研修医について】

七　特定臨床研修医については、継続した休息時間は以下のいずれかの方法により確保しなければならないこととする。

i　業務の開始から24時間を経過するまでに、９時間の継続した休息時間を確保すること

ii　業務の開始から48時間を経過するまでに、24時間の継続した休息時間を確保すること（やむを得ない理由によりｉに掲げる方法により継続した休息時間を確保することができない場合に限る。）

八　特定臨床研修医を、業務の開始から24時間を経過するまでに、特定宿日直勤務に継続して９時間従事させる場合は、当該特定宿日直勤務に従事する時間を継続した休息時間とみなすこととする。

九　上記により確保することとした休息予定時間中に特定臨床研修医を労働させることができるやむを得ない理由は、臨床研修の修了に必要な症例を経験するために、外来患者及び入院患者に関する緊急の業務（臨床研修を適切に修了するために必要な業務に限る。）が発生した場合に速やかに当該業務に従事できるよう休息予定時間中に特定臨床研修医を待機させる場合又は特定臨床研修医を特定宿日直勤務に従事させる場合であって、当該休息予定時間中又は当該特定宿日直勤務中に当該業務が発生したこととする。

十　上記のやむを得ない理由により休息予定時間中に労働させた場合には、代償休息を、原則として「当該診療科の研修期間の末日」又は「翌月末日」までのいずれか早い日までの間にできるだけ早期に確保しなければならないこととする。

キ　特定労務管理対象機関に関するその他の事項関係

一　特定労務管理対象機関の管理者は、特定対象医師に対する継続した休息時間及び代替休息の確保に関する記録を作成し、これを５年

間保存しておかなければならないこととする。

二　特定労務管理対象機関は、1年ごとに労働時間短縮計画についてその見直しのための検討を行うこととする。

三　その他、特定労務管理対象機関の指定の更新に係る手続、指定に係る業務の変更が生じた場合の手続等を定める。

【良質かつ適切な医療を効率的に提供する体制の確保を推進するための医療法等の一部を改正する法律の施行に伴う厚生労働省関係省令の整備及び経過措置に関する省令（令和4年厚生労働省令第7号）】

病院又は診療所の管理者は、令和6年4月1日の前日までの間、当該病院又は診療所に勤務する医師の労働時間が一定の基準を超えている場合は、労働時間短縮計画を作成するよう努めなければならないこととされたことを踏まえ、次のとおり、当該基準等を定める（第8条）。

1　上記の一定の基準は、時間外・休日労働時間について、1年について960時間とする。

2　その他、労働時間短縮計画の記載事項、当該労働時間短縮計画を都道府県知事へ提出するに当たっての手続き等を定める。

4　医師の労働時間短縮等に関する指針（令和４年厚生労働省告示第７号）の概要

医療法第105条の規定に基づき、医師の労働時間短縮等に関する基本的な考え方、医師の時間外労働短縮目標ライン及び各関係者が取り組むべき事項を定める。

5　医療法第110条第１項ただし書の規定に基づき厚生労働大臣の定める基準（令和４年厚生労働省告示第８号）の概要

令和６年４月１日から施行される改正後の医療法第110条第１項ただし書の規定に基づき厚生労働大臣の定める基準は、宿日直勤務で断続的な業務について、労働基準法施行規則（昭和22年厚生省令第23号）第23条の許可を受けたものであることとする。

6　医療法施行規則第80条第１号の規定に基づき救急医療を提供する病院又は診療所であって厚生労働大臣の定めるもの（令和４年厚生労働省告示第９号）の概要

令和６年４月１日から施行される改正後の医療法施行規則第80条第１号の規定に基づき救急医療を提供する病院又は診療所であって厚生労働大臣の定めるものについては、以下のとおりとする。

一　医療計画において３次救急医療機関として位置づけられている病院又は診療所

二　医療計画において２次救急医療機関として位置づけられている病院又は診療所であって、次に掲げる要件を満たすもの

イ　年間の救急車の受入件数が1,000件以上であること又は当該病院若しくは診療所が表示する診療時間以外の時間、休日若しくは夜間に受診した患者のうち、診察後直ちに入院となった患者の数が年間500人以上であること

ロ　５疾病・５事業の確保について重要な役割を担う病院又は診療所であること

7　医療法第120条第１項の医療の分野のうち高度な技能を有する医師を育成することが公益上特に必要と認められる特定分野を公示する件（令和４年厚生労働省告示第23号）の概要

令和６年４月１日から施行される改正後の医療法第120条第１項の規定に基づき、同項の特定分野を公示する。

8　医療法第107条第１項の指定をした旨を公示する件（令和４年厚生労働省告示第146号）の概要

医療法第107条第１項の規定に基づき、厚生労働大臣が医療機関勤務環境評価センターについて公益社団法人日本医師会を指定したことを公示する。

〔医療法関係〕

2　関係条文

(1)　医療法（昭和23年法律第205号）

第105条　厚生労働大臣は、労働が長時間にわたる医師の労働時間を短縮し、及びその健康を確保することにより、医師が良質かつ適切な医療を行うことができるよう、当分の間において国及び都道府県並びに病院又は診療所の管理者その他の関係者が適切に対処するために必要な指針を定め、これを公表するものとする。

第106条　都道府県は、当分の間、第30条の14第1項、第30条の18の4第1項及び第30条の23第1項の協議を行うに当たつては、前条の指針を勘案するものとする。

第107条　厚生労働大臣は、当分の間、労働が長時間にわたる医師の労働時間を短縮するための病院又は診療所における取組を評価することにより医師による良質かつ適切な医療の効率的な提供に資することを目的とする一般社団法人又は一般財団法人であつて、次条に規定する業務を適切かつ確実に行うことができると認められるものを、その申請により、医療機関勤務環境評価センターとして指定することができる。

2　厚生労働大臣は、前項の規定による指定をしたときは、当該医療機関勤務環境評価センターの名称、住所及び事務所の所在地を公示しなければならない。

3　医療機関勤務環境評価センターは、その名称、住所又は事務所の所在地を変更しようとするときは、あらかじめ、その旨を厚生労働大臣に届け出なければならない。

4　厚生労働大臣は、前項の規定による届出があつたときは、当該届出に係る事項を公示しなければならない。

第108条　医療機関勤務環境評価センターは、次に掲げる業務を行うものとする。

一　病院又は診療所の管理者からの求めに応じ、当該病院又は診療所に勤務する医師の労働時間の短縮のための取組の状況その他厚生労働省令で定める事項について評価を行うこと。

二　病院又は診療所における医師の労働時間の短縮のための取組について、病院又は診療所の管理者に対し、必要な助言及び指導を行うこと。

三　前２号に掲げるもののほか、医師による良質かつ適切な医療の効率的な提供に資するよう、病院又は診療所における医師の労働時間の短縮を促進するための業務を行うこと。

2　医療機関勤務環境評価センターは、前項各号に掲げる業務を行うに当たつては、第105条の指針を勘案しなければならない。

第109条　医療機関勤務環境評価センターは、前条第１項第１号の評価を行つたときは、遅滞なく、当該評価に係る病院又は診療所の管理者及び当該病院又は診療所の所在地の都道府県知事に対して、その評価の結果を通知しなければならない。

第110条　医療機関勤務環境評価センターは、第108条第１項第１号の評価を受けようとする者から、医療機関勤務環境評価センターが厚生労働大臣の認可を受けて定める額の手数料を徴収することができる。

第111条　都道府県知事は、厚生労働省令で定めるところにより、第109条の規定により通知された評価の結果を公表しなければならない。

2　都道府県知事は、第109条の規定による評価の結果の通知を受けたときは、当該評価に係る病院又は診療所に対し、必要に応じ、当該病院又は診療所に勤務する医師の労働時間の短縮に有用な情報の提供、助言その他の支援を行うものとする。

3　都道府県又は第30条の21第２項の規定による委託を受けた者は、当分の間、同条第１項各号に掲げる事務又は当該委託に係る事務を実施するに当たり、同条第３項各号に掲げる事項に加え、第１項の規定により公表された評価の結果について特に留意するものとする。

第112条　医療機関勤務環境評価センターは、第108条第１項各号に掲げる業務（以下「評価等業務」という。）を行うときは、その開始前に、評価等業務の実施方法に関する事項その他の厚生労働省令で定める事項について評価等業務に関する規程（次項及び第122条第１項第３号において「業務規程」という。）を定め、厚生労働大臣の認可を受けなければならない。これを変更しようとするときも、同様とする。

2　厚生労働大臣は、前項の認可をした業務規程が評価等業務の適正かつ確実な実施上不適当となつたと認めるときは、当該業務規程を変更すべきことを命ずることができる。

第113条　医療機関勤務環境評価センターは、毎事業年度、厚生労働省令で定めるところにより、評価等業務に関し事業計画書及び収支予算書を作成し、厚生労働大臣の認可を受けなければならない。これを変更しようとするときも、同様とする。

2　医療機関勤務環境評価センターは、厚生労働省令で定めるところにより、毎事業年度終了後、評価等業務に関し事業報告書及び収支決算書を作成し、厚生労働大臣に提出しなければならない。

第114条　医療機関勤務環境評価センターは、評価等業務以外の業務を行つている場合には、当該業務に係る経理と評価等業務に係る経理とを区分して整理しなければならない。

第115条　医療機関勤務環境評価センターは、厚生労働大臣の許可を受けなければ、評価等業務の全部又は一部を休止し、又は廃止してはならない。

第116条　医療機関勤務環境評価センターの役員若しくは職員又はこれらの者であつた者は、正当な理由がなく、評価等業務に関して知り得た秘密を漏らしてはならない。

第117条　医療機関勤務環境評価センターは、厚生労働省令で定めるところにより、評価等業務の一部を、厚生労働大臣の承認を受けて、他の者に委託することができる。

2　前項の規定による委託を受けた者若しくはその役員若しくは職員又はこれらの者であつた者は、正当な理由がなく、当該委託に係る業務に関して知り得た秘密を漏らしてはならない。

第118条　医療機関勤務環境評価センターには、評価等業務諮問委員会を置かなければならない。

2　評価等業務諮問委員会は、医療機関勤務環境評価センターの代表者の諮問に応じ、評価等業務の実施方法、評価等業務に基づく評価の結果その他評価等業務の実施に関する重要事項を調査審議し、及びこれらに関し必要と認める意見を医療機関勤務環境評価センターの代表者に述べることができる。

3　評価等業務諮問委員会の委員は、医療に関して高い識見を有する者、労働に関して高い識見を有する者その他学識経験を有する者のうちから、厚生労働大臣の認可を受けて、医療機関勤務環境評価センターの代表者が任命する。

第119条　医療機関勤務環境評価センターは、厚生労働省令で定めるところにより、帳簿を備え、評価等業務に関し厚生労働省令で定める事項を記載し、これを保存しなければならない。

第120条　厚生労働大臣は、評価等業務の適正な運営を確保するために必要があると認めるときは、医療機関勤務環境評価センターに対し、評価等業務若しくは資産の状況に関し必要な報告を命じ、又は当該職員に、医療機関勤務環境評価センターの事務所に立ち入り、評価等業務の状況若しくは帳簿書類その他の物件を検査させることができる。

2　第6条の24第2項及び第3項の規定は、前項の規定による立入検査について準用する。

第121条　厚生労働大臣は、この法律を施行するために必要な限度において、医療機関勤務環境評価センターに対し、評価等業務に関し監督上必要な命令をすることができる。

第122条　厚生労働大臣は、医療機関勤務環境評価センターが次の各号のいずれかに該当するときは、第107条第1項の規定による指定（以下この条において「指定」という。）を取り消すことができる。

一　評価等業務を適正かつ確実に実施することができないと認められるとき。

二　指定に関し不正の行為があつたとき。

三　この法律の規定若しくは当該規定に基づく命令若しくは処分に違反したとき、又は第112条第1項の認可を受けた業務規程によらないで評価等業務を行つたとき。

2　厚生労働大臣は、前項の規定により指定を取り消したときは、その旨を公示しなければならない。

第123条　第107条から前条までに規定するもののほか、医療機関勤務環境評価センターに関し必要な事項は、厚生労働省令で定める。

第124条　第116条又は第117条第2項の規定に違反した者は、1年以下の懲役又は50万円以下の罰金に処する。

第125条　次の各号のいずれかに該当するときは、その違反行為をした医療機関勤務環境評価センターの役員又は職員は、30万円以下の罰金に処する。

一　第115条の許可を受けないで、評価等業務の全部を廃止したとき。

二　第119条の規定による帳簿の記載をせず、虚偽の記載をし、又は帳簿を保存しなかつたとき。

三　第120条第1項の規定による報告を怠り、若しくは虚偽の報告をし、又は同項の規定による検査を拒み、妨げ、若しくは忌避したとき。

【以下の条文は、令和6年4月1日施行。なお、上記の第107条～第125条は、同日以降、第130条～第149条】

第107条　病院又は診療所の管理者は、当分の間、当該病院又は診療所に勤務する医師の健康状態を把握し、適切に対応するために必要な体制を整備しなければならない。

第108条　病院又は診療所の管理者は、当分の間、当該病院又は診療所に勤務する医師のうち、各月の労働時間の状況が厚生労働省令で定める要件に該当する者（以下この条において「面接指導対象医師」という。）に対し、厚生労働省令で定めるところにより、医師（面接指導対象医師に対し、面接指導（問診その他の方法により心身の状況を把握し、これに応じて面接により必要な指導を行うことをいう。以下同じ。）を行うのに適切な者として厚生労働省令で定める要件に該当する者に限る。以下この条において「面接指導実施医師」という。）による面接指導を行わなければならない。

2　面接指導対象医師は、前項の規定により病院又は診療所の管理者が行う面接指導を受けなければならない。ただし、当該管理者の指定した面接指導実施医師が行う面接指導を受けることを希望しない場合において、他の面接指導実施医師の行う同項の規定による面接指導に相当する面接指導を受け、その結果を証明する書面を当該管理者に提出したときは、この限りでない。

3　病院又は診療所の管理者は、面接指導実施医師に対し、厚生労働省令で定めるところにより、面接指導対象医師の労働時間に関する情報その他の面接指導実施医師が面接指導を適切に行うために必要な情報として厚生労働省令で定めるものを提供しなければならない。

4　病院又は診療所の管理者は、第1項又は第2項ただし書の規定による面接指導の結果に基づき、当該面接指導対象医師の健康を保持するために必要な措置について、厚生労働省令で定めるところにより、面接指導実施医師の意見を聴かなければならない。

5　病院又は診療所の管理者は、前項の規定による面接指導実施医師の意見を勘案し、その必要があると認めるときは、当該面接指導対象医師の実情を考慮して、厚生労働省令で定めるところにより、労働時間の短縮、宿直の回数の減少その他の適切な措置を講じなければならない。

6　病院又は診療所の管理者は、面接指導対象医師について、各月の当該面接指導対象医師の労働時間の状況が特に長時間であるものとして厚生労働省令で定める要件に該当する場合には、厚生労働省令で定めるところにより、労働時間の短縮のために必要な措置を講じなければならない。

7　病院又は診療所の管理者は、厚生労働省令で定めるところにより、第1項及び第2項ただし書の規定による面接指導、第4項の規定による面接指導実施医師の意見の聴取並びに前2項の規定による措置の内容を記録し、これを保存しなければならない。

8　面接指導対象医師に対し、労働安全衛生法（昭和47年法律第57号）第66条の8第1項の規定による面接指導（厚生労働省令で定める要件に該当するものに限る。）が行われている場合には、第1項の規定にかかわらず、同項の規定による面接指導を行うことを要しない。

第109条　病院又は診療所の管理者は、地域の病院又は診療所において前条第1項の規定による面接指導が適切に実施されるよう、第105条の指針に従い、相互に連携を図りながら協力しなければならない。

第110条　病院又は診療所の管理者は、当分の間、当該病院又は診療所に勤務する医師のうち、その予定されている労働時間の状況（1年の期間に係るものに限る。第123条第1項において同じ。）が厚生労働省令で定める要件に該当する者（同項に規定する特定対象医師を除き、以下この条において「対象医師」という。）に対し、当該対象医師ごとに厚生労働省令で定める業務の開始から厚生労働省令で定める時間を経過するまでに、厚生労働省令で定めるところにより、継続した休息時間を確保するよう努めなければならない。ただし、当該業務の開始から厚生労働省令で定める時間を経過するまでに、厚生労働省令で定めるところにより対象医師を宿日直勤務（厚生労働大臣の定める基準に適合するものに限る。第３項並びに第123条第１項及び第３項において同じ。）に従事させる場合は、この限りでない。

2　病院又は診療所の管理者は、対象医師に対し、前項に規定する休息時間を確保しなかつた場合には、厚生労働省令で定めるところにより、事後において、これに相当する休息時間を確保するよう努めなければならない。

3　第１項ただし書の場合において、当該病院又は診療所の管理者は、当該宿日直勤務中に、当該対象医師を労働させたときは、当該宿日直勤務後に、当該対象医師に対し、厚生労働省令で定めるところにより、必要な休息時間を確保するよう努めなければならない。

第111条　都道府県知事は、病院又は診療所の管理者が、正当な理由がなく、第107条に規定する必要な体制の整備をしていないと認めるとき、第108条第１項の規定による面接指導を行つていないと認めるとき（同条第２項ただし書に規定する書面が提出されている場合及び同条第８項に規定する場合を除く。）又は同条第６項に規定する必要な措置を講じていないと認めるときは、当該病院又は診療所の開設者に対し、期限を定めて、その改善に必要な措置をとるべきことを命ずることができる。

第112条　第108条から第110条までに規定するもののほか、第108条第１項の規定による面接指導の実施又は第110条第１項本文、第２項若しくは第３項の規定による休息時間の確保に関し必要な事項は、厚生労働省令で定める。

第113条　都道府県知事は、当分の間、次に掲げる医療のいずれかを提供するために医師をやむを得ず長時間従事させる必要がある業務として厚生労働省令で定めるものがあると認められる病院又は診療所（当該都道府県の区域に所在するものに限る。）を、当該病院又は診療所の開設者の申請により、特定地域医療提供機関として指定することができる。

一　救急医療

二　居宅等における医療

三　地域において当該病院又は診療所以外で提供することが困難な医療

2　前項の規定による指定の申請は、厚生労働省令で定める事項を記載した申請書に、同項に規定する業務に従事する医師の労働時間の短縮に関する計画（以下「労働時間短縮計画」という。）の案を添えてしなければならない。

3　都道府県知事は、第１項の申請に係る病院又は診療所が次に掲げる要件に該当すると認めるときは、同項の規定による指定をすることができる。

一　前項の労働時間短縮計画の案が、当該病院又は診療所に勤務する医師その他関係者の意見を聴いて作成されたものであることその他の厚生労働省令で定める要件を満たすものであること。

二　第108条第１項の規定による面接指導並びに第123条第１項本文及び第２項後段の規定による休息時間の確保を行うことができる体制が整備されていること。

三　労働に関する法律の規定であつて政令で定めるものの違反に関し、法律に基づく処分、公表その他の措置が講じられた事実であつて厚生労働省令で定めるものがないこと。

4　都道府県知事は、第1項の規定による指定をするに当たつては、第132条の規定により通知を受けた同項の申請に係る病院又は診療所の評価の結果を踏まえなければならない。

5　都道府県知事は、第1項の規定による指定をするに当たつては、あらかじめ、都道府県医療審議会の意見を聴かなければならない。

6　都道府県知事は、第1項の規定による指定をしたときは、厚生労働省令で定めるところにより、その旨を公示しなければならない。

7　都道府県知事は、この条の規定の施行に必要な限度において、第130条第1項の医療機関勤務環境評価センター（第116条第1項において単に「医療機関勤務環境評価センター」という。）に対し、必要な事項の報告を求めることができる。

第114条　特定地域医療提供機関の管理者は、前条第1項の規定による指定を受けた後、遅滞なく、労働時間短縮計画を定めなければならない。

第115条　第113条第1項の規定による指定は、3年ごとにその更新を受けなければ、その期間の経過によつて、その効力を失う。

2　前項の更新の申請があつた場合において、同項の期間（以下この条において「指定の有効期間」という。）の満了の日までにその申請に対する処分がされないときは、従前の指定は、指定の有効期間の満了後もその処分がされるまでの間は、なおその効力を有する。

3　前項の場合において、指定の更新がされたときは、その指定の有効期間は、従前の指定の有効期間の満了の日の翌日から起算するものとする。

4　前2条の規定は、第1項の規定による指定の更新について準用する。

第116条　特定地域医療提供機関の開設者は、第113条第1項に規定する業務の変更（厚生労働省令で定める軽微な変更を除く。）をしようとするときは、厚生労働省令で定めるところにより、当該特定地域医療提供機関の指定をした都道府県知事の承認を受けなければならない。この場合において、当該特定地域医療提供機関の管理者は、あらかじめ、当該特定地域医療提供機関に勤務する医師その他関係者の意見を聴いて、労働時間短縮計画の見直しのための検討を行い、必要な変更を加えるとともに、厚生労働省令で定めるところにより、医療機関勤務環境評価センターによる第131条第1項第1号の評価を受けなければならない。

2　第113条第2項から第7項までの規定は、前項の規定による承認について準用する。この場合において、同条第2項中「同項」とあるのは「第113条第1項」と、同項及び同条第3項第1号中「の案」とあるのは「の変更の案」と読み替えるものとする。

第117条　都道府県知事は、特定地域医療提供機関が次のいずれかに該当するときは、第113条第１項の規定による指定（以下この条において「指定」という。）を取り消すことができる。

一　第113条第１項に規定する業務がなくなつたと認められるとき。

二　第113条第３項各号に掲げる要件を欠くに至つたと認められるとき。

三　指定に関し不正の行為があつたとき。

四　特定地域医療提供機関の開設者が第111条又は第126条の規定に基づく命令に違反したとき。

2　都道府県知事は、前項の規定により指定を取り消すに当たつては、あらかじめ、都道府県医療審議会の意見を聴かなければならない。

3　都道府県知事は、第１項の規定により指定を取り消したときは、厚生労働省令で定めるところにより、その旨を公示しなければならない。

第118条　都道府県知事は、当分の間、他の病院又は診療所に厚生労働省令で定めるところにより医師の派遣（医療提供体制の確保のために必要と認められるものに限る。）を行うことによつて当該派遣をされる医師の労働時間がやむを得ず長時間となる病院又は診療所（当該都道府県の区域に所在するものに限る。）を、当該病院又は診療所の開設者の申請により、連携型特定地域医療提供機関として指定することができる。

2　第113条第２項から第７項まで、第114条及び第115条の規定は前項の規定による連携型特定地域医療提供機関の指定について、第116条の規定は連携型特定地域医療提供機関の同項に規定する派遣をされる医師の業務の変更について、前条の規定は同項の規定による連携型特定地域医療提供機関の指定の取消しについて、それぞれ準用する。この場合において、第113条第２項中「同項に規定する業務に従事する医師」とあるのは「他の病院又は診療所に派遣される医師（第118条第１項に規定する派遣に係るものに限る。）」と、同条第７項中「この条」とあるのは「第118条」と、前条第１項第１号中「第113条第１項に規定する業務がなくなつた」とあるのは「次条第１項に規定する医師の派遣が行われなくなつた」と、同項第２号中「第113条第３項各号」とあるのは「次条第２項において準用する第113条第３項各号」と読み替えるものとする。

第119条　都道府県知事は、当分の間、次の各号のいずれかに該当する病院又は診療所であつて、それぞれ当該各号に定める医師をやむを得ず長時間従事させる必要がある業務として厚生労働省令で定めるものがあると認められるもの（当該都道府県の区域に所在するものに限る。）を、当該病院又は診療所の開設者の申請により、技能向上集中研修機関として指定することができる。

一　医師法第16条の２第１項の都道府県知事の指定する病院　同項の臨床研修を受ける医師

二　医師法第16条の11第１項の研修を行う病院又は診療所　当該研修を受ける医師

2　第113条第２項から第７項まで、第114条及び第115条の規定は前項の規定による技能向上集中研修機関の指定について、第116条の規定は技能向上集中研修機関の同項に規定する業務の変更について、第117条の規定は同項の規定による技能向上集中研修機関の指定の取消しについて、それぞれ準用する。この場合において、第113条第2項中「同項に規定する業務に従事する」とあるのは「第119条第1項に規定する業務に従事する同項各号に定める」と、同条第7項中「この条」とあるのは「第119条」と、第117条第1項第1号中「第113条第1項」とあるのは「第119条第1項」と、同項第2号中「第113条第3項各号」とあるのは「第119条第2項において準用する第113条第3項各号」と読み替えるものとする。

第120条　都道府県知事は、当分の間、特定分野（医療の分野のうち高度な技能を有する医師を育成することが公益上特に必要と認められるものとして厚生労働大臣が公示したものをいう。）における高度な技能を有する医師を育成するために、当該技能の修得のための研修を行う病院又は診療所であつて、当該研修を受ける医師（当該研修を受けることが適当と認められる者として厚生労働省令で定める要件に該当する者に限る。）をやむを得ず長時間従事させる必要がある業務として厚生労働省令で定めるものがあると認められるもの（当該都道府県の区域に所在するものであつて、当該研修を効率的に行う能力を有することについて厚生労働大臣の確認を受けたものに限る。）を、当該病院又は診療所の開設者の申請により、特定高度技能研修機関として指定することができる。

2　第113条第2項から第7項まで、第114条及び第115条の規定は前項の規定による特定高度技能研修機関の指定について、第116条の規定は特定高度技能研修機関の同項に規定する業務の変更について、第117条の規定は同項の規定による特定高度技能研修機関の指定の取消しについて、それぞれ準用する。この場合において、第113条第2項中「同項に規定する業務に従事する」とあるのは「第120条第1項に規定する業務に従事する同項に規定する研修を受ける」と、同条第7項中「この条」とあるのは「第120条」と、第117条第1項第1号中「第113条第1項」とあるのは「第120条第1項」と、同項第2号中「第113条第3項各号」とあるのは「第120条第2項において準用する第113条第3項各号」と読み替えるものとする。

第121条　前条第1項の確認を受けようとする病院又は診療所は、実費を勘案して政令で定める額の手数料を納付しなければならない。

2　厚生労働大臣は、前条第1項の確認に係る事務の全部又は一部を、厚生労働省令で定める者に委託することができる。

3　前項の規定による委託を受けた者若しくはその役員若しくは職員又はこれらの者であつた者は、正当な理由がなく、当該委託に係る事務に関して知り得た秘密を漏らしてはならない。

第122条　特定地域医療提供機関、連携型特定地域医療提供機関、技能向上集

中研修機関及び特定高度技能研修機関（以下「特定労務管理対象機関」と総称する。）の管理者は、労働時間短縮計画に基づき、医師の労働時間の短縮のための取組を実施しなければならない。

2　特定労務管理対象機関の管理者は、３年を超えない範囲内で厚生労働省令で定める期間ごとに、当該特定労務管理対象機関に勤務する医師その他関係者の意見を聴いた上で、労働時間短縮計画についてその見直しのための検討を行い、必要があると認めるときは、労働時間短縮計画の変更をするとともに、厚生労働省令で定めるところにより、当該変更後の労働時間短縮計画を当該特定労務管理対象機関の指定をした都道府県知事に提出しなければならない。

3　特定労務管理対象機関の管理者は、前項の規定により労働時間短縮計画についてその見直しのための検討を行つた結果、その変更をする必要がないと認めるときは、厚生労働省令で定めるところにより、その旨を当該特定労務管理対象機関の指定をした都道府県知事に届け出なければならない。

第123条　特定労務管理対象機関の管理者は、当該特定労務管理対象機関に勤務する医師のうち、その予定されている労働時間の状況が厚生労働省令で定める要件に該当する者（以下この条及び次条において「特定対象医師」という。）に対し、当該特定対象医師ごとに厚生労働省令で定める業務の開始から厚生労働省令で定める時間を経過するまでに、厚生労働省令で定めるところにより、継続した休息時間を確保しなければならない。ただし、当該業務の開始から厚生労働省令で定める時間を経過するまでに、厚生労働省令で定めるところにより特定対象医師を宿日直勤務に従事させる場合は、この限りでない。

2　特定労務管理対象機関の管理者が、厚生労働省令で定めるやむを得ない理由により、前項の規定により確保することとした休息時間（以下この項において「休息予定時間」という。）中に特定対象医師を働させる必要がある場合は、前項の規定にかかわらず、当該休息予定時間中に当該特定対象医師を労働させることができる。この場合においては、厚生労働省令で定めるところにより、当該休息予定時間の終了後に、当該特定対象医師に対し、当該休息予定時間中に労働をさせた時間に相当する時間の休息時間を確保しなければならない。

3　第１項ただし書の場合において、当該特定労務管理対象機関の管理者は、当該宿日直勤務中に、当該特定対象医師を労働させたときは、当該宿日直勤務後に、当該特定対象医師に対し、厚生労働省令で定めるところにより、必要な休息時間を確保するよう配慮しなければならない。

4　災害その他避けることのできない事由によつて、臨時の必要がある場合においては、特定労務管理対象機関の管理者は、当該特定労務管理対象機関の所在地の都道府県知事の許可を受けて、その必要の限度において第１項本文及び第２項後段の規定による休息時間の確保を行わないことができる。ただし、事態急迫のために当該都道府県知事の許可を受ける暇がない場合においては、事後に遅滞なく届け出なければならない。
5　前項ただし書の規定による届出があつた場合において、都道府県知事が第１項本文及び第２項後段の規定による休息時間の確保を行わなかつたことを不適当と認めるときは、その後に必要な休息時間を確保すべきことを、命ずることができる。

第124条　特定労務管理対象機関の管理者は、厚生労働省令で定めるところにより、特定対象医師に対する前条第１項本文及び第２項後段の規定による休息時間の確保に関する記録を作成し、これを保存しなければならない。

第125条　特定労務管理対象機関の管理者は、当該特定労務管理対象機関に勤務する医師のうち複数の病院又は診療所に勤務する者に係る第123条第１項本文及び第２項後段に規定する休息時間を適切に確保するために必要があると認めるときは、当該医師が勤務する他の病院又は診療所の管理者に対し、必要な協力を求めることができる。
2　病院又は診療所の管理者は、前項の規定により協力を求められたときは、その求めに応ずるよう努めなければならない。

第126条　都道府県知事は、特定労務管理対象機関の管理者が、正当な理由がなく、第123条第１項本文又は第２項後段に規定する休息時間の確保を行つていないと認めるときは、当該特定労務管理対象機関の開設者に対し、期限を定めて、その改善に必要な措置をとるべきことを命ずることができる。

第127条　第24条の２及び第30条の規定の適用については、当分の間、第24条の２第１項中「又は前条第１項」とあるのは「、前条第１項、第111条又は第126条」と、第30条中「又は第29条第１項若しくは第３項」とあるのは「、第29条第１項若しくは第３項、第111条又は第126条」とする。

第128条　特定地域医療提供機関において第113条第１項に規定する業務に従事する医師、連携型特定地域医療提供機関から他の病院又は診療所に派遣される医師（第118条第１項に規定する派遣に係るものに限る。）、技能向上集中研修機関において第119条第１項に規定する業務に従事する医師又は特定高度技能研修機関において第120条第１項に規定する業務に従事する医師についての労働基準法（昭和22年法律第49号）第141条の規定の適用については、当分の間、同条第２項中「を勘案して」とあるのは「並びに医療法（昭和23年法律第205号）第122条第１項に規定する特定労務管理対象機関（次項において単に「特定労務管理対象機関」という。）における業務の性質を勘案して」と、同条第３項中「を勘案して」とあるのは「並びに特定労務管理対象機関における業務の性質を勘案して」とする。

第129条　第113条から前条までに規定するもののほか、特定労務管理対象機関の指定に関する申請の手続その他特定労務管理対象機関に関し必要な事項は、厚生労働省令で定める。

第148条　第111条又は第126条の規定に基づく命令に違反した場合には、当該違反行為をした者は、6月以下の懲役又は30万円以下の罰金に処する。

第150条　法人の代表者又は法人若しくは人の代理人、使用人その他の従業者が、その法人又は人の業務に関して第148条の違反行為をしたときは、行為者を罰するほか、その法人又は人に対しても同条の罰金刑を科する。

⑵　良質かつ適切な医療を効率的に提供する体制の確保を推進するための医療法等の一部を改正する法律（令和３年法律第49号）

附　則

（施行期日）

第１条　この法律は、令和６年４月１日から施行する。ただし、次の各号に掲げる規定は、当該各号に定める日から施行する。

一～八　略

（労働時間短縮計画の作成に関する経過措置）

第４条　病院（医療法第１条の５第１項に規定する病院をいう。以下同じ。）又は診療所（同条第２項に規定する診療所をいう。以下同じ。）の管理者は、この法律の施行の日（以下「施行日」という。）の前日までの間、当該病院又は診療所に勤務する医師の労働時間が厚生労働省令で定める時間を超えている場合には、当該医師の労働時間の短縮に関する計画（以下「労働時間短縮計画」という。）を作成するよう努めなければならない。

２　病院又は診療所の管理者は、労働時間短縮計画の作成に当たっては、厚生労働省令で定めるところにより、当該病院又は診療所に勤務する医師その他関係者の意見を聴かなければならない。

３　病院又は診療所の管理者は、労働時間短縮計画を作成したときは、厚生労働省令で定めるところにより、当該労働時間短縮計画を当該病院又は診療所の所在地の都道府県知事（以下この条において単に「都道府県知事」という。）に提出することができる。

４　都道府県知事は、前項の規定により労働時間短縮計画の提出を受けたときは、当該病院又は診療所に対し、必要に応じ、当該病院又は診療所に勤務する医師の労働時間の短縮に有用な情報の提供、助言その他の支援を行うものとする。

⑶　医療法施行令（昭和23年政令第326号）

（行政処分に関する通知）

第４条の４　次に掲げる者は、法第23条の２、第24条第１項、第24条の２、第28条又は第29条第１項から第３項までの規定による処分が行われる必要があると認めるときは、理由を付して、その旨を都道府県知事に通知しなければならない。

一　法第25条第１項の規定により、病院、診療所若しくは助産所の開設者若しくは管理者に対し、必要な報告を命じ、又は当該職員に、病院、診療所若しくは助産所に立ち入り、その有する人員若しくは清潔保持の状況、構造設備若しくは診療録、助産録、帳簿書類その他の物件を検査させた保健所を設置する市の市長又は特別区の区長（次号において「保健所設置市長等」という。）

二　法第25条第２項の規定により、病院、診療所若しくは助産所の開設者若しくは管理者に対し、診療録、助産録、帳簿書類その他の物件の提出を命じ、又は当該職員に、当該病院、診療所若しくは助産所の開設者の事務所その他当該病院、診療所若しくは助産所の運営に関係のある場所に立ち入り、帳簿書類その他の物件を検査させた保健所設置市長等

（読替規定）

第４条の５　国の開設する病院、診療所又は助産所に関してこの政令の規定を適用する場合においては、次の表の上欄に掲げるこの政令の規定中同表の中欄に掲げる字句は、それぞれ同表の下欄に掲げる字句とする。

第４条の３	開設者	管理者
前条	法第23条の２、第24条第１項、第24条の２、第28条又は第29条第１項から第３項までの規定による処分	第１条の５の規定により読み替えて適用される法第23条の２、第24条第１項、第24条の２、第28条又は第29条第３項（第３号に係る部分を除く。）の規定による申出
前条第１号	法第25条第１項	第１条の５の規定により読み替えて適用される法第25条第１項
	開設者若しくは管理者	管理者

前条第2号	法第25条第2項	第1条の5の規定により読み替えて適用される法第25条第2項
	開設者若しくは管理者	管理者

【以下の条文は、令和6年4月1日施行】

第12条 国の開設する病院又は診療所については、法第107条から第111条まで及び第113条から第128条までの規定は、適用しない。

第13条 第4条の4の規定の適用については、当分の間、同条中「又は第29条第1項から第3項まで」とあるのは、「、第29条第1項から第3項まで、第111条又は第126条」とする。

2 前項の規定により第4条の4の規定を読み替えて適用する場合における第4条の5の規定の適用については、同条の表前条の項中「前条」とあるのは「第13条第1項の規定により読み替えられた前条」と、「又は第29条第1項から第3項まで」とあるのは「、第29条第1項から第3項まで、第111条又は第126条」とする。

第14条 法第113条第3項第3号（法第115条第4項（法第118条第2項、第119条第2項及び第120条第2項において準用する場合を含む。）、第116条第2項（法第118条第2項、第119条第2項及び第120条第2項において準用する場合を含む。）、第118条第2項、第119条第2項及び第120条第2項において準用する場合を含む。）の労働に関する法律の規定であつて政令で定めるものは、次のとおりとする。

一　労働基準法（昭和22年法律第49号）第24条、第32条、第34条、第35条第1項、第36条第6項（第2号及び第3号に係る部分に限る。）、第37条第1項及び第4項並びに第141条第3項の規定（これらの規定（同法第24条並びに第37条第1項及び第4項を除く。）を労働者派遣事業の適正な運営の確保及び派遣労働者の保護等に関する法律（昭和60年法律第88号）第44条第2項の規定により適用する場合を含む。）

二　最低賃金法（昭和34年法律第137号）第4条第1項の規定

⑷　医療法施行規則（昭和23年厚生省令第50号）

（指定の申請）

第61条　法第107条第1項の規定により医療機関勤務環境評価センター（同項に規定する医療機関勤務環境評価センターをいう。以下同じ。）の指定を受けようとする者は、次に掲げる事項を記載した申請書を厚生労働大臣に提出しなければならない。

一　名称及び住所並びに代表者の氏名

二　評価等業務（法第112条第1項に規定する評価等業務をいう。以下同じ。）を行おうとする主たる事務所の名称及び所在地

三　評価等業務を開始しようとする年月日

2　前項の申請書には、次に掲げる書類を添付しなければならない。

一　定款又は寄附行為及び登記事項証明書

二　申請者が次条各号の規定に該当しないことを説明した書類

三　申請者が第63条第1号、第5号及び第9号の要件を満たすことを誓約する書類

四　役員の氏名及び経歴を記載した書類

五　評価等業務の実施に関する計画

六　評価等業務以外の業務を行つている場合には、その業務の種類及び概要を記載した書類

（指定の基準）

第62条　次の各号のいずれかに該当する者は、法第107条第1項の指定を受けることができない。

一　法又は法に基づく命令に違反し、罰金以上の刑に処せられ、その執行を終わり、又は執行を受けることがなくなつた日から2年を経過しない者

二　法第122条第1項の規定により法第107条第1項の指定を取り消され、その取消しの日から2年を経過しない者

三　役員のうちに第1号に該当する者又は法第122条第1項の規定により法第107条第1項の指定を取り消された法人において、その取消しのときにその役員であつた者であつて、その取消しの日から2年を経過しない者がある者

第63条　厚生労働大臣は、法第107条第1項の指定の申請があつた場合においては、その申請が次の各号のいずれにも適合していると認めるときでなければ、同項の指定をしてはならない。

一　営利を目的とするものでないこと。

二　評価等業務を行うことを当該法人の目的の一部としていること。

三　評価等業務を全国的に行う能力を

有し、かつ、十分な活動実績を有すること。
四　評価等業務を全国的に、及び適確かつ円滑に実施するために必要な経理的基礎を有すること。
五　評価等業務の実施について利害関係を有しないこと。
六　評価等業務以外の業務を行つているときは、その業務を行うことによつて評価等業務の運営が不公正になるおそれがないこと。
七　役員の構成が評価等業務の公正な運営に支障を及ぼすおそれがないものであること。
八　評価等業務について専門的知識又は識見を有する委員により構成される委員会を有すること。
九　前号に規定する委員が評価等業務の実施について利害関係を有しないこと。
十　公平かつ適正な評価等業務を行うことができる手続を定めていること。

（名称等の変更の届出）

第64条　医療機関勤務環境評価センターは、法第107条第３項の規定による届出をしようとするときは、次の事項を記載した書面を厚生労働大臣に提出しなければならない。
一　変更後の名称、住所又は評価等業務を行う主たる事務所の名称若しくは所在地
二　変更しようとする年月日
三　変更の理由

（評価事項）

第65条　法第108条第１項第１号の厚生労働省令で定める事項は、次に掲げる事項とする。
一　当該病院又は診療所に勤務する医師の労務管理を行うための体制
二　当該病院又は診療所に勤務する医師の労働時間の短縮のための取組
三　第１号の体制の運用状況及び前号の取組の成果
四　前３号に掲げるもののほか、当該病院又は診療所の勤務環境に関する事項

（評価結果の公表）

第66条　都道府県知事は、法第111条第１項の規定により、法第109条の規定により通知された評価の結果の要旨について、当該評価の結果の通知を受けてからおおむね１年以内に、インターネットの利用その他の適切な方法により公表しなければならない。

（業務規程の記載事項）

第67条　法第112条第１項の厚生労働省令で定める事項は、次に掲げる事項とする。
一　評価等業務を行う時間及び休日に関する事項
二　評価等業務を行う事務所に関する事項
三　評価等業務の実施方法に関する事項
四　医療機関勤務環境評価センターの役員の選任及び解任に関する事項
五　法第110条の手数料の額及び収納方法に関する事項
六　区分経理の方法その他の経理に関する事項
七　評価等業務に関する秘密の保持に関する事項

八　法第118条第１項の評価等業務諮問委員会の委員の任免に関する事項
九　評価等業務に関する帳簿及び書類の管理及び保存に関する事項
十　前各号に掲げるもののほか、評価等業務に関し必要な事項

（業務規程の認可の申請）

第68条　医療機関勤務環境評価センターは、法第112条第１項前段の規定により業務規程の認可を受けようとするときは、その旨を記載した申請書に当該業務規程を添えて、これを厚生労働大臣に提出しなければならない。

２　医療機関勤務環境評価センターは、法第112条第１項後段の規定により業務規程の変更の認可を受けようとするときは、次に掲げる事項を記載した申請書を厚生労働大臣に提出しなければならない。

一　変更の内容
二　変更しようとする年月日
三　変更の理由

（事業計画等）

第69条　医療機関勤務環境評価センターは、法第113条第１項前段の規定により事業計画書及び収支予算書の認可を受けようとするときは、毎事業年度開始の１月前までに（法第107条第１項の指定を受けた日の属する事業年度にあつては、その指定を受けた後遅滞なく）、申請書に事業計画書及び収支予算書を添えて、これを厚生労働大臣に提出しなければならない。

２　医療機関勤務環境評価センターは、法第113条第１項後段の規定により事業計画書又は収支予算書の変更の認可を受けようとするときは、あらかじめ、変更の内容及び理由を記載した申請書を厚生労働大臣に提出しなければならない。

（事業報告書等の提出）

第70条　医療機関勤務環境評価センターは、法第113条第２項の事業報告書及び収支決算書を毎事業年度終了後３月以内に貸借対照表を添えて厚生労働大臣に提出しなければならない。

（業務の休廃止の許可の申請）

第71条　医療機関勤務環境評価センターは、法第115条の規定により許可を受けようとするときは、その休止し、又は廃止しようとする日の２週間前までに、次に掲げる事項を記載した申請書を厚生労働大臣に提出しなければならない。

一　休止又は廃止しようとする評価等業務の範囲
二　休止又は廃止しようとする年月日及び休止しようとする場合はその期間
三　休止又は廃止の理由

（医療機関勤務環境評価センターの業務の一部委託の承認の申請）

第72条　医療機関勤務環境評価センターは、法第117条第１項の規定により評価等業務の一部を他の者に委託しようとするときは、次に掲げる事項を記載した委託承認申請書を厚生労働大臣に提出しなければならない。

一　委託を必要とする理由
二　受託者の氏名又は名称及び住所並びに法人にあつてはその代表者の氏

名及び住所

三　委託しようとする評価等業務の範囲

四　委託の期間

（評価等業務諮問委員会の委員の任命の認可の申請）

第73条　医療機関勤務環境評価センターは、法第118条第３項の規定により評価等業務諮問委員会の委員の任命の認可を受けようとするときは、任命しようとする者の氏名及び略歴を記載した申請書に当該任命しようとする者の就任承諾書を添付して厚生労働大臣に提出しなければならない。

（帳簿の保存）

第74条　医療機関勤務環境評価センターは、法第119条の規定により、法第108条第１項第１号の規定による評価の実施ごとに、次項に掲げる事項を帳簿に記載し、その記載の日から３年間保存しなければならない。

２　法第119条の厚生労働省令で定める事項は、次に掲げる事項とする。

一　法第108条第１項第１号の規定による評価の実施年月日

二　前号の評価の結果の概要

【以下の条文は、令和６年４月１日施行。なお、上記の第61条～第74条は、同日以降、第120条～第133条】

（医師の労働時間の状況の把握等）

第61条　病院又は診療所の管理者は、タイムカードによる記録、パーソナルコンピュータ等の電子計算機の使用時間の記録等の客観的な方法その他の適切な方法により、当該病院又は診療所に勤務する医師の労働時間の状況を把握しなければならない。

２　病院又は診療所の管理者は、前項に規定する方法により把握した労働時間の状況の記録を作成し、３年間保存するための必要な措置を講じなければならない。

３　病院又は診療所の管理者は、毎月１回以上、一定の期日を定めて当該病院又は診療所に勤務する医師が面接指導対象医師（法第108条第１項に規定する面接指導対象医師をいう。以下同じ。）及び同条第６項の措置の対象者に該当するかどうかの確認を行わなければならない。

（面接指導対象医師の要件）

第62条　法第108条第１項の厚生労働省令で定める面接指導対象医師の要件は、医業に従事する医師（病院又は診療所に勤務する医師（医療を受ける者に対する診療を直接の目的とする業務を行わない者及び船員法（昭和22年法律第100号）第１条第１項に規定する船員である医師を除く。）に限る。）であつて、労働時間を延長して労働させ、及び休日に労働させる時間（以下「時間外・休日労働時間」という。）が１箇月について100時間以上となることが見込まれる者であることとする。

（面接指導の実施方法等）

第63条　病院又は診療所の管理者は、面接指導対象医師に対し、次に掲げる事項を確認し、時間外・休日労働時間が１箇月について100時間に達するまでの間に面接指導（法第108条第１項に規定する面接指導をいう。以下同

4 医療法等関係

じ。）を行わなければならない。ただし、特定地域医療提供機関（法第113条第１項に規定する特定地域医療提供機関をいう。以下同じ。）において同項に規定する業務に従事する医師（第110条において「特定地域医療提供医師」という。）、連携型特定地域医療提供機関（法第118条第１項に規定する連携型特定地域医療提供機関をいう。以下同じ。）から他の病院又は診療所に派遣される医師（同項に規定する派遣に係るものに限る。第110条において「連携型特定地域医療提供医師」という。）、技能向上集中研修機関（法第119条第１項に規定する技能向上集中研修機関をいう。以下同じ。）において同項に規定する業務に従事する医師（第110条において「技能向上集中研修医師」という。）及び特定高度技能研修機関（法第120条第１項に規定する特定高度技能研修機関をいう。以下同じ。）において同項に規定する業務に従事する医師（第110条において「特定高度技能研修医師」という。）以外の面接指導対象医師について、当該確認の結果、疲労の蓄積が認められない場合は、病院又は診療所の管理者は、当該面接指導対象医師に対し、時間外・休日労働時間が１箇月について100時間に達するまでの間に、又は100時間以上となつた後遅滞なく面接指導を行うものとする。

一　当該面接指導対象医師の勤務の状況

二　当該面接指導対象医師の睡眠の状況

三　当該面接指導対象医師の疲労の蓄積の状況

四　前２号に掲げるもののほか、当該面接指導対象医師の心身の状況

五　面接指導を受ける意思の有無

（面接指導における確認事項）

第64条　面接指導実施医師（法第108条第１項に規定する面接指導実施医師をいう。以下同じ。）は、面接指導を行うに当たつては、面接指導対象医師に対し、次に掲げる事項について確認を行うものとする。

一　当該面接指導対象医師の勤務の状況

二　当該面接指導対象医師の睡眠の状況

三　当該面接指導対象医師の疲労の蓄積の状況

四　前２号に掲げるもののほか、当該面接指導対象医師の心身の状況

（面接指導実施医師の要件）

第65条　法第108条第１項の厚生労働省令で定める面接指導実施医師の要件は、次のとおりとする。

一　面接指導対象医師が勤務する病院又は診療所の管理者でないこと。

二　医師の健康管理を行うのに必要な知識を修得させるための講習を修了していること。

（医師の希望する面接指導実施医師による面接指導の証明）

第66条　法第108条第２項ただし書の書面は、当該面接指導対象医師の受けた面接指導について、次に掲げる事項を記載したものでなければならない。

一　面接指導の実施年月日

二　当該面接指導対象医師の氏名

三　面接指導を行つた面接指導実施医師の氏名
四　当該面接指導対象医師の睡眠の状況
五　当該面接指導対象医師の疲労の蓄積の状況
六　前2号に掲げるもののほか、当該面接指導対象医師の心身の状況

（面接指導実施医師に対する情報の提供）

第67条　法第108条第3項の厚生労働省令で定める情報は、次に掲げる情報とする。

一　面接指導対象医師の氏名及び当該面接指導対象医師の第63条各号に掲げる事項に関する情報
二　前号に掲げるもののほか、面接指導対象医師の業務に関する情報であつて、面接指導実施医師が面接指導を適切に行うために必要と認めるもの

2　法第108条第3項の規定による情報の提供は、次の各号に掲げる情報の区分に応じ、当該各号に定めるところにより行うものとする。

一　前項第1号に掲げる情報　第63条の規定による確認を行つた後、速やかに提供すること。
二　前項第2号に掲げる情報　面接指導実施医師から当該情報の提供を求められた後、速やかに提供すること。

（面接指導の結果についての面接指導実施医師からの意見聴取）

第68条　面接指導（法第108条第2項ただし書の場合において当該面接指導対象医師が受けたものを含む。第71条において同じ。）の結果に基づく法第108条第4項の規定による面接指導実施医師からの意見聴取は、当該面接指導が行われた後（同条第2項ただし書の場合にあつては、当該面接指導対象医師が当該面接指導の結果を証明する書面を病院又は診療所の管理者に提出した後）、遅滞なく行わなければならない。

（面接指導対象医師に講ずべき措置）

第69条　法第108条第5項の措置は、当該病院又は診療所の管理者がその必要があると認めるときは、遅滞なく行わなければならない。

（労働時間の状況が特に長時間である面接指導対象医師に講ずべき措置）

第70条　法第108条第6項の厚生労働省令で定める要件は、時間外・休日労働時間が1箇月について155時間を超えた者であることとする。

2　法第108条第6項の措置は、面接指導対象医師が前項の要件に該当した場合は、遅滞なく行わなければならない。

（面接指導結果の記録の作成及び保存）

第71条　病院又は診療所の管理者は、面接指導の結果に基づき、当該面接指導の結果の記録を作成して、これを5年間保存しなければならない。

2　前項の記録は、第64条各号に掲げる事項、第66条各号に掲げる事項、法第108条第4項の規定により聴取した面接指導実施医師の意見並びに同条第5項及び第6項の規定による措置の内容を記載したものでなければならない。

3　病院又は診療所の管理者は、第１項の記録の作成を電磁的記録を使用して行う場合は、当該管理者の使用に係る電子計算機に備えられたファイルに記録する方法又は磁気ディスク等をもつて調製する方法により作成を行わなければならない。

4　病院又は診療所の管理者は、第１項の記録の保存を電磁的記録を使用して行う場合は、次に掲げる方法のいずれかにより行わなければならない。

一　作成された電磁的記録を当該管理者の使用に係る電子計算機に備えられたファイル又は磁気ディスク等をもつて調製するファイルにより保存する方法

二　書面に記載されている事項をスキャナ（これに準ずる画像読取装置を含む。）により読み取つてできた電磁的記録を当該管理者の使用に係る電子計算機に備えられたファイル又は磁ディスク等をもつて調製するファイルにより保存する方法

5　病院又は診療所の管理者が、前項の電磁的記録の保存を行う場合は、必要に応じ電磁的記録に記録された事項を出力することにより、直ちに明瞭かつ整然とした形式で使用に係る電子計算機その他の機器に表示し、及び書面を作成できるようにしなければならない。

（法第108条第８項の厚生労働省令で定める要件）

第72条　法第108条第８項の厚生労働省令で定める要件は、労働安全衛生規則（昭和47年労働省令第32号）附則第19条の規定により行われるものであることとする。

（対象医師の要件）

第73条　法第110条第１項の厚生労働省令で定める要件は、第62条の医業に従事する医師であつて、労働時間の状況が次に掲げるいずれかの要件に該当する者であることとする。

一　１年について労働時間を延長して労働させる時間が720時間を超えることが見込まれること。

二　１箇月について労働時間を延長して労働させる時間が45時間を超える月数が１年について６箇月を超えることが見込まれること。

（法第110条第１項の厚生労働省令で定める業務の開始）

第74条　法第110条第１項の厚生労働省令で定める業務の開始（第76条及び第77条第2項において単に「業務の開始」という。）は、事前に予定された業務の開始とする。

（法第110条第１項本文の継続した休息時間の確保方法）

第75条　第110条第１項本文の厚生労働省令で定める時間は、次に掲げるいずれかの時間とする。

一　24時間

二　46時間

第76条　法第110条第１項の継続した休息時間は、次に掲げるいずれかの方法により確保するよう努めなければならない。

一　業務の開始から前条第１号に掲げる時間を経過するまでに、９時間の継続した休息時間を確保すること。

二　業務の開始から前条第２号に掲げ

る時間を経過するまでに、18時間の継続した休息時間を確保すること（対象医師（法第110条第１項に規定する対象医師をいう。次条第２項及び第79条において同じ。）を宿日直勤務（法第110条第１項ただし書の宿日直勤務（以下「特定宿日直勤務」という。）を除く。）に従事させる場合であつて、前号に掲げる方法により継続した休息時間を確保することとしない場合に限る。）。

（法第110条第１項ただし書の宿日直勤務）

第77条　法第110条第１項ただし書の厚生労働省令で定める時間は、24時間とする。

２　法第110条第１項ただし書の対象医師を宿日直勤務に従事させる場合は、業務の開始から前項の時間を経過するまでに、当該対象医師を特定宿日直勤務に継続して９時間従事させる場合とする。

（継続した休息時間を確保しなかつた場合の休息時間の確保）

第78条　法第110条第２項の相当する時間の休息時間は、当該休息時間の終了後当該労働が発生した日の属する月の翌月末日までの間にできるだけ早期に確保するよう努めなければならない。

（特定宿日直勤務中に労働させた場合の必要な休息時間の確保）

第79条　病院又は診療所の管理者は、法第110条第３項の規定により、特定宿日直勤務中に労働させた対象医師に対し、必要な休息時間を確保する場合は、当該特定宿日直勤務の終了後当該労働が発生した日の属する月の翌月末日までの間に、当該労働の負担の程度に応じ必要な休息時間を確保するよう努めなければならない。

（特定地域医療提供機関の指定に係る業務）

第80条　法第113条第１項の厚生労働省令で定めるものは、次の各号に掲げる病院又は診療所について、それぞれ当該各号に掲げる業務であつて、当該業務に従事する医師の時間外・休日労働時間が１年について960時間を超える必要があると認められるものとする。

一　救急医療を提供する病院又は診療所であつて厚生労働大臣が定めるもの　救急医療の提供に係る業務

二　居宅等における医療を提供する役割を積極的に果たす病院又は診療所　居宅等における医療の提供に係る業務

三　地域において当該病院又は診療所以外で提供することが困難な医療の提供その他地域における医療の確保のために必要な機能を有すると都道府県知事が認めた病院又は診療所　当該機能に係る業務

（特定地域医療提供機関の指定の申請）

第81条　法第113条第２項の厚生労働省令で定める事項は、次に掲げる事項とする。

一　開設者の住所及び氏名（法人であるときは、その名称及び主たる事務所の所在地）

二　管理者の氏名

三　当該病院又は診療所の名称
四　当該病院又は診療所の所在の場所
五　法第113条第１項の指定に係る業務の内容

2　法第113条第２項の申請書には、次に掲げる書類を添えなければならない。

一　法第113条第１項の指定に係る業務があることを証する書類
二　法第113条第３項第２号の要件を満たすことを証する書類
三　法第113条第３項第３号の要件を満たすことを誓約する書類
四　法第132条の規定により通知された法第131条第１項第１号の評価の結果を示す書類

（労働時間短縮計画の案の要件等）

第82条　法第113条第３項第１号の厚生労働省令で定める要件は、次に掲げる要件を全て満たすこととする。

一　当該病院又は診療所に勤務する医師その他関係者の意見を聴いて作成されたものであること。
二　次に掲げる事項が全て記載されていること。
イ　当該病院又は診療所に勤務する医師の労働時間の状況
ロ　当該病院又は診療所に勤務する労働が長時間にわたる医師の労働時間の短縮に係る目標
ハ　当該病院又は診療所に勤務する医師の労務管理及び健康管理に関する事項
ニ　イからハまでに掲げるもののほか当該病院又は診療所に勤務する労働が長時間にわたる医師の労働時間の短縮に関する事項

2　法第113条第３項第３号の法律に基づく処分、公表その他の措置が講じられた事実であつて厚生労働省令で定めるものは、当該病院又は診療所の管理者が令第14条に掲げる法律の規定に違反する行為（労働基準法施行規則（昭和22年厚生省令第23号）第25条の２第１項に違反する行為を含む。以下この項において「違反行為」という。）をした場合であつて、当該違反行為に係る事件について刑事訴訟法（昭和23年法律第131号）第203条第１項（同法第211条及び第216条において準用する場合を含む。）若しくは第246条の規定による送致又は同法第242条の規定による送付（以下この項において「送致等」という。）が行われ、その旨の公表が行われたものであつて、法第113条第１項の指定の申請時において、当該送致等の日から起算して１年を経過していないものとする。

（特定地域医療提供機関の指定の公示）

第83条　法第113条第６項の規定による公示は、インターネットの利用その他の適切な方法により行うものとする。

（特定地域医療提供機関の指定の更新）

第84条　法第115条第４項において準用する法第113条第２項の厚生労働省令で定める事項は、第81条第１項各号に掲げる事項及び現に受けている指定の有効期間満了日とする。

2　第80条、第81条第２項、第82条及び第83条の規定は、法第115条第４項において法第113条第１項から第３項まで及び第６項の規定を準用する場合について準用する。

（特定地域医療提供機関の指定に係る業務の変更等）

第85条　法第116条第１項の厚生労働省令で定める軽微な変更は、当該特定地域医療提供機関が提供する法第113条第１項各号に掲げる医療の変更に伴う同項に規定する業務の内容の変更その他当該業務の重要な変更以外のものとする。

２　特定地域医療提供機関の管理者は、法第116条第１項後段の規定により評価を受けようとするときは、第124条各号に掲げる事項について評価を受けなければならない。

３　法第116条第２項において準用する法第113条第２項の厚生労働省令で定める事項は、第81条第１項各号に掲げる事項、変更しようとする事項及び変更の理由とする。

４　第81条第２項、第82条及び第83条の規定は、法第116条第２項において法第113条第２項、第３項及び第６項の規定を準用する場合について準用する。

（特定地域医療提供機関の指定の取消しの公示）

第86条　法第117条第３項の規定による公示は、インターネットの利用その他の適切な方法により行うものとする。

（連携型特定地域医療提供機関の指定に係る医師の派遣）

第87条　法第118条第１項の医師の派遣は、当該病院又は診療所の管理者の指示により行われるものその他の当該病院又は診療所の管理者が医療提供体制の確保のために必要と認めたものであつて、当該派遣を行うことによつて当該派遣をされる医師の時間外・休日労働時間が１年について960時間を超える必要があると認められるものとする。

（法第118条第２項において準用する法第113条第２項の厚生労働省令で定める事項等）

第88条　法第118条第２項において準用する法第113条第２項の厚生労働省令で定める事項は、次に掲げる事項とする。

一　開設者の住所及び氏名（法人であるときは、その名称及び主たる事務所の所在地）

二　管理者の氏名

三　当該病院又は診療所の名称

四　当該病院又は診療所の所在の場所

２　法第118条第２項において準用する法第113条第２項の申請書には、次に掲げる書類を添えなければならない。

一　法第118条第１項の指定に係る派遣の実施に関する書類

二　法第118条第２項において準用する法第113条第３項第２号の要件を満たすことを証する書類

三　法第118条第２項において準用する法第113条第３項第３号の要件を満たすことを誓約する書類

四　法第132条の規定により通知された法第131条第１項第１号の評価の結果を示す書類

（法第118条第２項において準用する法第113条第３項第１号の厚生労働省

令で定める要件等）

第89条　法第118条第２項において準用する法第113条第３項第１号の厚生労働省令で定める要件は、第82条第１項各号に掲げる要件を全て満たすこととする。

２　第82条第２項の規定は、法第118条第２項において準用する法第113条第３項第３号に規定する法律に基づく処分、公表その他の措置が講じられた事実であつて厚生労働省令で定めるものについて準用する。この場合において、第82条第２項中「第113条第１項」とあるのは「第118条第１項」と読み替えるものとする。

（法第118条第２項において準用する法第113条第６項の規定による公示）

第90条　法第118条第２項において準用する法第113条第６項の規定による公示は、インターネットの利用その他の適切な方法により行うものとする。

（法第118条第２項において準用する法第115条第１項の規定による指定の更新）

第91条　法第118条第２項において準用する法第115条第４項において準用する法第113条第２項の厚生労働省令で定める事項は、第88条第１項各号に掲げる事項及び現に受けている指定の有効期間の満了日とする。

２　第87条、第88条第２項、第89条及び第90条の規定は、法第118条第２項において準用する法第115条第４項において法第113条第１項から第３項まで及び第６項の規定を準用する場合について準用する。

（法第118条第２項において準用する法第116条第１項の規定による業務の変更等）

第92条　法第118条第２項において準用する法第116条第１項の厚生労働省令で定める軽微な変更は、法第118条第１項の派遣をされる医師の派遣先の病院又は診療所の変更その他当該連携型特定地域医療提供機関における同項の派遣を行う機能の変更を伴わない変更とする。

２　連携型特定地域医療提供機関の管理者は、法第118条第２項において準用する法第116条第１項後段の規定により評価を受けようとするときは、第124条各号に掲げる事項について評価を受けなければならない。

３　法第118条第２項において準用する法第116条第２項において準用する法第113条第２項の厚生労働省令で定める事項は、第88条第１項各号に掲げる事項、変更しようとする事項及び変更の理由とする。

４　第88条第２項、第89条及び第90条の規定は、法第118条第２項において準用する法第116条第２項において法第113条第２項、第３項及び第６項の規定を準用する場合について準用する。

（法第118条第２項において準用する法第117条第３項の規定による公示）

第93条　法第118条第２項において準用する法第117条第３項の規定による公示は、インターネットの利用その他の適切な方法により行うものとする。

（技能向上集中研修機関の指定に係る業務）

第94条　法第119条第1項の厚生労働省令で定めるものは、次の各号に掲げる病院又は診療所の区分に応じ、当該各号に定める業務とする。

一　医師法第16条の2第1項の都道府県知事の指定する病院　同項の臨床研修に係る業務であつて、一定期間、集中的に診療を行うことにより基本的な診療能力を身に付けるために当該業務に従事する医師の時間外・休日労働時間が1年について960時間を超える必要があると認められるもの

二　医師法第16条の10第1項の研修を行う病院又は診療所　当該研修に係る業務であつて、一定期間、集中的に診療を行うことにより最新の知見及び技能を修得するために当該業務に従事する医師の時間外・休日労働時間が1年について960時間を超える必要があると認められるもの

（法第119条第2項において準用する法第113条第2項の厚生労働省令で定める事項等）

第95条　法第119条第2項において準用する法第113条第2項の厚生労働省令で定める事項は、次に掲げる事項とする。

一　開設者の住所及び氏名（法人であるときは、その名称及び主たる事務所の所在地）

二　管理者の氏名

三　当該病院又は診療所の名称

四　当該病院又は診療所の所在の場所

五　法第119条第1項の指定に係る業務の内容

2　法第119条第2項において準用する法第113条第2項の申請書には、次に掲げる書類を添えなければならない。

一　法第119条第1項の指定に係る業務があることを証する書類

二　法第119条第2項において準用する法第113条第3項第2号の要件を満たすことを証する書類

三　法第119条第2項において準用する法第113条第3項第3号の要件を満たすことを誓約する書類

四　法第132条の規定により通知された法第131条第1項第1号の評価の結果を示す書類

（法第119条第2項において準用する法第113条第3項第1号の厚生労働省令で定める要件等）

第96条　法第119条第2項において準用する法第113条第3項第1号の厚生労働省令で定める要件は、次に掲げる要件を全て満たすこととする。

一　当該病院又は診療所に勤務する医師その他関係者の意見を聴いて作成されたものであること。

二　次に掲げる事項が全て記載されていること。

イ　第82条第1項第2号に掲げる事項

ロ　医師法第16条の2第1項の臨床研修又は同法第16条の11第1項の研修を効率的に行うための取組に関する事項

2　第82条第2項の規定は、法第119条第2項において準用する法第113条第3項第3号に規定する法律に基づ

く処分、公表その他の措置が講じられた事実であつて厚生労働省令で定めるものについて準用する。この場合において、第82条第２項中「第113条第１項」とあるのは「第119条第１項」と読み替えるものとする。

（法第119条第２項において準用する法第113条第６項の規定による公示）

第97条　法第119条第２項において準用する法第113条第６項の規定による公示は、インターネットの利用その他の適切な方法により行うものとする。

（法第119条第２項において準用する法第115条第１項の規定による指定の更新）

第98条　法第119条第２項において準用する法第115条第４項において準用する法第113条第２項の厚生労働省令で定める事項は、第95条第１項各号に掲げる事項及び現に受けている指定の有効期間の満了日とする。

２　第94条、第95条第２項、第96条及び第97条の規定は、法第119条第２項において準用する法第115条第４項において法第113条第１項から第3項まで及び第６項の規定を準用する場合について準用する。

（法第119条第２項において準用する法第116条第１項の規定による業務の変更等）

第99条　法第119条第２項において準用する法第116条第１項の厚生労働省令で定める軽微な変更は、次の各号に掲げる病院の区分に応じ、それぞれ当該各号に定める変更その他法第119条第１項に規定する業務の重要な変更以外のものとする。

一　法第119条第１項第１号に掲げる病院 同項第２号に掲げる病院としての同項に規定する業務の追加

二　法第119条第１項第２号に掲げる病院 同項第１号に掲げる病院としての同項に規定する業務の追加

２　技能向上集中研修機関の管理者は、法第119条第２項において準用する法第116条第１項後段の規定により評価を受けようとするときは、第124条各号に掲げる事項について評価を受けなければならない。

３　法第119条第２項において準用する法第116条第２項において準用する法第113条第２項の厚生労働省令で定める事項は、第95条第１項各号に掲げる事項、変更しようとする事項及び変更の理由とする。

４　第95条第２項、第96条及び第97条の規定は、法第119条第２項において準用する法第116条第２項において法第113条第２項、第３項及び第６項の規定を準用する場合について準用する。

（法第119条第２項において準用する法第117条第３項の規定による公示）

第100条　法第119条第２項において準用する法第117条第３項の規定による公示は、インターネットの利用その他の適切な方法により行うものとする。

（特定高度技能研修機関の指定に係る業務等）

第101条　法第120条第１項の厚生労働省令で定める要件は、次に掲げる事項を記載した同項の高度な技能を修得するための研修に関する計画（次項において「技能研修計画」という。）が作成された者であつて、当該技能の修得のための研修を受けることが適当であることについて、厚生労働大臣の確認を受けた者であることとする。

一　計画期間

二　当該研修において修得しようとする技能に係る法第120条第１項の特定分野に関する事項

三　当該技能の内容に関する事項

四　前３号に掲げるもののほか、当該技能の修得に関する事項

2　前項の確認を受けようとする医師は、氏名、生年月日並びに医籍の登録番号及び登録年月日を記載した申請書に技能研修計画を添えて、厚生労働大臣に提出しなければならない。

3　厚生労働大臣は、必要があると認めるときは、第１項の確認に係る事務の全部又は一部を、法第121条第２項の厚生労働省令で定める者に委託することができる。

4　法第120条第１項の厚生労働省令で定めるものは、同項の高度な技能を修得するための研修に係る業務であつて、当該業務に従事する医師の時間外・休日労働時間が１年について960時間を超える必要があると認められるものとする。

5　法第120条第１項の確認を受けようとする者は、次に掲げる事項を記載した申請書を厚生労働大臣に提出しなければならない。

一　開設者の住所及び氏名（法人であるときは、その名称及び主たる事務所の所在地）

二　管理者の氏名

三　当該病院又は診療所の名称

四　当該病院又は診療所の所在の場所

五　当該病院又は診療所において行う法第120条第１項の高度な技能を修得するための研修の内容及び実施体制

六　前号に掲げるもののほか、当該研修の実施に関し必要な事項

（法第120条第２項において準用する法第113条第２項の厚生労働省令で定める事項等）

第102条　法第120条第２項において準用する法第113条第２項の厚生労働省令で定める事項は、次に掲げる事項とする。

一　開設者の住所及び氏名（法人であるときは、その名称及び主たる事務所の所在地）

二　管理者の氏名

三　当該病院又は診療所の名称

四　当該病院又は診療所の所在の場所

五　法第120条第１項の指定に係る業務の内容

2　法第120条第２項において準用する法第113条第２項の申請書には、次に掲げる書類を添えなければならない。

一　法第120条第１項の指定に係る業務があることを証する書類

二　法第120条第１項の確認を受けたことを証する書類

三　法第120条第２項において準用する法第113条第３項第２号の要件を満たすことを証する書類

四　法第120条第２項において準用する法第113条第３項第３号の要件を満たすことを誓約する書類

五　法第132条の規定により通知された法第131条第１項第１号の評価の結果を示す書類

（法第120条第２項において準用する法第113条第３項第１号の厚生労働省令で定める要件等）

第103条　法第120条第２項において準用する法第113条第３項第１号の厚生労働省令で定める要件は、第82条第１項各号に掲げる要件を全て満たすこととする。

２　第82条第２項の規定は、法第120条第２項において準用する法第113条第３項第３号に規定する法律に基づく処分、公表その他の措置が講じられた事実であつて厚生労働省令で定めるものについて準用する。この場合において、第82条第２項中「第113条第１項」とあるのは「第120条第１項」と読み替えるものとする。

（法第120条第２項において準用する法第113条第６項の規定による公示）

第104条　法第120条第２項において準用する法第113条第６項の規定による公示は、インターネットの利用その他の適切な方法により行うものとする。

（法第120条第２項において準用する法第115条第1項の規定による指定の更新）

第105条　法第120条第２項において準用する法第115条第４項において準用する法第113条第２項の厚生労働省令で定める事項は、第102条第１項各号に掲げる事項及び現に受けている指定の有効期間の満了日とする。

２　第101条、第102条第２項、第103条及び第104条の規定は、法第120条第２項において準用する法第115条第４項において法第113条第１項から第３項まで及び第６項の規定を準用する場合について準用する。

（法第120条第２項において準用する法第116条第１項の規定による業務の変更等）

第106条　法第120条第２項において準用する法第116条第１項の厚生労働省令で定める軽微な変更は、法第120条第１項の指定に係る同項の特定分野の変更に伴う同項に規定する業務の内容の変更その他当該業務の重要な変更以外のものとする。

２　法第120条第２項において準用する法第百116条第１項前段の規定による変更後の法第120条第１項に規定する業務に従事する医師は、第101条第１項から第３項までの規定の例により同条第１項の厚生労働大臣の確認を受けなければならない。

３　特定高度技能研修機関の開設者は、法第120条第２項において準用する法第116条第１項前段の規定により承認を受けようとするときは、当該変更後の業務に係る法第120条第１項の特定分野における高度な技能の修得のための研修を効率的に行う能力を有することについて厚生労働大臣の確認を受けなければならない。

４　厚生労働大臣は、必要があると認めるときは、前項の確認に係る事務の全部又は一部を、法第121条第２項の厚生労働省令で定める者に委託することができる。

5　第101条第５項の規定は、第３項の確認について準用する。

6　特定高度技能研修機関の管理者は、法第120条第２項において準用する法第116条第１項後段の規定により評価を受けようとするときは、第124条各号に掲げる事項について評価を受けなければならない。

7　法第120条第２項において準用する法第116条第２項において準用する法第113条第２項の厚生労働省令で定める事項は、第102条第１項各号に掲げる事項、変更しようとする事項及び変更の理由とする。

8　第102条第２項、第103条及び第104条の規定は、法第120条第２項において準用する法第116条第２項において法第113条第２項、第３項及び第６項の規定を準用する場合について準用する。この場合において、第102条第２項第２号中「法第120条第１項」とあるのは「第106条第３項」と読み替えるものとする。

9　特定高度技能研修機関の指定に係る業務に新たに従事する医師は、第101条第１項から第３項までの規定の例により同条第１項の厚生労働大臣の確認を受けなければならない。この場合において、当該特定高度技能研修機関の開設者は、当該確認を受けた旨を当該特定高度技能研修機関の指定をした都道府県知事に届け出なければならない。

（法第120条第２項において準用する法第117条第３項の規定による公示）

第107条　法第120条第２項において準用する法第117条第３項の規定による公示は、インターネットの利用その他の適切な方法により行うものとする。

（確認の事務に係る委託）

第108条　法第121条第２項の厚生労働省令で定める者は、診療に関する学識経験者の団体とする。

（労働時間短縮計画の見直しのための検討）

第109条　法第122条第２項の厚生労働省令で定める期間は、１年とする。

2　法第122条第２項の規定により労働時間短縮計画（法第113条第２項に規定する労働時間短縮計画をいう。以下この条において同じ。）を変更しようとする者は、変更しようとする事項及び変更の理由を記載した書類に変更後の労働時間短縮計画を添えて、これらを当該特定労務管理対象機関の所在地の都道府県知事に提出しなければならない。

3　法第122条第３項の規定により労働時間短縮計画の変更をする必要がないと認めた者は、その旨を記載した書類を当該特定労務管理対象機関の所在地の都道府県知事に提出しなければならない。

（特定対象医師の要件）

第110条　法第123条第１項の厚生労働省令で定める要件は、特定地域医療提供医師、連携型特定地域医療提供医師、技能向上集中研修医師又は特定高度技能研修医師であつて、１年について時間外・休日労働時間が960時間を超えることが見込まれる者であることとする。

（法第123条第１項の厚生労働省令で定める業務の開始）

第111条　法第123条第１項の厚生労働省令で定める業務の開始（第113条、第114条第２項及び第117条第１項において単に「業務の開始」という。）は、事前に予定された業務の開始とする。

（法第123条第１項本文の継続した休息時間の確保方法）

第112条　法第123条第１項本文の厚生労働省令で定める時間は、技能向上集中研修機関である医師法第16条の２第１項の都道府県知事の指定する病院において法第119条第１項に規定する業務に従事する医師（同項第１号に定める医師であつて、特定対象医師（法第123条第１項に規定する特定対象医師をいう。以下同じ。）である者に限る。以下「特定臨床研修医」という。）以外の特定対象医師については、次に掲げるいずれかの時間とする。

一　24時間

二　46時間

２　法第123条第１項本文の厚生労働省令で定める時間は、特定臨床研修医については、次に掲げるいずれかの時間とする。

一　24時間

二　48時間

第113条　法第123条第１項の継続した休息時間は、特定臨床研修医以外の特定対象医師については、次に掲げるいずれかの方法により確保しなければならない。

一　業務の開始から前条第１項第１号に掲げる時間を経過するまでに、９時間の継続した休息時間を確保すること。

二　業務の開始から前条第１項第２号に掲げる時間を経過するまでに、18時間の継続した休息時間を確保すること（当該特定対象医師を宿日直勤務（特定宿日直勤務を除く。）に従事させる場合であつて、前号に掲げる方法により継続した休息時間を確保することとしない場合に限る。）。

２　法第123条第１項の継続した休息時間は、特定臨床研修医については、次の各号に掲げるいずれかの方法により確保しなければならない。

一　業務の開始から前条第２項第１号に掲げる時間を経過するまでに、９時間の継続した休息時間を確保すること。

二　業務の開始から前条第２項第２号に掲げる時間を経過するまでに、24時間の継続した休息時間を確保すること（やむを得ない理由により前号に掲げる方法により継続した休息時間を確保することができない場合に限る。）。

（法第123条第１項ただし書の宿日直勤務）

第114条　法第123条第１項ただし書の厚生労働省令で定める時間は、24時間とする。

２　法第123条第１項ただし書の特定

対象医師を宿日直勤務に従事させる場合は、業務の開始から前項の時間を経過するまでに、当該特定対象医師を特定宿日直勤務に継続して9時間従事させる場合とする。

(やむを得ず15時間を超えることが予定された同一の業務等に従事させる場合)

第115条　特定臨床研修医以外の特定対象医師を継続してやむを得ず15時間を超えることが予定された同一の業務に従事させる場合にあつては、当該特定対象医師について、第113条第1項の規定にかかわらず、当該業務に係る時間のうち15時間を超える時間については、法第123条第2項の休息予定時間中に労働をさせた時間とみなし、同項の規定を適用する。

2　法第123条第1項の規定により特定臨床研修医を特定宿日直勤務に従事させる場合は、同条第3項の規定にかかわらず、当該特定臨床研修医が当該特定宿日直勤務に従事する時間は、休息予定時間（同条第2項に規定する休息予定時間をいう。以下同じ。）とみなして同条第2項の規定を適用する。

(休息予定時間中に労働させることがやむを得ない理由)

第116条　法第123条第2項の厚生労働省令で定めるやむを得ない理由は、特定臨床研修医以外の特定対象医師については、外来患者及び入院患者に関する緊急の業務が発生したこととする。

2　法第123条第2項の厚生労働省令で定めるやむを得ない理由は、特定臨床研修医については、臨床研修の機会を確保するために、外来患者及び入院患者に関する緊急の業務（臨床研修を適切に修了するために必要な業務に限る。）が発生した場合に速やかに当該業務に従事できるよう休息予定時間中に特定臨床研修医を待機させる場合又は特定臨床研修医を特定宿日直勤務に従事させる場合であつて、当該休息予定時間中又は当該特定宿日直勤務中に当該業務が発生したこととする。

(休息予定時間中に労働をさせた時間に相当する時間の休息時間の確保)

第117条　法第123条第2項の休息予定時間中に労働をさせた時間に相当する時間の休息時間は、特定臨床研修医以外の特定対象医師については、当該休息予定時間の終了後当該労働が発生した日の属する月の翌月末日までの間にできるだけ早期に確保しなければならない。ただし、第115条第1項の規定により特定対象医師を継続してやむを得ず15時間を超えることが予定された同一の業務に従事させる場合にあつては、当該業務の終了後次の業務の開始までの間に当該休息時間を確保するものとする。

2　法第123条第2項の休息予定時間中に労働をさせた時間に相当する時間の休息時間は、特定臨床研修医については、当該休息予定時間の終了後当該労働が発生した日の属する研修期間（診療科ごとの研修期間をいう。以下この項において同じ。）の末日又は当該労働が発生した日の属する月の翌月末日のいずれか早い日までの間に確保しなければならない。ただし、当該労働が発生した日の属する研修期間の末日が当該労働が発生した日の属する月の翌月末日前である場合であつて、やむを得ない理由により当該研修期間の末日までの間に当該休息時間を確保することが困難である場合には、当該休息予定時間の終了後当該労働が発生した日の属する月の翌月末日までの間にできるだけ早期に当該休息時間を確保するものとする。

（特定宿日直勤務中に労働させた場合の必要な休息時間の確保）

第118条　特定労務管理対象機関の管理者は、法第123条第３項の規定により、特定宿日直勤務中に労働させた特定対象医師に対し、必要な休息時間を確保する場合は、当該特定宿日直勤務後当該労働が発生した日の属する月の翌月末日までの間に、当該労働の負担の程度に応じ必要な休息時間を確保するよう配慮しなければならない。

（継続した休息時間の確保に関する記録及び保存）

第119条　特定労務管理対象機関の管理者は、特定対象医師に対する法第123条第１項本文及び第２項後段の規定による休息時間の確保に関する記録を作成し、これを５年間保存しておかなければならない。

２　特定労務管理対象機関の管理者は、前項の記録の作成を電磁的記録を使用して行う場合は、当該管理者の使用に係る電子計算機に備えられたファイルに記録する方法又は磁気ディスク等をもつて調製する方法により作成を行わなければならない。

３　特定労務管理対象機関の管理者は、第１項の記録の保存を電磁的記録を使用して行う場合は、次に掲げる方法のいずれかにより行わなければならない。

一　作成された電磁的記録を当該管理者の使用に係る電子計算機に備えられたファイル又は磁気ディスク等をもつて調製するファイルにより保存する方法

二　書面に記載されている事項をスキャナ（これに準ずる画像読取装置を含む。）により読み取つてできた電磁的記録を当該管理者の使用に係る電子計算機に備えられたファイル又は磁気ディスク等をもつて調製するファイルにより保存する方法

４　特定労務管理対象機関の管理者が、前項の電磁的記録の保存を行う場合は、必要に応じ電磁的記録に記録された事項を出力することにより、直ちに明瞭かつ整然とした形式で使用に係る電子計算機その他の機器に表示し、及び書面を作成できるようにしなければならない。

⑸　良質かつ適切な医療を効率的に提供する体制の確保を推進するための医療法等の一部を改正する法律の施行に伴う厚生労働省関係省令の整備及び経過措置に関する省令（令和４年厚生労働省令第７号）

第８条　良質かつ適切な医療を効率的に提供する体制の確保を推進するための医療法等の一部を改正する法律（令和３年法律第49号。以下「改正法」という。）附則第４条第１項の厚生労働省令で定める時間は、１年に係る労働時間を延長して労働させ、及び休日に労働させる時間について960時間とする。

２　病院又は診療所の管理者は、改正法附則第４条第２項の規定により労働時間短縮計画（同条第１項に規定する労働時間短縮計画をいう。以下同じ。）の作成に当たって当該病院又は診療所に勤務する医師その他関係者の意見を聴こうとするときは、第２条の規定による改正後の医療法施行規則（以下この項において「新規則」という。）第82条第１項第２号に掲げる事項（当該病院が医師法（昭和23年法律第201号）第16条の２第１項の都道府県知事の指定する病院である場合又は当該病院若しくは診療所が同法第16条の11第１項の研修を行う病院若しくは診療所である場合にあっては、新規則第96条第１項第２号に掲げる事項）を記載した労働時間短縮計画を示すことにより行わなければならない。

３　病院又は診療所の管理者は、改正法附則第４条第３項の規定により労働時間短縮計画を当該病院又は診療所の所在地の都道府県知事（次項において単に「都道府県知事」という。）に提出しようとするときは、次に掲げる事項を記載した書類を添えて提出しなければならない。

一　開設者の住所及び氏名（法人であるときは、その名称及び主たる事務所の所在地）

二　管理者の氏名

三　当該病院又は診療所の名称

四　当該病院又は診療所の所在の場所

４　病院又は診療所の管理者は、改正法附則第４条第５項の規定により変更後の労働時間短縮計画を都道府県知事に提出しようとするときは、変更しようとする事項及び変更の理由を記載した書類を添えて提出しなければならない。

⑹ 医師の労働時間短縮等に関する指針（令和４年厚生労働省告示第７号）

医療法（昭和23年法律第205号）第105条の規定に基づき医師の労働時間短縮等に関する指針を次のように定め、良質かつ適切な医療を効率的に提供する体制の確保を推進するための医療法等の一部を改正する法律（令和３年法律第49号）附則第１条第４号に掲げる規定の施行の日(令和４年２月１日)から適用する。

医師の労働時間短縮等に関する指針

本指針は、医師の労働時間短縮等に関する基本的な考え方、医師の時間外労働短縮目標ライン及び各関係者が取り組むべき事項等を示すものである。

第１　基本的な考え方

医師の働き方改革を進めるに当たっては、我が国の医療は医師の自己犠牲的な長時間労働により支えられており、危機的な状況にあるという現状認識を関係者間で共有することが必要である。長時間労働を解消し、医師の健康を確保することは、医師本人にとってはもとより、医療の質や安全を確保することにつながり、今後も良質かつ適切な医療を提供する体制を維持していく上での喫緊の課題である。

同時に、医師の働き方改革については、医師の偏在の解消を含む地域における医療提供体制（医療法（昭和23年法律第205号）第30条の３第１項に規定する医療提供体制をいう。以下同じ。）の改革と一体的に進めなければ、医師の長時間労働の本質的な解消を図ることはできない。

このため、国及び地方公共団体、医療機関、医療従事者並びに医療の受け手である国民その他の全ての関係者が一丸となって、改革を進めるために不断の取組を重ねていく必要がある。

第２　医師の時間外労働短縮目標ライン

国は、令和17年度末を目途に、良質かつ適切な医療を効率的に提供する体制の確保を推進するための医療法等の一部を改正する法律（令和３年法律第49号。以下「改正法」という。）第３条の規定による改正後の医療法（以下「新医療法」という。）第113条第１項に規定する特定地域医療提供機関において同項に規定する業務に従事する医師及び連携型特定地域医療提供機関（新医療法第118条第１項に規定する連携型特定地域医療提供機関をいう。以下この第２において同じ。）から他の病院又は診療所に派遣される医師（新医療法第118条第１項に規定する派遣に係るものに限る。以下この第２において同じ。）に適用される労働基準法（昭和22年法律第49号）に基づく時間外・休日労働時間の上限時間数の水準（以下「地域医療確保暫定特例水準」という。）を解消するために、「全ての地域医療確保暫定特例水準が適用される医師が到達することを目指すべき年間の時間外・休日労働時間の上限時間数の目標値」として医師の時間外労働短縮目標ライン（以下「短縮目標ライン」という。）を設定する。

短縮目標ラインは、各医療機関が着実に対象となる医師の労働時間を短縮することができるよう、令和17年度末に年間の時間外・休日労働時間数が960時間以下となることを目指し、３年ごとの段階的な目標値を設定することとし、令和６年４月時点における年間の時間外・休日労働時間数に応じて別表のとおり設定する。

地域医療確保暫定特例水準の対象となる医療機関が、労働時間短縮計画（新医療法第113条第２項（新医療法第118条第２項において準用する場合を含む。）に規定する労働時間短縮計画をいう。以下同じ。）において設定することとされている時間外・休日労働時間の上限時間数の目標は、この短縮目標ラインを目安に、各医療機関において設定し、労働時間短縮計画に基づく労働時間の短縮を行うものとする。

各医療機関は、それぞれの状況に応じ、できる限り、令和17年度末よりも早い段階で、年間の時間外・休日労働時間を960時間以下とする目標を達成できるよう取り組むことが望ましく、また、当該目標を達成した医療機関については、さらなる勤務環境の改善に取り組むことが望ましい。

また、国は、地域医療確保暫定特例水準について、段階的な見直しの検討を行いつつ、労働基準法に基づく時間外・休日労働時間の上限時間数の必要な引下げを実施するとともに、短縮目標ラインについても、３年ごとに見直しを検討することとする。

なお、地域医療確保暫定特例水準の引下げは、短縮目標ラインとは別途見直しの検討を行い、また、連携型特定地域医療提供機関から他の病院又は診療所に派遣される医師に適用される時間外・休日労働時間の上限時間数の水準については、地域の医療提供体制確保の観点から、特に丁寧に実態を踏まえて検討を行うこととする。

第３　各関係者が取り組むべき推奨事項等

医師の労働時間の短縮のためには、個々の医療機関における取組だけではなく、地域の医療提供体制確保の観点からの都道府県における取組や、国も含めた関係機関における取組・支援のほか、国民の医療のかかり方など、様々な立場からの取組が不可欠である。

このため、次に掲げる主体の区分に応じて、それぞれ次に定める事項に取り組むこととする。

１　国及び都道府県に求められる事項

(1)　国に求められる地域における医療提供体制改革と一体となった医師の働き方改革の推進に関する事項

イ　国は、都道府県と緊密に連携し、医師の働き方改革を、地域における医療提供体制の機能分化・連携、医師偏在対策と一体的に推進し、地域医療確保暫定特例水準の終了年限の目標である令和17年度末に向けて、どの地域にあっても、切れ目のない医療を安心して受けられる体制の構築に取り組むこと。

ロ　国は、医師偏在対策を含む地域における医療提供体制改革の進捗状況や、時間外・休日労働の上限時間規制の適用による地域医療への影響を踏まえて、医師の働き方改革の取組状況を検証すること。

ハ　国は、医師の働き方改革について、医師を始めとした医療関係者の理解の醸成に努めるとともに、各医療機関において、雇用する医師の適切な労務管理や健康確保のための取組が実施されるよう、医療機関に対し必要な支援を行うこと。

(2)　都道府県に求められる国民の適切な医療のかかり方につながるような評価結果の公表に関する事項

都道府県は、各医療機関の労働時間短縮に向けた取組状況等について、改正法第2条の規定による改正後の医療法第107条第1項に規定する医療機関勤務環境評価センターが行った評価の結果を公表するに当たっては、国民の適切な医療のかかり方につながるよう、当該医療機関勤務環境評価センターの所見とともに、地域における医療提供体制の全体像や各医療機関の役割等を公表し、より多面的な視点での情報公開を行うこと。

(3)　国及び都道府県に求められる各都道府県における地域医療確保暫定特例水準及び集中的技能向上水準の運用に関する事項

イ　国は、各都道府県における地域医療確保暫定特例水準並びに新医療法第119条第1項に規定する技能向上集中研修機関において同項に規定する業務に従事する医師及び特定高度技能研修機関（新医療法第120条第1項に規定する特定高度技能研修機関をいう。3の(6)において同じ。）において新医療法第120条第1項に規定する業務に従事する医師に適用される労働基準法に基づく時間外・休日労働時間の上限時間数の水準（以下「集中的技能向上水準」という。）の運用状況（特定労務管理対象機関（新医療法第122条第1項に規定する特定労務管理対象機関をいう。以下同じ。）の指定や評価の状況を含む。）について情報収集を行い、必要に応じて、地方自治法（昭和22年法律第67号）第245条の4第1項の規定により、都道府県に対し技術的助言等を行うとともに、各都道府県における着実な医師の働き方改革の推進に資するよう、必要な情報の横展開等を行うこと。

ロ　都道府県は、地域医療確保暫定特例水準及び集中的技能向上水準の適切な運用を通じて、各都道府県における着実な医師の働き方改革の推進に取り組むこと。

ハ　都道府県知事、保健所を設置

する市の市長又は特別区の区長は、面接指導（新医療法第108条第１項の面接指導をいう。３の(3)のイにおいて同じ。)、同条第５項及び第６項の規定による措置並びに新医療法第123条第１項本文及び第２項後段の規定による休息時間の確保（以下「追加的健康確保措置」と総称する。）の履行確保のため、医療法第25条第１項の規定に基づく立入検査において、医療機関における追加的健康確保措置の実施状況の確認を行い、医療機関に対し必要な助言・指導を行うこと。

２　地域の医療関係者に対する推奨事項

地域の医療関係者は、個々の医療機関においては解消できない、地域における構造的な医師の長時間労働の要因に対し、医療法第30条の14第１項に規定する協議の場（地域医療構想調整会議)、同法第30条の18の２第１項に規定する協議の場（地域の外来医療に関する協議の場）又は同法第30条の23第１項に規定する地域医療対策協議会における協議等を通じて、地域の医療機関の役割分担や夜間及び休日における救急対応の輪番制の構築等、地域における医療提供体制における機能分化・連携を推進し、地域全体で医師の働き方改革に取り組むことが推奨される。

３　医療機関に対する推奨事項

医療機関は、次の事項に取り組むことが推奨される。

(1)　適切な労務管理の実施等に関する事項

イ　医療機関は、雇用する医師の適切な労務管理を実施することが求められるとともに、自院における医師の働き方改革の取組内容について院内に周知を図る等、医療機関を挙げて改革に取り組む環境を整備すること。

ロ　特定労務管理対象機関の指定を受けた医療機関においては、労働基準法第36条第１項の協定で定める時間外・休日労働時間の上限時間数について、当該医療機関における地域医療確保暫定特例水準又は集中的技能向上水準の対象となる業務に必要とされる時間数であることを合理的に説明可能な時間数を設定するとともに、当該医療機関の労働時間短縮の取組実績に応じて上限時間数の引下げを行うこと。

(2)　タスク・シフト／シェアの実施等に関する事項

各医療機関の実情に合わせ、各医療専門職種の職能を活かして良質かつ適切な医療を効率的に提供するためにタスク・シフト／シェアに取り組み、当該取り組みを推進するために研修や説明会の開催等の方策を講ずること。

(3)　医師の健康確保に関する事項

イ　医療機関の管理者は、面接指導において、新医療法第108条第１項に規定する面接指導実施医師が何らかの措置が必要と判定・報告を行った場合には、その判定･報告を最大限尊重し、同条第５項に規定する面接指導対象医師の健康確保のため必要な措置を講じること。

ロ　特定労務管理対象機関の管理者は、医師の副業・兼業先の労働時間を把握する仕組みを設け、副業・兼業先の労働時間も考慮して新医療法第123条第１項本文の休息時間（ハにおいて「勤務間インターバル」という。）を確保できるような勤務計画を作成すること。

ハ　副業・兼業先との間の往復の移動時間は、各職場に向かう通勤時間であり、通常、労働時間に該当しないが、遠距離の自動車の運転を行う場合のように休息がとれないことも想定されることから、別に休息の時間を確保するため、特定労務管理対象機関の管理者は、十分な勤務間インターバルが確保できるような勤務計画を作成すること。

ニ　特定労務管理対象機関の管理者は、災害時等の場合において、新医療法第123条第４項の規定により新医療法第123条第１項本文及び第２項後段の規定による休息時間の確保を行わないことができるとされた場合であっても、休息時間の確保が可能となり次第速やかに、十分な休息を付与すること。

(4)　各診療科において取り組むべき事項

イ　各診療科の長等は、各診療科の医師の労働時間が所定労働時間内に収まるよう、管理責任を自覚し、必要に応じ、業務内容を見直すこと。

ロ　特にタスク・シフト／シェアの観点から業務を見直し、医師以外の医療専門職種等と協議の場を持ち、効率的な業務遂行に向けた取組を計画し、実行すること。

(5)　労働時間短縮計画のPDCAサイクルにおける具体的な取組に関する事項

イ　医師を含む各医療専門職種が参加しながら、年１回のPDCAサイクルで、当該医療機関に勤務する医師の労働時間の状況の分析、労働時間短縮計画の作成及び取組状況の自己評価を行うこと。

ロ　労働時間短縮計画については、対象となる医師に対して、時間外・休日労働時間の上限時間数及び同計画の内容について十分な説明を行い、意見聴取等により十分な納得を得た上で作成すること。

ハ　各医療機関の状況に応じ、当該医療機関に勤務する医師のうち、労働基準法に基づく時間外・休日労働時間の上限時間数が年960時間以下の水準が適用される医師についても労働時間短縮計画を自主的に作成し、同計画に基づいて取組を進めること。

(6)　技能研修計画に関する医療機関内における相談体制の構築（特定高度技能研修機関関係）

良質かつ適切な医療を効率的に提供する体制の確保を推進するた

めの医療法等の一部を改正する法律の施行に伴う厚生労働省関係省令の整備及び経過措置に関する省令(令和４年厚生労働省令第７号)第２条の規定による改正後の医療法施行規則（昭和23年厚生省令第50号）第101条第１項の高度な技能を習得するための研修に関する計画（技能研修計画）と当該技能を修得するための研修の実態が乖離するような場合に対応できるよう、医療機関内において、医師からの相談に対応できる体制を構築すること。

4　医師に対する推奨事項

医師は、医師自身の働き方改革に関して次の事項に取り組むことが推奨される。

(1)　医師は、長時間労働による疲労蓄積や睡眠負債が、提供する医療の質や安全性の低下につながることを踏まえ、自らの健康を確保することが、自身にとっても、また、医療機関全体としてより良質かつ適切な医療を提供する上でも重要であることを自覚し、その認識の下に自らの業務内容や業務体制の見直し等を行い、働き方改革に自主的に取り組むこと。

(2)　副業･兼業を行うに当たっては、自己の労働時間や健康状態の把握・管理に努め、副業・兼業先の労働時間を主たる勤務先に適切に自己申告すること。

5　国民に対する推奨事項

医師の働き方改革を進め、医師の健康を確保することは、医師によって提供される医療の質や安全を確保することにつながり、国民にとっても重要な問題であることから、国民は、医療のかかり方に関して次の事項に取り組むことが推奨される。

(1)　医師の働き方改革は、医療提供者だけで完結するものではなく、国民の医療のかかり方に関する理解が不可欠であり、国民は、自らの医療のかかり方を見直すこと。

(2)　具体的には、かかりつけの医療機関を持つ、子ども医療電話相談事業（＃8000）や救急安心センター事業（＃7119）等の電話相談を利用し、夜間・休日の不急の受診を控える、救急車の適切な利用を心がける等の取組を行うこと。

別表（第２関係）

	短縮目標ライン
令和９年の時間外・休日労働時間数	t－（t－960）／４時間以下
令和12年の時間外・休日労働時間数	t－２×（t－960）／４時間以下
令和15年の時間外・休日労働時間数	t－３×（t－960）／４時間以下
令和18年の時間外・休日労働時間数	960時間以下

備考

この表における算定式中tは令和６年４月時点における年間の時間外・休日労働時間数とする。

(7) 医療法第110条第1項ただし書の規定に基づき厚生労働大臣の定める基準（令和4年厚生労働省告示第8号）

医療法（昭和23年法律第205号）第110条第1項ただし書の規定に基づき、医療法第110条第1項ただし書の規定に基づき厚生労働大臣の定める基準を次のように定め、令和6年4月1日から適用する。

医療法第110条第1項ただし書の規定に基づき厚生労働大臣の定める基準

医療法（昭和23年法律第205号）第110条第1項ただし書の規定に基づき厚生労働大臣の定める基準は、宿日直勤務で断続的な業務について、労働基準法施行規則（昭和22年厚生省令第23号）第23条の許可を受けたものであることとする。

⑻　医療法施行規則第80条第１号の規定に基づき救急医療を提供する病院又は診療所であって厚生労働大臣の定めるもの（令和４年厚生労働省告示第９号）

医療法施行規則（昭和23年厚生省令第50号）第80条第１号の規定に基づき、医療法施行規則第80条第１号の規定に基づき救急医療を提供する病院又は診療所であって厚生労働大臣の定めるものを次のように定め、令和６年４月１日から適用する。

医療法施行規則第80条第１号の規定に基づき救急医療を提供する病院又は診療所であって厚生労働大臣の定めるもの

医療法施行規則（昭和23年厚生省令第50号）第80条第１号の規定に基づき救急医療を提供する病院又は診療所であって厚生労働大臣の定めるものは、次に掲げるものとする。

一　医療計画（医療法（昭和23年法律第205号）第30条の４第１項に規定する医療計画をいう。次号において同じ。）において３次救急医療機関として位置づけられている病院又は診療所

二　医療計画において２次救急医療機関として位置づけられている病院又は診療所であって、次に掲げる要件を満たすもの

イ　年間の救急車の受入件数が1000件以上であること又は当該病院若しくは診療所が表示する診療時間以外の時間、休日若しくは夜間に受診した患者のうち、診察後直ちに入院となった患者の数が年間500人以上であること。

ロ　医療法第30条の４第２項第４号又は第５号の事業の確保について重要な役割を担う病院又は診療所であること。

⑼　医療法第120条第１項の医療の分野のうち高度な技能を有する医師を育成することが公益上特に必要と認められる特定分野を公示する件（令和４年厚生労働省告示第23号）

良質かつ適切な医療を効率的に提供する体制の確保を推進するための医療法等の一部を改正する法律（令和３年法律第49号）第３条の規定による改正後の医療法（昭和23年法律第205号）第120条第１項の規定に基づき、同項の特定分野を次のとおり公示する。

良質かつ適切な医療を効率的に提供する体制の確保を推進するための医療法等の一部を改正する法律（令和３年法律第49号）第３条の規定による改正後の医療法（昭和23年法律第205号）第120条第１項の特定分野は、次に掲げる領域において、高度な技能を有する医師を育成することが公益上特に必要と認められる医療の分野とする。

一　内科領域
二　小児科領域
三　皮膚科領域
四　精神科領域
五　外科領域
六　整形外科領域
七　産婦人科領域
八　眼科領域
九　耳鼻咽喉科領域
十　泌尿器科領域
十一　脳神経外科領域
十二　放射線科領域
十三　麻酔科領域
十四　病理領域
十五　臨床検査領域
十六　救急科領域
十七　形成外科領域
十八　リハビリテーション科領域
十九　総合診療領域

⑽　医療法第107条第１項の指定をした旨を公示する件（令和４年厚生労働省告示第146号）

医療法（昭和23年法律第205号）第107条第１項の規定に基づき、厚生労働大臣が指定する医療機関勤務環境評価センターについて次に掲げる法人を指定したので、同条第１項の規定により公示する。

法人名	公益社団法人日本医師会
住所	東京都文京区本駒込２丁目28番16号
事務所の所在地	東京都文京区本駒込２丁目28番16号

〔医師法関係〕

1　概　要

○　良質かつ適切な医療を効率的に提供する体制の確保を推進するための医療法等の一部を改正する法律の施行に伴う厚生労働省関係省令の整備及び経過措置に関する省令（令和４年厚生労働省令第７号）による改正の概要

【医師法第16条の２第１項に規定する臨床研修に関する省令（平成14年厚生労働省令第158号）】

臨床研修病院の管理者は、臨床研修医の募集を行おうとするときは、第11条に掲げる事項のほか、次に掲げる事項を公表しなければならないこととする（附則第４項）。

一　研修プログラムにおける時間外・休日労働時間に関する事項

二　研修プログラムにおける宿日直勤務に関する事項

〔医師法関係〕

2　関係条文

(1) 医師法（昭和23年法律第201号）

第16条の2　診療に従事しようとする医師は、２年以上、都道府県知事の指定する病院又は外国の病院で厚生労働大臣の指定するものにおいて、臨床研修を受けなければならない。

２～７　略

第16条の11　厚生労働大臣は、医師が医療に関する最新の知見及び技能に関する研修を受ける機会を確保できるようにするため特に必要があると認めるときは、当該研修を行い、又は行おうとする医学医術に関する学術団体その他の厚生労働省令で定める団体に対し、当該研修の実施に関し、必要な措置の実施を要請することができる。

２・３　略

⑵　医師法第16条の２第１項に規定する臨床研修に関する省令（平成14年厚生労働省令第158号）

附　則

４　臨床研修病院の管理者は、当分の間、研修医の募集を行おうとするときは、第11条に掲げる事項のほか、次に掲げる事項を公表しなければならない。

一　研修プログラムにおける労働時間を延長して労働させ、及び休日に労働させる時間に関する事項

二　研修プログラムにおける宿日直勤務に関する事項

〔介護保険法関係〕

1　概　要

1　良質かつ適切な医療を効率的に提供する体制の確保を推進するための医療法等の一部を改正する法律（令和３年法律第49号）による改正の概要

【介護保険法（平成９年法律第123号）】（令和６年４月１日施行）

介護老人保健施設及び介護医療院について、令和６年４月１日から施行される改正後の医療法（以下「新医療法」という。）の３（長時間労働となる医師に対する面接指導。82頁）、４（休息時間の確保。83頁）及び５（都道府県知事による病院又は診療所の開設者に対する命令。83頁）の規定を準用するものとすること（附則第10条第１項関係）。

2　良質かつ適切な医療を効率的に提供する体制の確保を推進するための医療法等の一部を改正する法律の施行に伴う関係政令の整備に関する政令（令和４年政令第27号）による改正の概要

【介護保険法施行令（平成10年政令第412号）】（令和６年４月１日施行）

1　令和６年４月１日から施行される改正後の介護保険法（以下「新介護保険法」という。）の規定により、新医療法における病院又は診療所に勤務する医師に対する面接指導等の健康確保措置の一部の規定について、介護老人保健施設及び介護医療院について準用することとしているところ、準用する新医療法の規定の技術的読替えを行う（附則第７条の２第１項関係）。

2　新介護保険法の規定により、当分の間、新介護保険法において準用する新医療法の規定による面接指導を実施していない介護老人保健施設及び介護医療院に対する行政処分についても、医療法第30条の規定を準用することに伴い、介護老人保健施設及び介護医療院への医療法の適用に関する技術的読替えを規定する介護保険法施行令の規定について、必要な読替えを行う（附則第７条の２第２項関係）。

3 良質かつ適切な医療を効率的に提供する体制の確保を推進するための医療法等の一部を改正する法律の施行に伴う厚生労働省関係省令の整備及び経過措置に関する省令（令和４年厚生労働省令第７号）による改正の概要

【介護保険法施行規則（平成11年厚生省令第36号)】（令和６年４月１日施行)

新介護保険法において、新医療法における病院又は診療所に勤務する医師に対する健康確保措置に係る一部の規定について、介護老人保健施設及び介護医療院について準用することとしていることを踏まえ、介護保険法施行規則において医療法施行規則における面接指導等に関する規定を準用することとする（附則第８条の２)。

〔介護保険法関係〕

2　関係条文

(1)　介護保険法（平成９年法律第123号）

【以下の条文は、令和６年４月１日施行】

附　則

（医療法の準用等）

第10条　医療法第107条、第108条及び第110条から第112条までの規定は、介護老人保健施設及び介護医療院について準用する。この場合において、これらの規定に関し必要な技術的読替えは、政令で定める。

２　略

（罰　則）

第17条　附則第10条第１項において準用する医療法第111条の規定に基づく命令に違反した場合には、当該違反行為をした者は、６月以下の懲役又は30万円以下の罰金に処する。

第18条　法人の代表者又は法人若しくは人の代理人、使用人その他の従業者が、その法人又は人の業務に関して前条の違反行為をしたときは、行為者を罰するほか、その法人又は人に対しても、同条の罰金刑を科する。

⑵ 介護保険法施行令（平成10年政令第412号）

【以下の条文は、令和６年４月１日施行】

附　則

（介護老人保健施設及び介護医療院に関する読替え）

第７条の２　法附則第10条第１項の規定による技術的読替えは、次の表のとおりとする。

医療法の規定中読み替える規定	読み替えられる字句	読み替える字句
第111条	第107条	介護保険法附則第10条第１項において準用する第107条
	第108条第１項	同項において準用する第108条第１項
	同条第２項ただし書	同法附則第10条第１項において準用する第108条第２項ただし書
	同条第８項	同法附則第10条第１項において準用する第108条第８項
	同条第６項	同法附則第10条第１項において準用する第108条第６項
第112条	第108条から第110条まで	介護保険法附則第10条第１項において準用する第108条及び第110条
	第108条第１項	同項において準用する第108条第１項
	第110条第１項本文	同法附則第10条第１項において準用する第110条第１項本文

２　第36条及び第37条の２の規定の適用については、当分の間、第36条中「第105条」とあるのは「附則第10条第２項の規定により読み替えられた法第105条」と、「第30条」とあるのは「第127条の規定により読み替えられた第30条」と、「又は第29条第１項若しくは第３項」とあるのは「、第29条第１項若しくは第３項、第111条又は第126条」と、「又は第104条第１項」とあるのは「若しくは第104条第１項又は同法附則第10条第１項において

4 医療法等関係

準用する第111条」と、第37条の２中「第114条の８」とあるのは「附則第10条第２項の規定により読み替えられた法第114条の８」と、「第30条」とあるのは「第127条の規定により読み替えられた第30条」と、「又は第29条第１項若しくは第３項」とあるのは「、第29条第１項若しくは第３項、第111条又は第126条」と、「又は第114条の６第１項」とあるのは「若しくは第114条の６第１項又は同法附則第10条第１項において準用する第111条」とする。

(3) 介護保険法施行規則（平成11年厚生省令第36号）

【以下の条文は、令和６年４月１日施行】

附　則

（医療法施行規則の準用）

第８条の２　医療法施行規則第61条から第79条までの規定は、法附則第10条第１項において医療法第108条、第110条及び第112条の規定を準用する場合について準用する。この場合において、次の表の上欄に掲げる規定中同表の中欄に掲げる字句は、それぞれ同表の下欄に掲げる字句に読み替えるものとする。

医療法施行規則の規定中読み替える規定	読み替えられる字句	読み替える字句
第61条第３項	法第108条第１項	介護保険法附則第10条第１項において準用する法第108条第１項
	同条第６項	介護保険法附則第10条第１項において準用する法第108条第６項
第62条	法第108条第１項	介護保険法附則第10条第１項において準用する法第108条第１項
	病院又は診療所に勤務する医師（医療を受ける者に対する診療を直接の目的とする業務を行わない者及び船員法（昭和22年法律第100号）第１条第１項に規定する船員である医師を除く。）	介護老人保健施設又は介護医療院に勤務する医師
第63条	法第108条第１項	介護保険法附則第10条第１項において準用する法第108条第１項
	特定地域医療提供機関（法第113条第１項に規定する特定地域医療	

	提供機関をいう。以下同じ。）において同項に規定する業務に従事する医師（第110条において「特定地域医療提供医師」という。）、連携型特定地域医療提供機関（法第118条第１項に規定する連携型特定地域医療提供機関をいう。以下同じ。）から他の病院又は診療所に派遣される医師（同項に規定する派遣に係るものに限る。第110条において「連携型特定地域医療提供医師」という。）、技能向上集中研修機関（法第119条第１項に規定する技能向上集中研修機関をいう。以下同じ。）において同項に規定する業務に従事する医師（第110条において「技能向上集中研修医師」という。）及び特定高度技能研修機関（法第120条第１項に規定する特定高度技能研修機関をいう。以下同じ。）において同項に規定する業務に従事する医師（第110条において「特定高度技能研修医師」という。）以外の	当　　該
第64条	法第108条第１項	介護保険法附則第10条第１項において準用する法第108条第１項
第65条	法第108条第１項	介護保険法附則第10条第１項において準用する法第108条第１項
第66条	法第108条第２項ただし書	介護保険法附則第10条第１項において準用する法第108条第１項ただし書

第67条第１項	法第108条第３項	介護保険法附則第10条第１項において準用する法第108条第３項
	第63条各号	介護保険法施行規則附則第８条の２において準用する第63条各号
第67条第２項	法第108条第３項	介護保険法附則第10条第１項において準用する法第108条第３項
	第63条	介護保険法施行規則附則第８条の２において準用する第63条
第68条	法第108条第２項ただし書	介護保険法附則第10条第１項において準用する法第108条第２項ただし書
	第71条	介護保険法施行規則附則第８条の２において準用する第71条法
	第108条第４項	介護保険法附則第10条第１項において準用する法第108条第４項
	同条第２項ただし書	介護保険法附則第10条第１項において準用する法第108条第２項ただし書
第69条	法第108条第５項	介護保険法附則第10条第１項において準用する法第108条第5項
第70条	法第108条第６項	介護保険法附則第10条第１項において準用する法第108条第６項
第71条第２項	第64条各号	介護保険法施行規則附則第８条の２において準用する第64条各号
	第66条各号	介護保険法施行規則附則第８条の２において準用する第66条各号
	法第108条第４項	介護保険法附則第10条第１項において準用する法第108条第４項
	同条第５項	介護保険法附則第10条第１項において準用する法第108条第５項
第72条（見出しを含む。）	法第108条第８項	介護保険法附則第10条第１項において準用する法第108条第８項
第73条	法第110条第１項	介護保険法附則第10条第１項において準用する法第110条第１項
	第62条	介護保険法施行規則附則第８条の２において準用する第62条

第74条（見出しを含む。）	法第110条第１項	介護保険法附則第10条第１項において準用する法第110条第１項
第74条	第76条及び第77条第２項	介護保険法施行規則附則第８条の２において準用する第76条及び第77条第２項
第75条（見出しを含む。）	法第110条第１項本文	介護保険法附則第10条第１項において準用する法第110条第１項本文
第76条	法第110条第１項の	介護保険法附則第10条第１項において準用する法第110条第１項の
	前条第１号	介護保険法施行規則附則第８条の２において準用する前条第１号
	前条第２号	介護保険法施行規則附則第８条の２において準用する前条第２号
	法第110条第１項に	介護保険法附則第10条第１項において準用する法第110条第１項に
	次条第２項及び第79条	介護保険法施行規則附則第８条の２において準用する次条第２項及び第79条
	法第110条第１項ただし書	介護保険法附則第10条第１項において準用する法第110条第１項ただし書
第77条（見出しを含む。）	法第110条第１項ただし書	介護保険法附則第10条第１項において準用する法第110条第１項ただし書
第78条	法第110条第２項	介護保険法附則第10条第１項において準用する法第110条第２項
第79条	法第110条第３項	介護保険法附則第10条第１項において準用する法第110条第３項

第５章

診療放射線技師法等関係

〔診療放射線技師法関係〕

1　概　要

1　良質かつ適切な医療を効率的に提供する体制の確保を推進するための医療法等の一部を改正する法律（令和３年法律第49号）による改正の概要

【診療放射線技師法（昭和26年法律第226号）】

1　診療放射線技師の業務に、放射性同位元素（その化合物及び放射性同位元素又はその化合物の含有物を含む。）を人体内に挿入して行う放射線の人体に対する照射を追加すること（第２条第２項関係）。

2　診療放射線技師が病院又は診療所以外の場所において業務を行うことができる場合として、医師又は歯科医師が診察した患者について、その医師又は歯科医師の指示を受け、出張して超音波診断装置その他の画像による診断を行うための装置であって厚生労働省令で定めるものを用いた検査を行うときを追加すること（第26条第２項関係）。

2 診療放射線技師法施行規則等の一部を改正する省令（令和３年厚生労働省令第119号）による改正の概要

【診療放射線技師法施行規則（昭和26年厚生省令第33号）】

1　診療放射線技師法第24条の２第２号の厚生労働省令で定める行為として、次に掲げる行為を追加する（第15条の２）。

・静脈路に造影剤注入装置を接続する際に静脈路を確保する行為
・動脈路に造影剤注入装置を接続する行為（動脈路確保のためのものを除く。）及び造影剤を投与するために当該造影剤注入装置を操作する行為
・核医学検査のために静脈路に放射性医薬品を投与するための装置を接続する行為、当該放射性医薬品を投与するために当該装置を操作する行為並びに当該放射性医薬品の投与が終了した後に抜針及び止血を行う行為
・下部消化管検査のために肛門に挿入したカテーテルから注入した造影剤及び空気を吸引する行為
・上部消化管検査のために鼻腔に挿入されたカテーテルから造影剤を注入する行為及び当該造影剤の注入が終了した後に当該カテーテルを抜去する行為

2　改正後の診療放射線技師法第26条第２項第２号の厚生労働省令で定める検査として、マンモグラフィー検査を追加する（第15条の３）。

3　改正後の診療放射線技師法第26条第２項第４号の厚生労働省令で定める装置として、超音波診断装置を規定する（第15条の４）。

〔診療放射線技師法関係〕

2 関係条文

(1) 診療放射線技師法（昭和26年法律第226号）

（定　義）

第2条　この法律で「放射線」とは、次に掲げる電磁波又は粒子線をいう。

一　アルファ線及びベータ線

二　ガンマ線

三　100万電子ボルト以上のエネルギーを有する電子線

四　エックス線

五　その他政令で定める電磁波又は粒子線

2　この法律で「診療放射線技師」とは、厚生労働大臣の免許を受けて、医師又は歯科医師の指示の下に、放射線の人体に対する照射（撮影を含み、照射機器を人体内に挿入して行うものを除く。以下同じ。）をすることを業とする者をいう。

（画像診断装置を用いた検査等の業務）

第24条の2　診療放射線技師は、第2条第2項に規定する業務のほか、保健師助産師看護師法（昭和23年法律第203号）第31条第1項及び第32条の規定にかかわらず、診療の補助として、次に掲げる行為を行うことを業とすることができる。

一　磁気共鳴画像診断装置、超音波診断装置その他の画像による診断を行うための装置であつて政令で定めるものを用いた検査（医師又は歯科医師の指示の下に行うものに限る。）を行うこと。

二　第2条第2項に規定する業務又は前号に規定する検査に関連する行為として厚生労働省令で定めるもの（医師又は歯科医師の具体的な指示を受けて行うものに限る。）を行うこと。

（業務上の制限）

第26条　診療放射線技師は、医師又は歯科医師の具体的な指示を受けなければ、放射線の人体に対する照射をしてはならない。

2　診療放射線技師は、病院又は診療所以外の場所においてその業務を行つてはならない。ただし、次に掲げる場合は、この限りでない。

一　医師又は歯科医師が診察した患者について、その医師又は歯科医師の指示を受け、出張して100万電子ボルト未満のエネルギーを有するエックス線を照射するとき。

二　多数の者の健康診断を一時に行う場合において、胸部エックス線検査（コンピュータ断層撮影装置を用いた検査を除く。）その他の厚生労働省令で定める検査のため百万電子ボルト未満のエネルギーを有するエックス線を照射するとき。

三　多数の者の健康診断を一時に行う場合において、医師又は歯科医師の立会いの下に100万電子ボルト未満のエネルギーを有するエックス線を照射するとき（前号に掲げる場合を除く。）。

四　医師又は歯科医師が診察した患者について、その医師又は歯科医師の指示を受け、出張して超音波診断装置その他の画像による診断を行うための装置であつて厚生労働省令で定めるものを用いた検査を行うとき。

（照射録）

第28条　診療放射線技師は、放射線の人体に対する照射をしたときは、遅滞なく厚生労働省令で定める事項を記載した照射録を作成し、その照射について指示をした医師又は歯科医師の署名を受けなければならない。

2・3　略

⑵ 診療放射線技師法施行規則（昭和26年厚生省令第33号）

（法第24条の２第２号の厚生労働省令で定める行為）

第15条の２ 法第24条の２第２号の厚生労働省令で定める行為は、次に掲げるものとする。

一 静脈路に造影剤注入装置を接続する行為、造影剤を投与するために当該造影剤注入装置を操作する行為並びに当該造影剤の投与が終了した後に抜針及び止血を行う行為

二 動脈路に造影剤注入装置を接続する行為（動脈路確保のためのものを除く。）及び造影剤を投与するために当該造影剤注入装置を操作する行為

三 核医学検査のために静脈路に放射性医薬品を投与するための装置を接続する行為、当該放射性医薬品を投与するために当該装置を操作する行為並びに当該放射性医薬品の投与が終了した後に抜針及び止血を行う行為

四 下部消化管検査のために肛門にカテーテルを挿入する行為、当該カテーテルから造影剤及び空気を注入する行為並びに当該カテーテルから造影剤及び空気を吸引する行為

五 画像誘導放射線治療のために肛門にカテーテルを挿入する行為及び当該カテーテルから空気を吸引する行為

六 上部消化管検査のために鼻腔に挿入されたカテーテルから造影剤を注入する行為及び当該造影剤の注入が終了した後に当該カテーテルを抜去する行為

（法第26条第２項第２号の厚生労働省令で定める検査）

第15条の３ 法第26条第２項第２号の厚生労働省令で定める検査は、胸部エックス線検査（コンピュータ断層撮影装置を用いたものを除く。）及びマンモグラフィー検査とする。

（法第26条第２項第４号の厚生労働省令で定める装置）

第15条の４ 法第26条第２項第４号の厚生労働省令で定める装置は、超音波診断装置とする。

〔臨床検査技師等に関する法律関係〕

1　概　要

1　良質かつ適切な医療を効率的に提供する体制の確保を推進するための医療法等の一部を改正する法律（令和３年法律第49号）による改正の概要

【臨床検査技師等に関する法律（昭和33年法律第76号）】

臨床検査技師の業務に、採血、検体採取又は生理学的検査に関連する行為として厚生労働省令で定めるもの（医師又は歯科医師の具体的な指示を受けて行うものに限る。）を追加すること（第20条の２第１項関係）。

2 診療放射線技師法施行規則等の一部を改正する省令（令和３年厚生労働省令第119号）による改正の概要

【臨床検査技師等に関する法律施行規則（昭和33年厚生省令第24号)】

1　臨床検査技師等に関する法律第２条の厚生労働省令で定める生理学的検査として、次に掲げる検査を追加する。(第１条の２)

・運動誘発電位検査
・体性感覚誘発電位検査
・持続皮下グルコース検査
・直腸肛門機能検査

2　改正後の臨床検査技師等に関する法律第20条の２第１項第４号の厚生労働省令で定める行為として、次に掲げる行為を規定する（第10条の２)。

・採血を行う際に静脈路を確保し、当該静脈路に接続されたチューブにヘパリン加生理食塩水を充塡する行為
・採血を行う際に静脈路を確保し、当該静脈路に点滴装置を接続する行為（電解質輸液の点滴を実施するためのものに限る。)
・採血を行う際に静脈路を確保し、当該静脈路に血液成分採血装置を接続する行為、当該血液成分採血装置を操作する行為並びに当該血液成分採血装置の操作が終了した後に抜針及び止血を行う行為
・超音波検査のために静脈路に造影剤注入装置を接続する行為、造影剤を投与するために当該造影剤注入装置を操作する行為並びに当該造影剤の投与が終了した後に抜針及び止血を行う行為

〔臨床検査技師等に関する法律関係〕

2　関係条文

(1)　臨床検査技師等に関する法律（昭和33年法律第76号）

（定　義）

第2条　この法律で「臨床検査技師」とは、厚生労働大臣の免許を受けて、臨床検査技師の名称を用いて、医師又は歯科医師の指示の下に、人体から排出され、又は採取された検体の検査として厚生労働省令で定めるもの（以下「検体検査」という。）及び厚生労働省令で定める生理学的検査を行うことを業とする者をいう。

（試験の目的）

第11条　試験は、第2条に規定する検査に必要な知識及び技能（同条に規定する検査のための血液を採取する行為で政令で定めるもの（以下「採血」という。）及び同条に規定する検査のための検体（血液を除く。）を採取する行為で政令で定めるもの（第20条の2第1項第2号において「検体採取」という。）に必要な知識及び技能を含む。以下同じ。）について行う。

（保健師助産師看護師法との関係）

第20条の2　臨床検査技師は、保健師助産師看護師法（昭和23年法律第203号）第31条第1項及び第32条の規定にかかわらず、診療の補助として、次に掲げる行為（第1号、第2号及び第4号に掲げる行為にあつては、医師又は歯科医師の具体的な指示を受けて行うものに限る。）を行うことを業とすることができる。

一　採血を行うこと。

二　検体採取を行うこと。

三　第2条の厚生労働省令で定める生理学的検査を行うこと。

四　前3号に掲げる行為に関連する行為として厚生労働省令で定めるものを行うこと。

2　略

⑵　臨床検査技師等に関する法律施行規則（昭和33年厚生省令第24号）

（法第２条の厚生労働省令で定める生理学的検査）

第１条の２　法第２条の厚生労働省令で定める生理学的検査は、次に掲げる検査とする。

一　心電図検査（体表誘導によるものに限る。）

二　心音図検査

三　脳波検査（頭皮誘導によるものに限る。）

四　筋電図検査（針電極による場合の穿刺を除く。）

五　運動誘発電位検査

六　体性感覚誘発電位検査

七　基礎代謝検査

八　呼吸機能検査（マウスピース及びノーズクリップ以外の装着器具によるものを除く。）

九　脈波検査

十　熱画像検査

十一　眼振電図検査（冷水若しくは温水、電気又は圧迫による刺激を加えて行うものを除く。）

十二　重心動揺計検査

十三　持続皮下グルコース検査

十四　超音波検査

十五　磁気共鳴画像検査

十六　眼底写真検査（散瞳薬を投与して行うものを除く。）

十七　毛細血管抵抗検査

十八　経皮的血液ガス分圧検査

十九　聴力検査（気導により行われる定性的な検査であつて次に掲げる周波数及び聴力レベルによるものを除いたものに限る。）

イ　周波数1000ヘルツ及び聴力レベル30デシベルのもの

ロ　周波数4000ヘルツ及び聴力レベル25デシベルのもの

ハ　周波数4000ヘルツ及び聴力レベル30デシベルのもの

ニ　周波数4000ヘルツ及び聴力レベル40デシベルのもの

二十　基準嗅覚検査及び静脈性嗅覚検査（静脈に注射する行為を除く。）

二十一　電気味覚検査及びろ紙ディスク法による味覚定量検査

二十二　直腸肛門機能検査

（法第20条の２第１項第４号の厚生労働省令で定める行為）

第10条の２　法第20条の２第１項第４号の厚生労働省令で定める行為は、次に掲げる行為とする。

一　法第11条に規定する採血（以下この条において「採血」という。）を行う際に静脈路を確保し、当該静脈路に接続されたチューブにヘパリン加生理食塩水を充填する行為

二　採血を行う際に静脈路を確保し、

当該静脈路に点滴装置を接続する行為（電解質輸液の点滴を実施するためのものに限る。）
三　採血を行う際に静脈路を確保し、当該静脈路に血液成分採血装置を接続する行為、当該血液成分採血装置を操作する行為並びに当該血液成分採血装置の操作が終了した後に抜針及び止血を行う行為
四　超音波検査のために静脈路に造影剤注入装置を接続する行為、造影剤を投与するために当該造影剤注入装置を操作する行為並びに当該造影剤の投与が終了した後に抜針及び止血を行う行為

〔臨床工学技士法関係〕

1　概　要

1　良質かつ適切な医療を効率的に提供する体制の確保を推進するための医療法等の一部を改正する法律（令和３年法律第49号）による改正の概要

【臨床工学技士法（昭和62年法律第60号）】

臨床工学技士の業務に、生命維持管理装置を用いた治療において当該治療に関連する医療用の装置の操作（当該医療用の装置の先端部の身体への接続又は身体からの除去を含む。）として厚生労働省令で定めるもの（医師の具体的な指示を受けて行うものに限る。）を行うことを追加すること（第37条第１項関係）。

2 診療放射線技師法施行規則等の一部を改正する省令（令和３年厚生労働省令第119号）による改正の概要

【臨床工学技士法施行規則（昭和63年厚生省令第19号）】

改正後の臨床工学技士法第37条第１項の厚生労働省令で定める医療用の装置の操作として、次に掲げる行為を規定する（第31条の２として新設）。

- 手術室又は集中治療室で生命維持管理装置を用いて行う治療における静脈路への輸液ポンプ又はシリンジポンプの接続、薬剤を投与するための当該輸液ポンプ又は当該シリンジポンプの操作並びに当該薬剤の投与が終了した後の抜針及び止血
- 生命維持管理装置を用いて行う心臓又は血管に係るカテーテル治療における、身体に電気的刺激を負荷するための装置の操作
- 手術室で生命維持管理装置を用いて行う鏡視下手術における体内に挿入されている内視鏡用ビデオカメラの保持及び手術野に対する視野を確保するための当該内視鏡用ビデオカメラの操作

〔臨床工学技士法関係〕

2　関係条文

(1)　臨床工学技士法（昭和62年法律第60号）

（業　務）

第37条　臨床工学技士は、保健師助産師看護師法（昭和23年法律第203号）第31条第1項及び第32条の規定にかかわらず、診療の補助として生命維持管理装置の操作及び生命維持管理装置を用いた治療において当該治療に関連する医療用の装置（生命維持管理装置を除く。）の操作（当該医療用の装置の先端部の身体への接続又は身体からの除去を含む。）として厚生労働省令で定めるもの（医師の具体的な指示を受けて行うものに限る。）を行うことを業とすることができる。

2　略

⑵　臨床工学技士法施行規則（昭和63年厚生省令第19号）

（法第37条第１項の厚生労働省令で定める医療用の装置の操作）

第31条の２　法第37条第１項の厚生労働省令で定める医療用の装置の操作は、次のとおりとする。

一　手術室又は集中治療室で生命維持管理装置を用いて行う治療における静脈路への輸液ポンプ又はシリンジポンプの接続、薬剤を投与するための当該輸液ポンプ又は当該シリンジポンプの操作並びに当該薬剤の投与が終了した後の抜針及び止血

二　生命維持管理装置を用いて行う心臓又は血管に係るカテーテル治療における身体に電気的刺激を負荷するための装置の操作

三　手術室で生命維持管理装置を用いて行う鏡視下手術における体内に挿入されている内視鏡用ビデオカメラの保持及び手術野に対する視野を確保するための当該内視鏡用ビデオカメラの操作

〔救急救命士法関係〕

1　概　要

1　良質かつ適切な医療を効率的に提供する体制の確保を推進するための医療法等の一部を改正する法律（令和３年法律第49号）による改正の概要

【救急救命士法（平成３年法律第36号）】

1　「救急救命処置」の定義について、重度傷病者が病院若しくは診療所に搬送されるまでの間又は病院若しくは診療所に到着し当該病院若しくは診療所に入院するまでの間（当該重度傷病者が入院しない場合は、病院又は診療所に到着し当該病院又は診療所に滞在している間。以下同じ。）に当該重度傷病者に対して行われる気道の確保、心拍の回復その他の処置であって、当該重度傷病者の症状の著しい悪化を防止し、又はその生命の危険を回避するために緊急に必要なものとすること（第２条第１項関係）。

2　救急救命士が救急用自動車その他の重度傷病者を搬送するためのものであって厚生労働省令で定めるもの以外の場所において業務を行うことができる場合として、重度傷病者が病院又は診療所に到着し当該病院又は診療所に入院するまでの間において救急救命処置を行うことが必要と認められる場合を追加すること（第44条第２項関係）。

3　病院又は診療所に勤務する救急救命士は、重度傷病者が当該病院又は診療所に到着し当該病院又は診療所に入院するまでの間において救急救命処置を行おうとするときは、あらかじめ、厚生労働省令で定めるところにより、当該病院又は診療所の管理者が実施する医師その他の医療従事者との緊密な連携の促進に関する事項その他の重度傷病者が当該病院又は診療所に到着し当該病院又は診療所に入院するまでの間において救急救命士が救急救命処置を行うために必要な事項として厚生労働省令で定める事項に関する研修を受けなければならないものとすること（第44条第３項関係）。

② 救急救命士法施行規則の一部を改正する省令（令和３年厚生労働省令第149号）による改正の概要

【救急救命士法施行規則（平成３年厚生省令第44号）】

1　救急救命士が勤務する病院又は診療所（以下「医療機関」という。）の管理者は、改正後の救急救命士法第44条第３項に規定する研修（以下「院内研修」という。）を実施し、当該救急救命士に重度傷病者が当該医療機関に到着し当該医療機関に入院するまでの間（当該重度傷病者が入院しない場合は、当該医療機関に到着し当該医療機関に滞在している間。以下同じ。）において救急救命処置を行わせようとするときは、あらかじめ、救急救命士による救急救命処置の実施に関する委員会（以下「救急救命士に関する委員会」という。）を当該医療機関内に設置するとともに、救急救命士に関する委員会における協議の結果に基づき、院内研修を実施しなければならないこと（第23条）。

2　院内研修の内容として厚生労働省令で定める事項は、以下のとおりであること（第24条）。
- ・医師その他の医療従事者との緊密な連携の促進に関する事項
- ・傷病者に係る安全管理に関する事項、医薬品及び医療資機材に係る安全管理に関する事項その他の医療に係る安全管理に関する事項（以下「医療安全に関する事項」という。）
- ・院内感染対策に関する事項

〔救急救命士法関係〕

2　関係条文

⑴　救急救命士法（平成３年法律第36号）

（定　義）

第２条　この法律で「救急救命処置」とは、その症状が著しく悪化するおそれがあり、若しくはその生命が危険な状態にある傷病者（以下この項並びに第44条第２項及び第３項において「重度傷病者」という。）が病院若しくは診療所に搬送されるまでの間又は重度傷病者が病院若しくは診療所に到着し当該病院若しくは診療所に入院するまでの間（当該重度傷病者が入院しない場合は、病院又は診療所に到着し当該病院又は診療所に滞在している間。同条第２項及び第３項において同じ。）に、当該重度傷病者に対して行われる気道の確保、心拍の回復その他の処置であって、当該重度傷病者の症状の著しい悪化を防止し、又はその生命の危険を回避するために緊急に必要なものをいう。

２　略

（特定行為等の制限）

第44条　救急救命士は、医師の具体的な指示を受けなければ、厚生労働省令で定める救急救命処置を行ってはならない。

２　救急救命士は、救急用自動車その他の重度傷病者を搬送するためのものであって厚生労働省令で定めるもの（以下この項及び第53条第２号において「救急用自動車等」という。）以外の場所においてその業務を行ってはならない。ただし、病院若しくは診療所への搬送のため重度傷病者を救急用自動車等に乗せるまでの間又は重度傷病者が病院若しくは診療所に到着し当該病院若しくは診療所に入院するまでの間において救急救命処置を行うことが必要と認められる場合は、この限りでない。

３　病院又は診療所に勤務する救急救命士は、重度傷病者が当該病院又は診療所に到着し当該病院又は診療所に入院するまでの間において救急救命処置を行おうとするときは、あらかじめ、厚生労働省令で定めるところにより、当該病院又は診療所の管理者が実施する医師その他の医療従事者との緊密な連携の促進に関する事項その他の重度傷病者が当該病院又は診療所に到着し当該病院又は診療所に入院するまでの間において救急救命士が救急救命処置を行うために必要な事項として厚生労働省令で定める事項に関する研修を受けなければならない。

⑵　救急救命士法施行規則（平成３年厚生省令第44号）

（研修の実施）

第23条　救急救命士が勤務する病院又は診療所の管理者は、法第44条第３項に規定する研修を実施し、当該救急救命士に重度傷病者が当該病院又は診療所に到着し当該病院又は診療所に入院するまでの間（当該重度傷病者が入院しない場合は、当該病院又は診療所に到着し当該病院又は診療所に滞在している間）において救急救命処置を行わせようとするときは、あらかじめ、救急救命士による救急救命処置の実施に関する委員会を当該病院又は診療所内に設置するとともに、当該研修の内容に関する当該委員会における協議の結果に基づき、当該研修を実施しなければならない。

（法第44条第３項の厚生労働省令で定める事項）

第24条　法第44条第３項の厚生労働省令で定める事項は、次のとおりとする。

一　医師その他の医療従事者との緊密な連携の促進に関する事項

二　傷病者に係る安全管理に関する事項、医薬品及び医療資機材に係る安全管理に関する事項その他の医療に係る安全管理に関する事項

三　院内感染対策に関する事項

第６章

通達・ガイドライン等

1　宿日直許可・研鑽

⑴　労働基準法関係解釈例規について（昭和63年3月14日基発第150号・婦発第47号労働省労働基準局長・婦人局長）

第41条関係

〈断続的な宿直又は日直勤務の許可基準〉

規則第23条に基づく断続的な宿直又は日直勤務のもとに、労働基準法上の労働時間、休憩及び休日に関する規定を適用しないこととしたものであることから、その許可は、労働者保護の観点から、厳格な判断のもとに行われるべきものである。宿直又は日直の許可にあたっての基準は概ね次のとおりである。

一　勤務の態様

イ　常態として、ほとんど労働をする必要のない勤務のみを認めるものであり。定時的巡視、緊急の文書又は電話の収受、非常事態に備えての待機等を目的とするものに限って許可するものであること。

ロ　原則として、通常の労働の継続は許可しないこと。したがって始業又は終業時刻に密着した時間帯に、顧客からの電話の収受又は盗難・火災防止を行うものについては、許可しないものであること。

二　宿日直手当

宿直又は日直の勤務に対して相当の手当が支給されることを要し、具体的には、次の基準によること。

イ　宿直勤務１回についての宿直手当（深夜割増賃金を含む。）又は日直勤務１回についての日直手当の最低額は、当該事業場において宿直又は日直の勤務に就くことの予定されている同種の労働者に対して支払われている賃金（法第37条の割増賃金の基礎となる賃金に限る。）の１人１日平均額の３分の１を下らないものであること。ただし、同一企業に属する数個の事業場について、一律の基準により宿直又は日直の手当額を定める必要がある場合には、当該事業場の属する企業の全事業場において宿直又は日直の勤務に就くことの予定されている同種の労働者についての１人１日平均額によることができるものであること。

ロ　宿直又は日直の勤務の時間が通常の宿直又は日直の時間に比して著しく短いものその他所轄労働基準監督署長が右イの基準によることが著しく困難又は不適当と認めたものについては、その基準にかかわらず許可することができること。

三　宿日直の回数

許可の対象となる宿直又は日直の勤務回数については、宿直勤務については週1回、日直勤務については月1回を限度とすること。ただし、当該事業場に勤務する18歳以上の者で法律上宿直又は日直を行いうるすべてのものに宿直又は日直をさせてもなお不足でありかつ勤務の労働密度が薄い場合には、宿直又は日直業務の実態に応じて週1回を超える宿直、月1回を超える日直についても許可して差し支えないこと。

四　その他

宿直勤務については、相当の睡眠設備の設置を条件とするものであること。[昭和22・9・13発基第17号、昭和63・3・14基発第150号]

⑵　医師、看護師等の宿日直許可基準について（令和元年７月１日基発0701第８号・厚生労働省労働基準局長）

医師､看護師等（以下｢医師等｣という。）の宿日直勤務については、一般の宿日直の場合と同様に、それが通常の労働の継続延長である場合には宿日直として許可すべきものでないことは、昭和22年９月13日付け発基第17号通達に示されているところであるが、医師等の宿日直についてはその特性に鑑み、許可基準の細目を次のとおり定める。

なお、医療法（昭和23年法律第205号）第16条には「医業を行う病院の管理者は、病院に医師を宿直させなければならない」と規定されているが、その宿直中の勤務の実態が次に該当すると認められるものについてのみ労働基準法施行規則（昭和22年厚生省令第23号。以下「規則」という。）第23条の許可を与えるようにされたい。

本通達をもって、昭和24年３月22日付け基発第352号「医師、看護婦等の宿直勤務について」は廃止するため、了知の上､取扱いに遺漏なきを期されたい。

記

1　医師等の宿日直勤務については、次に掲げる条件の全てを満たし、かつ、宿直の場合は夜間に十分な睡眠がとり得るものである場合には、規則第23条の許可（以下「宿日直の許可」という。）を与えるよう取り扱うこと。

⑴　通常の勤務時間の拘束から完全に解放された後のものであること。すなわち、通常の勤務時間終了後もなお、通常の勤務態様が継続している間は、通常の勤務時間の拘束から解放されたとはいえないことから、その間の勤務については、宿日直の許可の対象とはならないものであること。

⑵　宿日直中に従事する業務は、一般の宿日直業務以外には、特殊の措置を必要としない軽度の又は短時間の業務に限ること。例えば、次に掲げる業務等をいい、下記２に掲げるような通常の勤務時間と同態様の業務は含まれないこと。

・医師が、少数の要注意患者の状態の変動に対応するため、問診等による診察等（軽度の処置を含む。以下同じ。）や、看護師等に対する指示、確認を行うこと

・医師が、外来患者の来院が通常想定されない休日・夜間（例えば非輪番日であるなど）において、少数の軽症の外来患者や、かかりつけ患者の状態の変動に対応するため、問診等による診察等や、看護師等に対する指示、確認を行うこと

・看護職員が、外来患者の来院が通常想定されない休日・夜間（例えば非輪番日であるなど）において、少数の軽症の外来患者や、かかりつけ患者の状態の変動に対応するため、問診等を行うことや、医師に対する報告を行うこと

・看護職員が、病室の定時巡回、患者の状態の変動の医師への報告、少数の要注意患者の定時検脈、検温を行うこと

⑶　上記⑴、⑵以外に、一般の宿日直の許可の際の条件を満たしていること。

2　上記１によって宿日直の許可が与えられた場合において、宿日直中に、通常の勤務時間と同態様の業務に従事すること（医師が突発的な事故による応急患者の診療又は入院、患者の死亡、出産等に対応すること、又は看護師等が医師にあらかじめ指示された処置を行うこと等）が稀にあったときについては、一般的にみて、常態としてほとんど労働することがない勤務であり、かつ宿直の場合は、夜間に十分な睡眠がとり得るものである限り、宿日直の許可を取り消す必要はないこと。また、当該通常の勤務時間と同態様の業務に従事する時間について労働基準法（昭和22年法律第49号。以下「法」という。）第33条又は第36条第１項による時間外労働の手続がとられ、法第37条の割増賃金が支払われるよう取り扱うこと。

したがって、宿日直に対応する医師等の数について、宿日直の際に担当する患者数との関係又は当該病院等に夜間・休日に来院する急病患者の発生率との関係等からみて、上記のように通常の勤務時間と同態様の業務に従事することが常態であると判断されるものについては、宿日直の許可を与えることはできないものであること。

3　宿日直の許可は、一つの病院、診療所等において、所属診療科、職種、時間帯、業務の種類等を限って与えることができるものであること。例えば、医師以外のみ、医師について深夜の時間帯のみといった許可のほか、上記１⑵の例示に関して、外来患者の対応業務については許可基準に該当しないが、病棟宿日直業務については許可基準に該当するような場合については、病棟宿日直業務のみに限定して許可を与えることも可能であること。

4　小規模の病院、診療所等においては、医師等が、そこに住み込んでいる場合があるが、この場合にはこれを宿日直として取り扱う必要はないこと。

ただし、この場合であっても、上記２に掲げるような通常の勤務時間と同態様の業務に従事するときには、法第33条又は第36条第１項による時間外労働の手続が必要であり、法第37条の割増賃金を支払わなければならないことはいうまでもないこと。

⑶ 医師の研鑽に係る労働時間に関する考え方について（令和元年７月１日基発0701第９号厚生労働省労働基準局長）

医療機関等に勤務する医師（以下「医師」という。）が、診療等その本来業務の傍ら、医師の自らの知識の習得や技能の向上を図るために行う学習、研究等（以下「研鑽」という。）については、労働時間に該当しない場合と労働時間に該当する場合があり得るため、医師の的確な労働時間管理の確保等の観点から、今般、医師の研鑽に係る労働時間該当性に係る判断の基本的な考え方並びに医師の研鑽に係る労働時間該当性の明確化のための手続及び環境整備について、下記のとおり示すので、その運用に遺憾なきを期されたい。

記

１　所定労働時間内の研鑽の取扱い

所定労働時間内において、医師が、使用者に指示された勤務場所（院内等）において研鑽を行う場合については、当該研鑽に係る時間は、当然に労働時間となる。

２　所定労働時間外の研鑽の取扱い

所定労働時間外に行う医師の研鑽は、診療等の本来業務と直接の関連性なく、かつ、業務の遂行を指揮命令する職務上の地位にある者（以下「上司」という。）の明示・黙示の指示によらずに行われる限り、在院して行う場合であっても、一般的に労働時間に該当しない。

他方、当該研鑽が、上司の明示・黙示の指示により行われるものである場合には、これが所定労働時間外に行われるものであっても、又は診療等の本来業務との直接の関連性なく行われるものであっても、一般的に労働時間に該当するものである 。

所定労働時間外において医師が行う研鑽については、在院して行われるものであっても、上司の明示・黙示の指示によらずに自発的に行われるものも少なくないと考えられる。このため、その労働時間該当性の判断が、当該研鑽の実態に応じて適切に行われるよう、また、医療機関等における医師の労働時間管理の実務に資する観点から、以下のとおり、研鑽の類型ごとに、その判断の基本的考え方を示すこととする。

⑴　一般診療における新たな知識、技能の習得のための学習

ア　研鑽の具体的内容

例えば、診療ガイドラインについての勉強、新しい治療法や新薬についての勉強、自らが術者等である手術や処置等についての予習

や振り返り、シミュレーターを用いた手技の練習等が考えられる。

イ　研鑽の労働時間該当性

業務上必須ではない行為を、自由な意思に基づき、所定労働時間外に、自ら申し出て、上司の明示・黙示による指示なく行う時間については、在院して行う場合であっても、一般的に労働時間に該当しないと考えられる。

ただし、診療の準備又は診療に伴う後処理として不可欠なものは、労働時間に該当する。

(2)　博士の学位を取得するための研究及び論文作成や、専門医を取得するための症例研究や論文作成

ア　研鑽の具体的内容

例えば、学会や外部の勉強会への参加・発表準備、院内勉強会への参加・発表準備、本来業務とは区別された臨床研究に係る診療データの整理・症例報告の作成・論文執筆、大学院の受験勉強、専門医の取得や更新に係る症例報告作成・講習会受講等が考えられる。

イ　研鑽の労働時間該当性

上司や先輩である医師から論文作成等を奨励されている等の事情があっても、業務上必須ではない行為を、自由な意思に基づき、所定労働時間外に、自ら申し出て、上司の明示・黙示による指示なく行う時間については、在院して行う場合であっても、一般的に労働時間に該当しないと考えられる。

ただし、研鑽の不実施について就業規則上の制裁等の不利益が課されているため、その実施を余儀なくされている場合や、研鑽が業務上必須である場合、業務上必須でなくとも上司が明示・黙示の指示をして行わせる場合は、当該研鑽が行われる時間については労働時間に該当する。

上司や先輩である医師から奨励されている等の事情があっても、自由な意思に基づき研鑽が行われていると考えられる例としては、次のようなものが考えられる。

・勤務先の医療機関が主催する勉強会であるが、自由参加である
・学会等への参加・発表や論文投稿が勤務先の医療機関に割り当てられているが、医師個人への割当はない
・研究を本来業務とはしない医師が、院内の臨床データ等を利用し、院内で研究活動を行っているが、当該研究活動は、上司に命じられておらず、自主的に行っている

(3)　手技を向上させるための手術の見学

ア　研鑽の具体的内容

例えば、手術・処置等の見学の機会の確保や症例経験を蓄積するために、所定労働時間外に、見学（見学の延長上で診療（診療の補助を含む。下記イにおいて同じ。）を行う場合を含む。）を行うこと等が考えられる。

イ　研鑽の労働時間該当性

上司や先輩である医師から奨励されている等の事情があったとし

ても、業務上必須ではない見学を、自由な意思に基づき、所定労働時間外に、自ら申し出て、上司の明示・黙示による指示なく行う場合、当該見学やそのための待機時間については、在院して行う場合であっても、一般的に労働時間に該当しないと考えられる。

ただし、見学中に診療を行った場合については、当該診療を行った時間は、労働時間に該当すると考えられ、また、見学中に診療を行うことが慣習化、常態化している場合については、見学の時間全てが労働時間に該当する。

3　事業場における研鑽の労働時間該当性を明確化するための手続及び環境の整備

研鑽の労働時間該当性についての基本的な考え方は、上記１及び２のとおりであるが、各事業場における研鑽の労働時間該当性を明確化するために求められる手続及びその適切な運用を確保するための環境の整備として、次に掲げる事項が有効であると考えられることから、研鑽を行う医師が属する医療機関等に対し、次に掲げる事項に取り組むよう周知すること。

(1)　医師の研鑽の労働時間該当性を明確化するための手続

医師の研鑽については、業務との関連性、制裁等の不利益の有無、上司の指示の範囲を明確化する手続を講ずること。例えば、医師が労働に該当しない研鑽を行う場合には、医師自らがその旨を上司に申し出ることとし、当該申出を受けた上司は、当該申出をした医師との間において、当該申出のあった研鑽に関し、

・本来業務及び本来業務に不可欠な準備・後処理のいずれにも該当しないこと
・当該研鑽を行わないことについて制裁等の不利益はないこと
・上司として当該研鑽を行うよう指示しておらず、かつ、当該研鑽を開始する時点において本来業務及び本来業務に不可欠な準備・後処理は終了しており、本人はそれらの業務から離れてよいこと

について確認を行うことが考えられる。

(2)　医師の研鑽の労働時間該当性を明確化するための環境の整備

上記(1)の手続について、その適切な運用を確保するため、次の措置を講ずることが望ましいものであること。

ア　労働に該当しない研鑽を行うために在院する医師については、権利として労働から離れることを保障されている必要があるところ、診療体制には含めず、突発的な必要性が生じた場合を除き、診療等の通常業務への従事を指示しないことが求められる。また、労働に該当しない研鑽を行う場合の取扱いとしては、院内に勤務場所とは別に、労働に該当しない研鑽を行う場所を設けること、労働に該当しない研鑽を行う場合には、白衣を着用せずに行うこととすること等により、通常勤務ではないことが外形的に明確に見分けられる措

置を講ずることが考えられること。手術・処置の見学等であって、研鑽の性質上、場所や服装が限定されるためにこのような対応が困難な場合は、当該研鑽を行う医師が診療体制に含まれていないことについて明確化しておくこと。

イ　医療機関ごとに、研鑽に対する考え方、労働に該当しない研鑽を行うために所定労働時間外に在院する場合の手続、労働に該当しない研鑽を行う場合には診療体制に含めない等の取扱いを明確化し、書面等に示すこと。

ウ　上記イで書面等に示したことを院内職員に周知すること。周知に際しては、研鑽を行う医師の上司のみではなく、所定労働時間外に研鑽を行うことが考えられる医師本人に対してもその内容を周知し、必要な手続の履行を確保すること。

　また、診療体制に含めない取扱いを担保するため、医師のみではなく、当該医療機関における他の職種も含めて、当該取扱い等を周知すること。

エ　上記(1)の手続をとった場合には、医師本人からの申出への確認や当該医師への指示の記録を保存すること。なお、記録の保存期間については、労働基準法（昭和22年法律第49号）第109条において労働関係に関する重要書類を３年間保存することとされていることも参考として定めること。

⑷　医師等の宿日直許可基準及び医師の研鑽に係る労働時間に関する考え方についての運用に当たっての留意事項について（令和元年７月１日基監発0701第１号・厚生労働省労働基準局監督課長）

令和元年７月１日付け基発0701第８号「医師、看護師等の宿日直基準について」(以下「医師等の宿日直許可基準通達」という。）及び令和元年７月１日付け基発0701第９号「医師の研鑽に係る労働時間に関する考え方について」(以下「医師の研鑽に係る労働時間通達」という。）が発出され、医師・看護師等（以下「医師等」という。）の宿日直基準の明確化及び医師の研鑽に係る労働時間に関する考え方が示されたところである。

両通達は、平成31年３月28日に取りまとめられた「医師の働き方改革に関する検討会報告書」(以下「報告書」という。)を踏まえて、解釈の明確化を図ったものであり、これまでの労働基準法（昭和22年法律第49号）の取扱いを変更するものではないが、両通達の運用に当たって留意すべき事項を下記に示すので、その運用に当たっては遺憾なきを期されたい。

記

第１　医師等の宿日直許可基準通達の取扱いについて

１　趣旨

報告書において、「医師等の当直のうち、断続的な宿直として労働時間等の規制が適用されないものに係る労働基準監督署長の許可基準については、現状を踏まえて実効あるものとする必要がある。」との意見が示されたことを踏まえ、労働基準監督署長による医師等の宿日直の許可の基準を明確化の上、改めて示されたものである。

２　医師等の宿日直許可基準通達の運用における留意事項

医師等の宿日直許可基準通達については、昭和24年３月22日付け基発第352号「医師、看護婦等の宿直勤務について」の考え方を明確化したものであり、これによって従前の許可基準を変更するものではなく、対象となる職種についても、従前と変更はない。

具体的には、許可対象である「特殊の措置を必要としない軽度の、又は短時間の業務」について、近年の医療現場における実態を踏まえて具体的に例示したものが、医師等の宿日直許可基準通達の記の１⑵において示されたところである。なお、医師等の宿日直許可基準通達の記の１⑵に示されている例示における「看護職員」については、業務を行う主体を当該例示において掲げられている業務を行う職種に限っているものである。

第２　医師の研鑽に係る労働時間通達の取扱いについて

１　趣旨

医師の働き方改革に関する検討会においては、「医師の研鑽については、医学は高度に専門的であることに加え、日進月歩の技術革新がなされており、そのような中、個々の医師が行う研鑽が労働であるか否かについては、当該医師の経験、業務、当該医療機関が当該医師に求める医療提供の水準等を踏まえて、現場における判断としては、当該医師の上司がどの範囲を現在の業務上必須と考え指示を行うかによらざるを得ない。」とされている。

また、同検討会の報告書では、「医師については、自らの知識の習得や技能の向上を図る研鑽を行う時間が労働時間に該当するのかについて、判然としないという指摘がある。このため、医師の研鑽の労働時間の取扱いについての考え方と『労働に該当しない研鑽』を適切に取り扱うための手続を示すことにより、医療機関が医師の労働時間管理を適切に行えるように支援していくことが重要である」とされたところである。

このような同検討会における検討結果に基づき、医師の研鑽の実態を踏まえ、医師の研鑽に係る労働時間通達において、医師本人及び当該医師の労働時間管理を行う上司を含む使用者が、研鑽のうち労働時間に該当する範囲を明確に認識し得るよう、研鑽の労働時間該当性に関する基本的な考え方とともに、労働時間該当性を明確化するための手続等が示されたところである。

２　医師の研鑽に係る労働時間通達の運用における留意事項

ア　医師の研鑽に係る労働時間通達と「労働時間の適正な把握のために使用者が講ずべき措置に関するガイドライン」の関係について

労働時間は、「労働時間の適正な把握のために使用者が講ずべき措置に関するガイドライン」（平成29年１月20日策定）において示されているとおり、労働者の行為が使用者の指揮命令下に置かれたものと評価することができるか否かにより客観的に定まるものである。この考え方は医師についても共通であり、医師の研鑽に係る労働時間通達においても、この考え方を変更するものではないこと。

イ　医師の研鑽と宿日直許可基準について

医師の研鑽に係る労働時間通達の記の２により、労働時間に該当しないと判断される研鑽については、当該研鑽が宿日直中に常態的に行われているものであったとしても、宿日直許可における不許可事由とはならず、又は許可を取り消す事由とはならないものである。

ウ　医師の研鑽に係る労働時間通達の記の３(1)の手続（以下「手続」という。）について

・上司は、業務との関連性を判断するに当たって、初期研修医、

後期研修医、それ以降の医師といった職階の違い等の当該医師の経験、担当する外来業務や入院患者等に係る診療の状況、当該医療機関が当該医師に求める医療提供の水準等を踏まえ、現在の業務上必須かどうかを対象医師ごとに個別に判断するものであること。

・手続は、労働に該当しない研鑽を行おうとする医師が、当該研鑽の内容について月間の研鑽計画をあらかじめ作成し、上司の承認を得ておき、日々の管理は通常の残業申請と一体的に、当該計画に基づいた研鑽を行うために在院する旨を申請する形で行うことも考えられること。

・手続は、労働に該当しない研鑽を行おうとする医師が、当該研鑽のために在院する旨の申し出を、一旦事務職が担当者として受け入れて、上司の確認を得ることとすることも考えられること。

エ　諸経費の支弁と労働時間該当性について

医療機関は、福利厚生の一環として、学会等へ参加する際の旅費等諸経費を支弁することは、その費目にかかわらず可能であり、旅費等諸経費が支弁されていることは労働時間に該当するかどうかの判断に直接関係しないものであること。

オ　医師以外の職種も参加する研鑽

医師の研鑽に係る労働時間通達の記の２に掲げられる研鑽について、看護師等の医師以外の職種が参加するものであったとしても、当該研鑽が、労働時間に該当するかどうかの判断に直接関係しないものであること。

⑸　医療機関の宿日直許可申請に関するＦＡＱ（2022年7月29日ver.）

※　厚生労働省本省の相談窓口に寄せられた相談内容について、質問事項と回答内容の共有に関するご要望をいただいておりました。このため、以前からよくいただいていた内容を含め、以下のとおり掲載可能な内容についてＦＡＱを作成しましたので、ご参照いただければ幸いです。

※　本相談窓口は、医療機関の宿日直許可申請に関して、あらゆる相談を受け付けています。

医療機関の個々の状況に応じて、申請に向けた個別具体的な相談対応をさせていただきます。**少しでも迷うことなどありましたら、是非、気兼ねなくご相談ください。**

※　なお、本ＦＡＱの参考にできる資料として、別途、医療機関の宿日直許可の取得事例を公表しています。これらの公表事例は許可を取得した事案全体の一部ですので、公表事例以外にも様々な許可を取得した事案があります。公表事例にそのままあてはまらなければ許可を取得できないというものではありませんので、幅広に遠慮なくご相談ください。

相談窓口による支援について

Ｑ．相談窓口で実際にされている支援の内容はどのようなものですか。

Ａ．現在のところ、多くは宿日直許可の手続きや許可基準に関するお問い合わせですので、こうしたお問い合わせに対して個別に回答させていただいています。また、ある程度申請の準備は整っていて労働基準監督署に相談したいが踏み出せないという場合もありますので、このような場合には、医療機関の意向を踏まえて所轄の労働基準監督署の担当をご紹介するといった支援もさせていただいています。

Ｑ．労働基準監督署や医療勤務環境改善支援センターに相談する前に、本省の相談窓口に相談した方がいいのでしょうか。

Ａ．宿日直許可に関する相談については、実際の申請先である所轄の労働基準監督署にご相談いただくことが基本ですが、医師の働き方改革に関する動向も十分に把握し、**医療機関を支援する立場から様々な助言を身近なところで実施できる各都道府県の医療勤務環境改善支援センターに相談いただくことも重要**と考えています。いずれにしても本省の相談窓口への相談を先行していただく必要はありませんので、医

6
通達・ガイドライン等

療機関の実情に応じた相談窓口を活用いただければと思います。

Q．相談窓口に寄せられた相談を通じて、宿日直許可の取得につながった事例はありますか。

A．例えば、以前に宿日直許可の取得を断念した医療機関が再度の申請を行い、許可に至ったような事例も出ています。許可事例については、引き続き整理の上で周知できるように努めていきます。

宿日直許可と医師の働き方改革について

Q．医療法第16条に基づく宿直を行う場合には宿日直許可が必要なのでしょうか。

A．医療法第16条では病院に医師を宿直させなければならないと規定されています。この医療法第16条に基づく宿直を医師に行わせること自体に労働基準監督署長による宿日直許可は必要ありません。

Q．では、なぜ、宿日直許可の取得を検討する医療機関が増えているのでしょうか。

A．宿日直許可を受けた場合には、その許可の範囲で、労働基準法上の労働時間規制が適用除外となります。今後、令和６年４月から医師の時間外労働の上限規制がスタートしますが、

⑴　宿日直許可を受けた場合には、この上限規制との関係で労働時間とカウントされないこと、

⑵　勤務と勤務の間の休息時間（勤務間インターバル）との関係で、宿日直許可を受けた宿日直（９時間以上連続したもの）については休息時間として取り扱えること、

など、医師の労働時間や勤務シフトなどとの関係で重要な要素になることが考えられます。

宿日直許可の許可基準等について

Q．「救急」や「産科」では医師の宿日直許可を得ることはできないと聞いたのですが本当でしょうか。

A．「救急」や「産科」だからという理由で許可を取得できないということはありません。「救急」や「産科」で宿日直許可を得ることはできますし、実際に、「救急」や「産科」で宿日直許可を取得している事例があります。

Q．大学病院やそれに準ずるような大きな医療機関でも宿日直許可は取得できるのでしょうか。

A．様々な工夫で許可を取得することも可能です。医療機関内での医師同士の役割分担やタスクシフト／シェア、宿日直許可を取る時間帯等の工夫により取得しているケースもあるようです。

Q．地域で夜間の診療について輪番制を採用している場合に、輪番日以外の日であることを前提とした宿日直許可申請を行うことはできるのでしょうか。

A．可能です。実際に輪番日以外の日であることを前提とした許可がなされた事例があります。なお、輪番日と非輪番日で業務に大きな差がない場合には、非輪番日を前提とすることなく許可がなされることもありますので、こうした場合も含めて相談いただければと思います。

Q．準夜帯は一定数の患者が来ることが多いので、準夜帯以外の宿直時間だけで医師の宿日直許可を申請しようと考えていますが、このような時間帯を限定した宿日直許可の申請も可能でしょうか。
A．可能です。このほか、所属診療科、業務の種類（病棟宿日直業務のみ 等）を限った申請を行うことが可能です。

Q．宿日直許可の回数については宿直週1回、日直月1回の原則には例外があると聞いていますが、実際に例外は認められているのでしょうか。
A．実際に例外が認められています。例えば、宿直週2回や日直月2回といった形で認められたケースがあります。
　特に、医師不足の地域の医療機関において、いわゆる連直（例えば、週末に土曜日の夜の宿直から日曜日昼の日直、日曜日の夜の宿直まで連続して行うような宿日直）の体制を確保するために遠方から非常勤の医師を確保する場合があるという実態を踏まえた回数の例外などが認められています。

Q．同じ週に本務先で週1回、兼業先で週1回の宿直を行うことが想定されています。本務先でも兼業先でもそれぞれ週1回の宿日直許可を受けていますが、同一の医師の場合、どちらか1回しか宿日直許可を受けた業務に従事することはできないのでしょうか。
A．宿日直許可の回数の限度（別添①ポイント3参照）は、医療機関ごと（本務先と兼業先それぞれ）で認められた回数を示していますので、医療機関ごとに認められた回数の範囲内で宿日直許可のある業務に従事することが可能です。つまり、このケースの場合、同じ週に本務先で1回、兼業先で1回、宿日直許可のある宿直の業務に従事することが可能です。

Q．医師の宿日直許可の回数の例外の可否が判断されるに当たって、労働基準法の労働時間に関する規定が適用されない経営者等の医師はどの程度の頻度で宿日直の業務に従事することが求められるのでしょうか。
A．ご指摘のような労働基準法の労働時間に関する規定が適用されない医師については、宿日直許可の取得は不要であり、実際に従事する宿日直の回数にも制限はありませんが、こうした医師以外の医師の宿日直許可の回数の例外の可否を判断するに当たって、過度に宿日直の業務に従事していただくことが前提となるものではありませんので、労働基準法の労働時間に関する規定が適用されない医師がどの程度の頻度で宿日直に従事できるのかについては、個別の事情に応じてよく労働基準監督署とご相談いただければと思います。

宿日直許可の申請手続きについて

Q．宿日直許可の申請から許可を得るまでの流れについて教えてください。
A．医療機関が労働基準監督署に許可申請書と必要な添付書類（以下「申請関係書類」といいます。）を提出した後、①書面での確認、②労働基準監督官による実地調査、を経て、許可相当と認められる場合に許可書が交付されます。（別添②）

申請から許可（不許可）までの期間は、申請関係書類の不備の有無、実地調査の日程調整の状況、追加の確認事項の有無など、個別の事情によって異なります。**時間的余裕を持った事前の相談及び申請を心掛けてください。**

Q．宿日直許可申請に当たってどのような書類を用意する必要がありますか。

A．申請関連書類については、**あらかじめ一度所轄の労働基準監督署に確認いただきたい**と考えていますが、必要な書類の標準的な例としては以下のとおりです。なお、これらはあくまで標準的な例であって、調査に必要な範囲で追加資料の提出を依頼する場合がありますので、あらかじめご了承ください。

・対象労働者の労働条件通知書、雇用契約書の写し

・宿日直勤務に従事する労働者ごとの、一定期間（例えば１か月）の宿直または日直勤務の従事回数がわかるもの（宿日直の当番表、シフト表など）

・宿日直勤務中に行われる業務が発生する頻度、その業務の内容と従事した時間について、一定期間の実績が分かる資料（業務日誌等）

・対象労働者全員の給与一覧表（労働基準法第37条の割増賃金計算の基礎となる賃金）及び宿日直手当額計算書

・事業場等を巡回する業務がある場合は、巡回場所全体とその順路を示す図面等

・宿直の場合は宿泊設備の概要がわかるもの

Q．許可申請書の記載例はないのでしょうか。

A．別添③を参照ください。あくまで記載例ですので、医療機関の実態に応じた記載を心掛けてください。

Q．申請関連書類の中で、「宿日直勤務に従事する労働者ごとの、一定期間（例えば１か月）の宿直または日直勤務の従事回数がわかるもの（宿日直の当番表、シフト表など）」、「宿日直勤務中に行われる業務が発生する頻度、その業務の内容と従事した時間について、一定期間の実績（または見込み）が分かる資料（業務日誌等）」については、１か月分を求められる場合と３か月分などより長い期間分を求められる場合があると聞きました。なぜ取扱いが異なるのでしょうか。

A．１か月分の資料を提出いただくことが基本と考えていますが、申請内容や実態を確認していく上で更なる確認が必要となる場合、その１か月が突発的な業務などで多忙になっている場合、などについては、３か月などより長い期間分の提出を求めることがあります。個別事情となりますので、あらかじめご了承ください。

Q．申請関連書類の「宿日直勤務中に行われる業務が発生する頻度、その業務の内容と従事した時間について、一定期間の実績がわかる資料」として業務日誌等とされていますが、他にどのような資料が想定されるのでしょうか。特定の様式があるのでしょうか。

A．業務日誌のほか、電子カルテのログ、などを想定しています。上述の内容が

わかる資料であれば、医療機関の状況に応じて、なるべく負担がかからない既存の資料を活用いただく形でご用意いただければ問題ありません。

なお、特定の様式はありませんが、任意で活用いただける様式として別添④がありますので、こちらを活用して準備いただくことも可能です。なお、**この様式を使わなければならないわけではありません**ので、重ねてとなりますが、ご注意ください。

Q．非常勤の医師については、宿日直許可の対象とならないと聞きましたが本当でしょうか。
A．非常勤の医師についても宿日直許可の対象となります。

Q．申請関連書類の「対象労働者全員の給与一覧表（労働基準法第37条の割増賃金計算の基礎となる賃金）」について、申請対象の宿直をすべて非常勤の医師で対応している場合には提出しなくてよいのでしょうか。
A．そのとおりです。割増賃金の計算の基礎となる賃金がない場合には提出いただく必要はありません。なお、このような場合の手当額の算定について、賃金構造基本統計調査報告の医師の賃金から算出した日額の３分の１の額を参考に評価した事例があります。

Q．相当昔に宿日直許可を取得したはずなのですが、許可証を紛失してしまいました。どのように対応すればよいでしょうか。
A．許可証を紛失してしまった場合は、原則的には許可を取り直していただく必要があります。ただし、労働基準監督署に記録等が残っていることもありますので、労働基準監督署にご相談いただくことも可能です。

その他（申請の際の医療勤務環境改善支援センターによる支援等）

Q．労働基準監督署に宿日直許可の相談や申請をする際に、都道府県の医療勤務環境改善支援センターの職員さんたちに一緒に行ってもらうことはできますか。
A．可能です。厚生労働省から各都道府県の医療勤務環境改善支援センターに対して、医療機関からそのような依頼があった場合には、基本的に同行の対応をしていただくようにお願いしています。各都道府県の医療勤務環境改善支援センターの体制などもありますので、まずは各都道府県の医療勤務環境改善支援センターに相談してみてください。

Q．労働基準監督署は怖いイメージがあります。担当職員に優しく対応してもらえますか。
A．労働基準監督署に対しては、宿日直許可申請に関する相談があった場合には、医療機関の実情を踏まえて、寄り添いながら丁寧な対応をするよう指示をしています。引き続き、安心してご相談いただけるように努めていきます。なお、お困りの際には、医療勤務環境改善支援センターや本省の相談窓口も活用いただくことが可能です。

宿日直許可申請を検討する事業主の皆さまなどへ　　別添①

労働基準法の宿日直許可のポイント

労働基準監督署長の許可を受けた場合には、その許可の範囲で、労働基準法上の労働時間規制が適用除外となります。

⚠要チェック！ 宿日直許可基準について

ポイント１　常態として、ほとんど労働をする必要のないこと

定時的巡視、緊急の文書又は電話の収受、非常事態に備えての待機等を目的とする働き方が対象となります。

なお、始業又は終業時刻に密着した時間帯に、顧客からの電話の収受又は盗難・火災防止を行うなど、通常の労働の継続は、原則として許可の対象となりません。

ポイント２　宿日直手当について

宿日直手当の最低額は、当該事業場において宿直又は日直の勤務に就くことの予定されている同種の労働者に対して支払われている賃金の一人１日平均額の１／３以上である必要があります。

ポイント３　宿日直の回数について

宿直勤務については週１回、日直勤務については月１回が限度となります。（※）

留意事項　副業・兼業を行う労働者の仕事と生活の調和のために

働く方が、複数の使用者の下で、宿日直業務に頻繁に従事するような場合、通常の勤務と相まって、長時間の拘束につながることなどが懸念されますのでご配慮をお願いします。

働く方のワーク・ライフ・バランスを実現しましょう

（※）下記要件を満たせば、宿日直業務の実態に応じて、上記回数を超えて許可する場合もあります。

① 事業場に勤務する18歳以上の者で法律上宿日直勤務を行うことができる方が宿日直勤務をした場合でも人数が不足　② 勤務の労働密度が薄い場合

厚生労働省・都道府県労働局・労働基準監督署

参考　医師、看護師等の宿日直許可基準について

※医師等の宿日直についてはその特殊性から、宿日直許可基準の細目を定めています。

①　通常の勤務時間の拘束から完全に解放された後のものである必要があります。

②　宿日直中に従事する業務は、一般の宿直業務以外には、特殊の措置を必要としない軽度の又は短時間の業務に限ります。

③　宿直の場合は、夜間に十分睡眠がとり得ることが必要です。

④　上記以外に、一般の宿日直許可の際の条件を満たしていることが必要です。

※宿日直の許可は、所属診療科、職種、時間帯、業務の種類等を限って得ることも可能です。

（深夜の時間帯のみ、病棟宿日直業務のみといった許可も可能です）

医師、看護師等の宿日直許可基準の詳細は厚生労働省HPから参照できます。
（https://www.mhlw.go.jp/hourei/doc/tsuchi/T211112K0030.pdf）

医療機関における宿日直許可事例については、「いきいき働く医療機関サポートweb」（https://iryou-kinmukankyou.mhlw.go.jp/information/Info02）に掲載しています。また、医療機関に限らない宿日直許可申請にあたってのチェックリストも掲載していますので、適宜活用ください。

宿日直勤務にあたっての留意事項

Q：宿日直許可を得て宿日直勤務を行っていましたが、宿日直勤務中に、突発的な事故による緊急対応等、本来通常の勤務時間に従事するような業務が発生したのですが、どのような対応が必要でしょうか。

A：労働基準監督署長から許可を得た宿日直勤務中であっても、通常の勤務時間と同態様の業務に従事した時間については、労働基準法36条による時間外労働の手続をとり、また、労働基準法37条の割増賃金を支払う必要があります。

Q：労働基準監督署長から宿日直許可を得た後は、どのようなことに気をつければいいですか。

A：許可の際には、労働基準監督署から、「断続的な宿直又は日直勤務許可書」というものが交付されますが、この許可書には宿日直の回数などの内容に関する「付かん」が記載されておりますので、この「付かん」の内容にのっとった宿日直勤務を行う必要があります。

なお、許可を得た後も、宿日直勤務は許可基準に適合するよう実施する必要があります。例えば、許可後の人員の異動や業務内容の変更に伴い、宿日直中に通常勤務時間と同態様の業務に従事することが常態となっている場合には、勤務内容の見直しを行っていただく等の対応が必要になります。

ご不明な点は、最寄りの都道府県労働局、労働基準監督署にお問い合わせください。

別添②

医療機関における宿日直許可について ～制度概要・申請後の流れ～

労働基準法では、常態としてほとんど労働することがなく、労働時間規制を適用しなくとも必ずしも労働者保護に欠けることのない宿直又は日直の勤務で断続的な業務（例えば、いわゆる「寝当直」に当たるような業務）については、労働基準監督署長の許可を受けた場合に労働時間規制を適用除外とすることを定めています（宿日直許可）。

※１ 対象業務は、①通常の勤務時間から完全に解放された後のものであり、②宿日直中に従事する業務は、一般の宿日直業務以外には、特殊な措置を必要としない軽度または短時間の業務に限ること、③一般の宿日直の許可の条件を満たしていること、④宿直の場合は十分な睡眠がとりうること等の条件を満たしていることが必要です。

※２ 許可が与えられた場合でも、宿日直中に通常の勤務時間と同態様の業務に従事したときは、その時間について割増賃金を支払う必要があります。

申請から宿日直許可までの流れ

労働基準監督署に宿日直許可の申請を行ってから許可を受けるまでの流れは、おおむね以下のとおりです。

① 労働基準監督署に、申請書（様式第10号）（原本２部）及び添付書類を提出
→申請対象である宿日直の勤務実態が、上記※１の条件を満たしていることを書面上で確認します。
上記※１③の一般的な宿日直の許可の条件とは、「1.常態としてほとんど労働することがないこと、2.通常の労働の継続ではないこと、3.宿日直手当額が同種の業務に従事する労働者の１人１日平均額の３分の１以上であること、4.宿日直の回数が、原則として宿直は週１回、日直は月１回以内であること、5.宿直について相当の睡眠設備を設置していること」を意味します。

② 労働基準監督官による実地調査
→宿日直業務に実際に従事する医師等へのヒアリングや、仮眠スペースの確認等を、原則として実地で行い、申請時に提出された書類の内容が事実に即したものかの確認を行います。また、勤務実態の確認に必要な期間（個別の申請ごとに異なりますが、おおよそ直近数ヶ月間）の勤務記録の提出を求められます。

③ ①②の結果、許可相当と認められた場合に宿日直許可がなされ、許可書が交付されます。

別添③

断続的な宿直又は日直勤務許可申請書（記載例）

様式第10号（第23条関係）

事業の種類		事業の名称		事業の所在地	
医療業		医療法人厚生労働病院		東京都千代田区…　(TEL：○○○)	
宿直	総員数	1回の宿直員数	宿直勤務の開始及び終了時刻	一定期間における1人の宿直回数	1回の宿直手当
	8人	1人	午後6時00分 から 翌午前08時45分 まで	週1回	20,000円
	就寝設備	専用の宿直室：1人部屋：約10㎡：ベッド（掛布団等寝具付・寝具予備有）、冷暖房、TV			
	勤務の態様	・1回約20分の定期回診（病室を巡回。1回の宿直勤務で2回程度、発熱診察等を行う場合がある。） ・入院患者の容体急変に備えた病棟管理（診察を要する頻度は1回1件程度（1件約10〜20分程度）			
日直	総員数	1回の日直員数	日直勤務の開始及び終了時刻	一定期間における1人の日直回数	1回の日直手当
	8人	1人	自　午前9時00分 から 至　午後5時00分 まで	月1回	20,000円
	勤務の態様	・1回約20分の定期回診（病室を巡回。1回の宿直勤務で2回程度、発熱診察等を行う場合がある。） ・入院患者の容体急変に備えた病棟管理（診察を要する頻度は1回1件程度（1件約10〜20分程度）			

令和4年4月1日

使用者　職名　医療法人厚生労働病院長
　　　　氏名　厚生　太郎

欄内のスペースで書き切れない場合は、
欄には「別紙の通り」と記入し、別紙を添付することも可能です。

○○労働基準監督署長　殿

◎ 宿日直許可申請にあたっては、申請書に添付する資料も含め、所轄の労働基準監督署にご相談ください。

別添④

「夜間（宿直）勤務実態報告書」（記入要領）

断続的な宿直勤務の許可の申請に当たっては、必要に応じて、この報告書に労働者の夜間勤務の実態を記入し、提出してください。

なお、この報告書は任意様式ですので、勤務の実態が分かるものであれば、貴事業場で独自に作成した資料を添付いただく形でも問題ありません。

1 「夜間（宿直）勤務の開始時刻」及び「夜間（宿直）勤務の終了時刻」については、断続的な宿直勤務の許可を受けようとする時刻を記入してください。

2 1回の宿直勤務に複数の者を従事させる場合であって、勤務形態が異なるときは、それぞれの勤務形態ごとに作成してください。

3 「軽度・短時間の業務」欄には、「医師、看護師等の宿日直許可基準について」（令和元年７月１日　基発0701第８号）記１（２）の「特殊の措置を必要としない軽度の又は短時間の業務」を記入してください。
具体的には下記のような業務の時間を指します。

- 医師が、少数の要注意患者の状態の変動に対応するため、問診等による診察等（軽度の処置を含む。以下同じ。）や、看護師等に対する指示、確認を行うこと
- 医師が、外来患者の来院が通常想定されない休日・夜間（例えば非輪番日であるなど）において、少数の軽症の外来患者や、かかりつけ患者の状態の変動に対応するため、問診等による診察等や、看護師等に対する指示、確認を行うこと
- 看護職員が、外来患者の来院が通常想定されない休日・夜間（例えば非輪番日であるなど）において、少数の軽症の外来患者や、かかりつけ患者の状態の変動に対応するため、問診等を行うことや、医師に対する報告を行うこと
- 看護職員が、病室の定時巡回、患者の状態の変動の医師への報告、少数の要注意患者の定時検脈、検温を行うこと

4 「上記以外の業務」には、「医師、看護師等の宿日直許可基準について」（令和元年７月１日　基発0701第８号）記２の「通常の勤務時間と同態様の業務に従事」（突発的な事故による応急患者の診療又は入院、患者の死亡、出産等に対応すること、又は看護師等が医師にあらかじめ指示された処置を行うこと等）した時間を記入してください。

5 手待ち時間、休憩時間等については記入する必要はありません。

6 「労働者の代表者の職氏名」欄には、報告書記載の夜間（宿直）勤務に就いた労働者のうち互選された１名から確認の署名を受けることで問題ありません。

夜間（宿直）勤務実態報告書

事業場名称＿＿＿＿＿＿＿＿

代表者職氏名＿＿＿＿＿＿＿＿

○ 連続した１週間の夜間（宿直）勤務の各日において行われた業務の実績及び睡眠時間に該当する時間帯を、各項目ごとに該当する欄に、記入要領を参考として ――― 線を記入してください。

夜間（宿直）勤務の開始時刻＿＿：＿＿　夜間（宿直）勤務の終了時刻＿＿：＿＿

日付	項目	17:00	18:00	19:00	20:00	21:00	22:00	23:00	24:00	1:00	2:00	3:00	4:00	5:00	6:00	7:00	8:00	9:00
（　月　日）	定期的巡視																	
	緊急の文書・電話の収受																	
	軽度・短時間の業務																	
	上記以外の業務																	
	睡眠																	
（　月　日）	定期的巡視																	
	緊急の文書・電話の収受																	
	軽度・短時間の業務																	
	上記以外の業務																	
	睡眠																	
（　月　日）	定期的巡視																	
	緊急の文書・電話の収受																	
	軽度・短時間の業務																	
	上記以外の業務																	
	睡眠																	
（　月　日）	定期的巡視																	
	緊急の文書・電話の収受																	
	軽度・短時間の業務																	
	上記以外の業務																	
	睡眠																	
（　月　日）	定期的巡視																	
	緊急の文書・電話の収受																	
	軽度・短時間の業務																	
	上記以外の業務																	
	睡眠																	
（　月　日）	定期的巡視																	
	緊急の文書・電話の収受																	
	軽度・短時間の業務																	
	上記以外の業務																	
	睡眠																	
（　月　日）	定期的巡視																	
	緊急の文書・電話の収受																	
	軽度・短時間の業務																	
	上記以外の業務																	
	睡眠																	
備考																		

宿直勤務に就く労働者の代表者は、勤務の実態と相違ないことを確認の上、署名してください。

労働者の代表者の職氏名＿＿＿＿＿＿＿＿

2　副業・兼業

⑴　副業・兼業の場合における労働時間管理に係る労働基準法第38条第1項の解釈等について（令和2年9月1日基発0901第3号厚生労働省労働基準局長）

労働基準法（昭和22年法律第49号。以下「法」という。）第38条第1項において「労働時間は、事業場を異にする場合においても、労働時間に関する規定の適用については通算する。」と規定され、「事業場を異にする場合」とは事業主を異にする場合をも含む（昭和23年5月14日付け基発第769号）とされている。今般、労働者が事業主を異にする複数の事業場で労働する場合における法第38条第1項の解釈及び運用について下記のとおり示すので、了知の上、取扱いに遺漏なきを期されたい。

なお、改定後の「副業・兼業の促進に関するガイドライン」（令和2年9月1日付け基発0901第4号別添）も、併せて参照されたい。

記

第1　法第38条第1項の規定による労働時間の通算が必要となる場合

1　労働時間が通算される場合

労働者が、事業主を異にする複数の事業場において、「労働基準法に定められた労働時間規制が適用される労働者」に該当する場合に、法第38条第1項の規定により、それらの複数の事業場における労働時間が通算されること。

なお、次のいずれかに該当する場合は、その時間は通算されないこと。

ア　法が適用されない場合

例）フリーランス、独立、起業、共同経営、アドバイザー、コンサルタント、顧問、理事、監事等

イ　法は適用されるが労働時間規制が適用されない場合（法第41条及び第41条の2）

農業・畜産業・養蚕業・水産業、管理監督者・機密事務取扱者、監視・断続的労働者、高度プロフェッショナル制度

2　労働時間が通算して適用される規定

法定労働時間（法第32条・第40条）について、その適用において自らの事業場における労働時間及び他の使用者の事業場における労働時間が通算されること。

時間外労働（法第36条）のうち、時間外労働と休日労働の合計で単月100時間未満、複数月平均80時間

以内の要件（同条第６項第２号及び第３号）については、労働者個人の実労働時間に着目し、当該個人を使用する使用者を規制するものであり、その適用において自らの事業場における労働時間及び他の使用者の事業場における労働時間が通算されること。

時間外労働の上限規制（法第36条第３項から第５項まで及び第６項（第２号及び第３号に係る部分に限る。））が適用除外（同条第11項）又は適用猶予（法第139条第２項、第140条第２項、第141条第４項又は第142条）される業務・事業についても、法定労働時間（法第32条・第40条）についてはその適用において自らの事業場における労働時間及び他の使用者の事業場における労働時間が通算されること。

3　通算されない規定

時間外労働（法第36条）のうち、法第36条第１項の協定（以下「36協定」という。）により延長できる時間の限度時間（同条第４項)、36協定に特別条項を設ける場合の１年についての延長時間の上限（同条第５項）については、個々の事業場における36協定の内容を規制するものであり、それぞれの事業場における延長時間を定めることとなること。

また、36協定において定める延長時間が事業場ごとの時間で定められていることから、それぞれの事業場における時間外労働が36協定に定めた延長時間の範囲内であるか否かについては、自らの事業場における労働時間と他の使用者の事業場における労働時間とは通算されないこと。

休憩（法第34条)、休日（法第35条)、年次有給休暇（法第39条）については、労働時間に関する規定ではなく、その適用において自らの事業場における労働時間及び他の使用者の事業場における労働時間は通算されないこと。

第２　副業・兼業の確認

使用者は、労働者からの申告等により、副業・兼業の有無・内容を確認すること。

その方法としては、就業規則、労働契約等に副業・兼業に関する届出制を定め、既に雇い入れている労働者が新たに副業・兼業を開始する場合の届出や、新たに労働者を雇い入れる際の労働者からの副業・兼業についての届出に基づくこと等が考えられること。

使用者は、副業・兼業に伴う労務管理を適切に行うため、届出制など副業・兼業の有無・内容を確認するための仕組みを設けておくことが望ましいこと。

第３　労働時間の通算

1　基本的事項

(1)　労働時間を通算管理する使用者

副業・兼業を行う労働者を使用する全ての使用者（第１の１において労働時間が通算されない場合として掲げられている業務等に係

るものを除く。）は、法第38条第1項の規定により、それぞれ、自らの事業場における労働時間と他の使用者の事業場における労働時間とを通算して管理する必要があること。

⑵　通算される労働時間

法第38条第1項の規定による労働時間の通算は、自らの事業場における労働時間と労働者からの申告等により把握した他の使用者の事業場における労働時間とを通算することによって行うこと。

労働者からの申告等がなかった場合には労働時間の通算は要せず、また、労働者からの申告等により把握した他の使用者の事業場における労働時間が事実と異なっていた場合でも労働者からの申告等により把握した労働時間によって通算していれば足りること（第4の1において同じ。）。

⑶　基礎となる労働時間制度

法第38条第1項の規定による労働時間の通算は、自らの事業場における労働時間制度を基に、労働者からの申告等により把握した他の使用者の事業場における労働時間と通算することによって行うこと。

週の労働時間の起算日又は月の労働時間の起算日が、自らの事業場と他の使用者の事業場とで異なる場合についても、自らの事業場の労働時間制度における起算日を基に、そこから起算した各期間における労働時間を通算すること。

⑷　通算して時間外労働となる部分

自らの事業場における労働時間と他の使用者の事業場における労働時間とを通算して、自らの事業場の労働時間制度における法定労働時間を超える部分が、時間外労働となること。

2　副業・兼業の開始前（所定労働時間の通算）

自らの事業場における所定労働時間と他の使用者の事業場における所定労働時間とを通算して、自らの事業場の労働時間制度における法定労働時間を超える部分がある場合は、時間的に後から労働契約を締結した使用者における当該超える部分が時間外労働となり、当該使用者における36協定で定めるところによって行うこととなること。

3　副業・兼業の開始後（所定外労働時間の通算）

2の所定労働時間の通算に加えて、自らの事業場における所定外労働時間と他の使用者の事業場における所定外労働時間とを当該所定外労働が行われる順に通算して、自らの事業場の労働時間制度における法定労働時間を超える部分がある場合は、当該超える部分が時間外労働となること。

各々の使用者は、通算して時間外労働となる時間のうち、自らの事業場において労働させる時間については、自らの事業場における36協定の延長時間の範囲内とする必要があること。

各々の使用者は、通算して時間外

労働となる時間（他の使用者の事業場における労働時間を含む。）によって、時間外労働と休日労働の合計で単月100時間未満、複数月平均80時間以内の要件（法第36条第６項第２号及び第３号）を遵守するよう、１か月単位で労働時間を通算管理する必要があること。

４　その他

労働者が事業主を異にする３以上の事業場で労働する場合についても、上記に示したところにより、副業・兼業の確認、副業・兼業開始前の所定労働時間の通算、副業・兼業開始後の所定外労働時間の通算を行うこと。

第４　時間外労働の割増賃金の取扱い

１　割増賃金の支払義務

各々の使用者は、自らの事業場における労働時間制度を基に、他の使用者の事業場における所定労働時間・所定外労働時間についての労働者からの申告等により、

・　まず労働契約の締結の先後の順に所定労働時間を通算し、
・　次に所定外労働の発生順に所定外労働時間を通算することによって、

それぞれの事業場での所定労働時間・所定外労働時間を通算した労働時間を把握し、その労働時間について、自らの事業場の労働時間制度における法定労働時間を超える部分のうち、自ら労働させた時間について、時間外労働の割増賃金（法第37条第１項）を支払う必要があること。

２　割増賃金率

時間外労働の割増賃金の率は、自らの事業場における就業規則等で定められた率（２割５分以上の率。ただし、所定外労働の発生順によって所定外労働時間を通算して、自らの事業場の労働時間制度における法定労働時間を超える部分が１か月について60時間を超えた場合には、その超えた時間の労働のうち自ら労働させた時間については、５割以上の率。）となること（法第37条第１項）。

第５　簡便な労働時間管理の方法

１　趣旨

副業・兼業の場合の労働時間管理の在り方については上記のとおりであるが、例えば、副業・兼業の日数が多い場合や、自らの事業場及び他の使用者の事業場の双方において所定外労働がある場合等においては、労働時間の申告等や通算管理において、労使双方に手続上の負担が伴うことが考えられる。

このため、副業・兼業の場合の労働時間管理の在り方について、上記によることのほかに、労働時間の申告等や通算管理における労使双方の手続上の負担を軽減し、法に定める最低労働条件が遵守されやすくなる簡便な労働時間管理の方法（以下「管理モデル」という。）として、以下の方法によることが考えられること。

2　管理モデルの枠組み

管理モデルは、副業・兼業の開始前に、当該副業・兼業を行う労働者と時間的に先に労働契約を締結していた使用者（以下「使用者Ａ」という。）の事業場における法定外労働時間と時間的に後から労働契約を締結した使用者（以下「使用者Ｂ」という。）の事業場における労働時間（所定労働時間及び所定外労働時間）とを合計した時間数が単月100時間未満、複数月平均80時間以内となる範囲内において、各々の使用者の事業場における労働時間の上限をそれぞれ設定し、各々の使用者がそれぞれその範囲内で労働させることとするものであること。また、使用者Ａは自らの事業場における法定外労働時間の労働について、使用者Ｂは自らの事業場における労働時間の労働について、それぞれ自らの事業場における36協定の延長時間の範囲内とし、割増賃金を支払うこととするものであること。

これにより、使用者Ａ及び使用者Ｂは、副業・兼業の開始後においては、それぞれあらかじめ設定した労働時間の範囲内で労働させる限り、他の使用者の事業場における実労働時間の把握を要することなく法を遵守することが可能となるものであること。

3　管理モデルの実施

(1)　導入手順

管理モデルについては、一般的には、副業・兼業を行おうとする労働者に対して使用者Ａが管理モデルにより副業・兼業を行うことを求め、労働者及び労働者を通じて使用者Ｂがこれに応じることによって導入されることが想定されること。

(2)　労働時間の上限の設定

使用者Ａの事業場における１か月の法定外労働時間と使用者Ｂの事業場における１か月の労働時間とを合計した時間数が単月100時間未満、複数月平均80時間以内となる範囲内において、各々の使用者の事業場における労働時間の上限をそれぞれ設定すること。

月の労働時間の起算日が、使用者Ａの事業場と使用者Ｂの事業場とで異なる場合には、各々の使用者は、各々の事業場の労働時間制度における起算日を基に、そこから起算した１か月における労働時間の上限をそれぞれ設定することとして差し支えないこと。

(3)　時間外労働の割増賃金の取扱い

使用者Ａは自らの事業場における法定外労働時間の労働について、使用者Ｂは自らの事業場における労働時間の労働について、それぞれ割増賃金を支払うこと。

使用者Ａが、法定外労働時間に加え、所定外労働時間についても割増賃金を支払うこととしている場合には、使用者Ａは、自らの事業場における所定外労働時間の労働について割増賃金を支払うこととなること。

時間外労働の割増賃金の率は、自らの事業場における就業規則等で定められた率（２割５分以上の率。ただし、使用者Ａの事業場における法定外労働時間の上限に使用者Ｂの事業場における労働時間を通算して、自らの事業場の労働時間制度における法定労働時間を超える部分が１か月について60時間を超えた場合には、その超えた時間の労働のうち自らの事業場において労働させた時間については、５割以上の率。）とすること。

4　その他

⑴　管理モデルの導入の際の労働時間の上限の設定において、使用者Ａの事業場における１か月の法定外労働時間と使用者Ｂの事業場における１か月の労働時間とを合計した時間数を80時間を超えるものとした場合には、翌月以降において複数月平均80時間未満となるように労働時間の上限の設定を調整する必要が生じ得る。

　このため、労働時間の申告等や通算管理における労使双方の手続上の負担を軽減し、法に定める最低労働条件が遵守されやすくするという管理モデルの趣旨に鑑み、そのような労働時間を調整する必要が生じないように、各々の使用者と労働者との合意により労働時間の上限を設定することが望ましいこと。

⑵　管理モデルの導入後に、使用者Ａにおいて導入時に設定した労働時間の上限を変更する必要が生じた場合には、あらかじめ労働者を通じて使用者Ｂに通知し、必要に応じて使用者Ｂにおいて設定した労働時間の上限を変更し、これを変更することは可能であること。なお、変更を円滑に行うことができるよう、あらかじめ、変更があり得る旨を留保しておくことが望ましいこと。

⑶　労働者が事業主を異にする３以上の事業場で労働する場合についても、使用者Ａの事業場における法定外労働時間、使用者Ｂの事業場における労働時間、更に時間的に後から労働契約を締結した使用者Ｃ等の事業場における労働時間について、各々の使用者の事業場における労働時間の上限をそれぞれ設定し、各々の使用者がそれぞれその範囲内で労働させ、使用者Ａは自らの事業場における法定外労働時間の労働について、使用者Ｂ及び使用者Ｃ等は自らの事業場における労働時間の労働について、それぞれ割増賃金を支払うことにより、管理モデルの導入が可能であること。

⑷　管理モデルを導入した使用者が、あらかじめ設定した労働時間の範囲を逸脱して労働させたことによって、時間外労働の上限規制を超える等の法に抵触した状態が発生した場合には、当該逸脱して労働させた使用者が、労働時間通算に関する法違反を問われ得ることとなること。

⑵　副業・兼業の促進に関するガイドライン（平成30 年1月策定（令和2年9月改定）（令和4年7月改定）厚生労働省）

本ガイドラインは、副業・兼業を希望する者が年々増加傾向にある中、安心して副業・兼業に取り組むことができるよう、副業・兼業の場合における労働時間管理や健康管理等について示したものである。

1　副業・兼業の現状

⑴　副業・兼業を希望する者は年々増加傾向にある。副業・兼業を行う理由は、収入を増やしたい、1つの仕事だけでは生活できない、自分が活躍できる場を広げる、様々な分野の人とつながりができる、時間のゆとりがある、現在の仕事で必要な能力を活用・向上させる等さまざまであり、また、副業・兼業の形態も、正社員、パート・アルバイト、会社役員、起業による自営業主等さまざまである。

⑵　副業・兼業に関する裁判例では、労働者が労働時間以外の時間をどのように利用するかは、基本的には労働者の自由であり、各企業においてそれを制限することが許されるのは、例えば、
①　労務提供上の支障がある場合
②　業務上の秘密が漏洩する場合
③　競業により自社の利益が害される場合
④　自社の名誉や信用を損なう行為や信頼関係を破壊する行為がある場合
に該当する場合と解されている。

⑶　厚生労働省が平成30年1月に改定したモデル就業規則においても、「労働者は、勤務時間外において、他の会社等の業務に従事することができる。」とされている。

2　副業・兼業の促進の方向性

⑴　副業・兼業は、労働者と企業それぞれにメリットと留意すべき点がある。

【労働者】
メリット：
①　離職せずとも別の仕事に就くことが可能となり、スキルや経験を得ることで、労働者が主体的にキャリアを形成することができる。
②　本業の所得を活かして、自分がやりたいことに挑戦でき、自己実現を追求することができる。
③　所得が増加する。
④　本業を続けつつ、よりリスク

の小さい形で将来の起業・転職に向けた準備・試行ができる。

留意点：

① 就業時間が長くなる可能性があるため、労働者自身による就業時間や健康の管理も一定程度必要である。

② 職務専念義務、秘密保持義務、競業避止義務を意識することが必要である。

③ 1週間の所定労働時間が短い業務を複数行う場合には、雇用保険等の適用がない場合があることに留意が必要である。

【企業】

メリット：

① 労働者が社内では得られない知識・スキルを獲得することができる。

② 労働者の自律性・自主性を促すことができる。

③ 優秀な人材の獲得・流出の防止ができ、競争力が向上する。

④ 労働者が社外から新たな知識・情報や人脈を入れることで、事業機会の拡大につながる。

留意点：

① 必要な就業時間の把握・管理や健康管理への対応、職務専念義務、秘密保持義務、競業避止義務をどう確保するかという懸念への対応が必要である。

(2) 人生100年時代を迎え、若いうちから、自らの希望する働き方を選べる環境を作っていくことが必要である。また、副業・兼業は、社会全体としてみれば、オープンイノベーションや起業の手段としても有効であり、都市部の人材を地方でも活かすという観点から地方創生にも資する面もあると考えられる。

(3) これらを踏まえると、労働者が副業・兼業を行う理由は、収入を増やしたい、1つの仕事だけでは生活できない、自分が活躍できる場を広げる等さまざまであり、業種や職種によって仕事の内容、収入等も様々な実情があるが、自身の能力を一企業にとらわれずに幅広く発揮したい、スキルアップを図りたいなどの希望を持つ労働者がいることから、こうした労働者については、長時間労働、企業への労務提供上の支障や業務上の秘密の漏洩等を招かないよう留意しつつ、雇用されない働き方も含め、その希望に応じて幅広く副業・兼業を行える環境を整備することが重要である。

また、いずれの形態の副業・兼業においても、労働者の心身の健康の確保、ゆとりある生活の実現の観点から法定労働時間が定められている趣旨にも鑑み、長時間労働にならないよう、以下の3～5に留意して行われることが必要である。

なお、労働基準法（以下「労基法」という。）の労働時間規制、労働安全衛生法の安全衛生規制等を潜脱するような形態や、合理的な理由なく労働条件等を労働者の不利益に変更するような形態で行われる副業・兼業は、認められず、違法な偽装請負の場合や、請負であるかのような契約としているが実態は雇用契約だと認められる場合等においては、就労の実態に応じて、労基法、労働安全衛生法等における使用者責任が問われる。

3　企業の対応

(1)　基本的な考え方

裁判例を踏まえれば、原則、副業・兼業を認める方向とすることが適当である。副業・兼業を禁止、一律許可制にしている企業は、副業・兼業が自社での業務に支障をもたらすものかどうかを今一度精査したうえで、そのような事情がなければ、労働時間以外の時間については、労働者の希望に応じて、原則、副業・兼業を認める方向で検討することが求められる。

実際に副業・兼業を進めるに当たっては、労働者と企業の双方が納得感を持って進めることができるよう、企業と労働者との間で十分にコミュニケーションをとることが重要である。なお、副業・兼業に係る相談、自己申告等を行ったことにより不利益な取扱いをすることはできない。加えて、企業の副業・兼業の取組を公表することにより、労働者の職業選択を通じて、多様なキャリア形成を促進することが望ましい。

また、労働契約法第３条第４項において、「労働者及び使用者は、労働契約を遵守するとともに、信義に従い誠実に、権利を行使し、及び義務を履行しなければならない。」とされている（信義誠実の原則）。

信義誠実の原則に基づき、使用者及び労働者は、労働契約上の主たる義務（使用者の賃金支払義務、労働者の労務提供義務）のほかに、多様な付随義務を負っている。

副業・兼業の場合には、以下の点に留意する必要がある。

ア　安全配慮義務

労働契約法第５条において、「使用者は、労働契約に伴い、労働者がその生命、身体等の安全を確保しつつ労働することができるよう、必要な配慮をするものとする。」とされており（安全配慮義務）、副業・兼業の場合には、副業・兼業を行う労働者を使用する全ての使用者が安全配慮義務を負っている。

副業・兼業に関して問題となり得る場合としては、使用者が、労働者の全体としての業務量・時間が過重であることを把握しながら、何らの配慮をしないまま、労働者の健康に支障が生ずるに至った場合等が考えられる。

このため、

・就業規則、労働契約等（以下この(1)において「就業規則等」という。）において、長時間労働等によって労務提供上の支障がある場合には、副業・兼業を禁止又は制限することができることとしておくこと
・副業・兼業の届出等の際に、副業・兼業の内容について労働者の安全や健康に支障をもたらさ

ないか確認するとともに、副業・兼業の状況の報告等について労働者と話し合っておくこと

・副業・兼業の開始後に、副業・兼業の状況について労働者からの報告等により把握し、労働者の健康状態に問題が認められた場合には適切な措置を講ずること

等が考えられる。

イ　秘密保持義務

労働者は、使用者の業務上の秘密を守る義務を負っている（秘密保持義務）。

副業・兼業に関して問題となり得る場合としては、自ら使用する労働者が業務上の秘密を他の使用者の下で漏洩する場合や、他の使用者の労働者（自らの労働者が副業・兼業として他の使用者の労働者である場合を含む。）が他の使用者の業務上の秘密を自らの下で漏洩する場合が考えられる。

このため、

・就業規則等において、業務上の秘密が漏洩する場合には、副業・兼業を禁止又は制限することができることとしておくこと

・副業・兼業を行う労働者に対して、業務上の秘密となる情報の範囲や、業務上の秘密を漏洩しないことについて注意喚起すること

等が考えられる。

ウ　競業避止義務

労働者は、一般に、在職中、使用者と競合する業務を行わない義務を負っていると解されている（競業避止義務）。

副業・兼業に関して問題となり得る場合としては、自ら使用する労働者が他の使用者の下でも労働することによって、自らに対して当該労働者が負う競業避止義務違反が生ずる場合や、他の使用者の労働者を自らの下でも労働させることによって、他の使用者に対して当該労働者が負う競業避止義務違反が生ずる場合が考えられる。

したがって、使用者は、競業避止の観点から、労働者の副業・兼業を禁止又は制限することができるが、競業避止義務は、使用者の正当な利益を不当に侵害してはならないことを内容とする義務であり、使用者は、労働者の自らの事業場における業務の内容や副業・兼業の内容等に鑑み、その正当な利益が侵害されない場合には、同一の業種・職種であっても、副業・兼業を認めるべき場合も考えられる。

このため、

・就業規則等において、競業により、自社の正当な利益を害する場合には、副業・兼業を禁止又は制限することができることとしておくこと

・副業・兼業を行う労働者に対して、禁止される競業行為の範囲や、自社の正当な利益を害しないことについて注意喚起すること

・他社の労働者を自社でも使用する場合には、当該労働者が当該

他社に対して負う競業避止義務に違反しないよう確認や注意喚起を行うこと

等が考えられる。

エ　誠実義務

誠実義務に基づき、労働者は秘密保持義務、競業避止義務を負うほか、使用者の名誉・信用を毀損しないなど誠実に行動することが要請される。

このため、

・就業規則等において、自社の名誉や信用を損なう行為や、信頼関係を破壊する行為がある場合には、副業・兼業を禁止又は制限することができることとしておくこと

・副業・兼業の届出等の際に、それらのおそれがないか確認すること

等が考えられる。

オ　副業・兼業の禁止又は制限

（ア）　副業・兼業に関する裁判例においては、

・労働者が労働時間以外の時間をどのように利用するかは、基本的には労働者の自由であること

・例外的に、労働者の副業・兼業を禁止又は制限することができるとされた場合としては

①　労務提供上の支障がある場合

②　業務上の秘密が漏洩する場合

③　競業により自社の利益が害される場合

④　自社の名誉や信用を損なう行為や信頼関係を破壊する行為がある場合

が認められている。

このため、就業規則において、

・原則として、労働者は副業・兼業を行うことができること

・例外的に、上記①～④のいずれかに該当する場合には、副業・兼業を禁止又は制限することができることとしておくこと

等が考えられる。

（イ）　なお、副業・兼業に関する裁判例においては、就業規則において労働者が副業・兼業を行う際に許可等の手続を求め、これへの違反を懲戒事由としている場合において、形式的に就業規則の規定に抵触したとしても、職場秩序に影響せず、使用者に対する労務提供に支障を生ぜしめない程度・態様のものは、禁止違反に当たらないとし、懲戒処分を認めていない。

このため、労働者の副業・兼業が形式的に就業規則の規定に抵触する場合であっても、懲戒処分を行うか否かについては、職場秩序に影響が及んだか否か等の実質的な要素を考慮した上で、あくまでも慎重に判断することが考えられる。

⑵　労働時間管理

労基法第38条第１項では「労働時間は、事業場を異にする場合においても、労働時間に関する規定の適用については通算する。」と規定さ

れており、「事業場を異にする場合」とは事業主を異にする場合をも含む（労働基準局長通達（昭和23年5月14日付け基発第769号））とされている。

労働者が事業主を異にする複数の事業場で労働する場合における労基法第38条第1項の規定の解釈・運用については、次のとおりである。

ア　労働時間の通算が必要となる場合

（ア）　労働時間が通算される場合

労働者が、事業主を異にする複数の事業場において、「労基法に定められた労働時間規制が適用される労働者」に該当する場合に、労基法第38条第1項の規定により、それらの複数の事業場における労働時間が通算される。

次のいずれかに該当する場合は、その時間は通算されない。

・労基法が適用されない場合（例　フリーランス、独立、起業、共同経営、アドバイザー、コンサルタント、顧問、理事、監事等）
・労基法は適用されるが労働時間規制が適用されない場合（農業・畜産業・養蚕業・水産業、管理監督者・機密事務取扱者、監視・断続的労働者、高度プロフェッショナル制度）

なお、これらの場合においても、過労等により業務に支障を来さないようにする観点から、その者からの申告等により就業時間を把握すること等を通じて、就業時間が長時間にならないよう配慮することが望ましい。

（イ）　通算して適用される規定

法定労働時間（労基法第32条）について、その適用において自らの事業場における労働時間及び他の使用者の事業場における労働時間が通算される。

時間外労働（労基法第36条）のうち、時間外労働と休日労働の合計で単月100時間未満、複数月平均80時間以内の要件（同条第6項第2号及び第3号）については、労働者個人の実労働時間に着目し、当該個人を使用する使用者を規制するものであり、その適用において自らの事業場における労働時間及び他の使用者の事業場における労働時間が通算される。

時間外労働の上限規制（労基法第36条第3項から第5項まで及び第6項（第2号及び第3号に係る部分に限る。））が適用除外（同条第11項）又は適用猶予（労基法第139条第2項、第140条第2項、第141条第4項若しくは第142条）される業務・事業についても、法定労働時間（労基法第32条）についてはその適用において自らの事業場における労働時間及び他の使用者の事業場における労働時間が通算される。

なお、労働時間を通算して法定労働時間を超える場合には、長時間の時間外労働とならないようにすることが望ましい。

（ウ）　通算されない規定

時間外労働（労基法第36条）のうち、労基法第36条第1項の協定（以下「36協定」という。）により延長できる時間の限度時間（同条第４項）、36協定に特別条項を設ける場合の１年についての延長時間の上限（同条第５項）については、個々の事業場における36協定の内容を規制するものであり、それぞれの事業場における延長時間を定めることとなる。

また、36協定において定める延長時間が事業場ごとの時間で定められていることから、それぞれの事業場における時間外労働が36協定に定めた延長時間の範囲内であるか否かについては、自らの事業場における労働時間と他の使用者の事業場における労働時間とは通算されない。

休憩（労基法第34条）、休日（労基法第35条）、年次有給休暇（労基法第39条）については、労働時間に関する規定ではなく、その適用において自らの事業場における労働時間及び他の使用者の事業場における労働時間は通算されない。

イ　副業・兼業の確認

（ア）　副業・兼業の確認方法

使用者は、労働者からの申告等により、副業・兼業の有無・内容を確認する。

その方法としては、就業規則、労働契約等に副業・兼業に関する届出制を定め、既に雇い入れている労働者が新たに副業・兼業を開始する場合の届出や、新たに労働者を雇い入れる際の労働者からの副業・兼業についての届出に基づくこと等が考えられる。

使用者は、副業・兼業に伴う労務管理を適切に行うため、届出制など副業・兼業の有無・内容を確認するための仕組みを設けておくことが望ましい。

（イ）　労働者から確認する事項

副業・兼業の内容として確認する事項としては、次のものが考えられる。

・他の使用者の事業場の事業内容
・他の使用者の事業場で労働者が従事する業務内容
・労働時間通算の対象となるか否かの確認

労働時間通算の対象となる場合には、併せて次の事項について確認し、各々の使用者と労働者との間で合意しておくことが望ましい。

・他の使用者との労働契約の締結日、期間
・他の使用者の事業場での所定労働日、所定労働時間、始業・終業時刻
・他の使用者の事業場での所定外労働の有無、見込み時間数、最大時間数
・他の使用者の事業場における実労働時間等の報告の手続
・これらの事項について確認を行う頻度

ウ　労働時間の通算

（ア）　基本的事項

a　労働時間を通算管理する使用者

副業・兼業を行う労働者を使用する全ての使用者（ア（ア）において労働時間が通算されない場合として掲げられている業務等に係るものを除く。）は、労基法第38条第１項の規定により、それぞれ、自らの事業場における労働時間と他の使用者の事業場における労働時間とを通算して管理する必要がある。

b　通算される労働時間

労基法第38条第１項の規定による労働時間の通算は、自らの事業場における労働時間と労働者からの申告等により把握した他の使用者の事業場における労働時間とを通算することによって行う。

c　基礎となる労働時間制度

労基法第38条第１項の規定による労働時間の通算は、自らの事業場における労働時間制度を基に、労働者からの申告等により把握した他の使用者の事業場における労働時間と通算することによって行う。

週の労働時間の起算日又は月の労働時間の起算日が、自らの事業場と他の使用者の事業場とで異なる場合についても、自らの事業場の労働時間制度における起算日を基に、そこから起算した各期間における労働時間を通算する。

d　通算して時間外労働となる部分

自らの事業場における労働時間と他の使用者の事業場における労働時間とを通算して、自らの事業場の労働時間制度における法定労働時間を超える部分が、時間外労働となる。

（イ）　副業・兼業の開始前（所定労働時間の通算）

a　所定労働時間の通算

副業・兼業の開始前に、自らの事業場における所定労働時間と他の使用者の事業場における所定労働時間とを通算して、自らの事業場の労働時間制度における法定労働時間を超える部分の有無を確認する。

b　通算して時間外労働となる部分

自らの事業場における所定労働時間と他の使用者の事業場における所定労働時間とを通算して、自らの事業場の労働時間制度における法定労働時間を超える部分がある場合は、時間的に後から労働契約を締結した使用者における当該超える部分が時間外労働となり、当該使用者における36協定で定めるところによって行うこととなる。

c　所定労働時間の把握

他の使用者の事業場における所定労働時間は、イ（イ）のとおり、副業・兼業の確認の際に把握しておくことが考えられる。

（ウ）　副業・兼業の開始後（所定外労働時間の通算）

a　所定外労働時間の通算

（イ）の所定労働時間の通算に加えて、副業・兼業の開始後に、自らの事業場における所定外労働時間と他の使用者の事業場における所定外労働時間とを当該所定外労働が行われる順に通算して、自らの事業場の労働時間制度における法定労働時間を超える部分の有無を確認する。

※　自らの事業場で所定外労働がない場合は、所定外労働時間の通算は不要である。

※　自らの事業場で所定外労働があるが、他の使用者の事業場で所定外労働がない場合は、自らの事業場の所定外労働時間を通算すれば足りる。

b　通算して時間外労働となる部分

所定労働時間の通算に加えて、自らの事業場における所定外労働時間と他の使用者の事業場における所定外労働時間とを当該所定外労働が行われる順に通算して、自らの事業場の労働時間制度における法定労働時間を超える部分がある場合は、当該超える部分が時間外労働となる。

各々の使用者は、通算して時間外労働となる時間のうち、自らの事業場において労働させる時間については、自らの事業場における36協定の延長時間の範囲内とする必要がある。

各々の使用者は、通算して時間外労働となる時間（他の使用者の事業場における労働時間を含む。）によって、時間外労働と休日労働の合計で単月100時間未満、複数月平均80時間以内の要件（労基法第36条第6項第2号及び第3号）を遵守するよう、1か月単位で労働時間を通算管理する必要がある。

c　所定外労働時間の把握

他の使用者の事業場における実労働時間は、ウ（ア）bのとおり、労働者からの申告等により把握する。

他の使用者の事業場における実労働時間は、労基法を遵守するために把握する必要があるが、把握の方法としては、必ずしも日々把握する必要はなく、労基法を遵守するために必要な頻度で把握すれば足りる。

例えば、時間外労働の上限規制の遵守等に支障がない限り、

・一定の日数分をまとめて申告等させる
（例：一週間分を週末に申告する等）
・所定労働時間どおり労働した場合には申告等は求めず、実労働時間が所定労働時間どおりではなかった場合のみ申告等させる
（例：所定外労働があった場合等）
・時間外労働の上限規制の水準に近づいてきた場合に申告等させる

などとすることが考えられる。

（エ）　その他

労働者が事業主を異にする３以上の事業場で労働する場合についても、上記に記載したところにより、副業・兼業の確認、副業・兼業開始前の所定労働時間の通算、副業・兼業開始後の所定外労働時間の通算を行う。

エ　時間外労働の割増賃金の取扱い

（ア）　割増賃金の支払義務

各々の使用者は、自らの事業場における労働時間制度を基に、他の使用者の事業場における所定労働時間・所定外労働時間についての労働者からの申告等により、

・まず労働契約の締結の先後の順に所定労働時間を通算し、
・次に所定外労働の発生順に所定外労働時間を通算することによって、

それぞれの事業場での所定労働時間・所定外労働時間を通算した労働時間を把握し、その労働時間について、自らの事業場の労働時間制度における法定労働時間を超える部分のうち、自ら労働させた時間について、時間外労働の割増賃金（労基法第37条第１項）を支払う必要がある。

（イ）　割増賃金率

時間外労働の割増賃金の率は、自らの事業場における就業規則等で定められた率（２割５分以上の率。ただし、所定外労働の発生順によって所定外労働時間を通算して、自らの事業場の労働時間制度における法定労働時間を超える部分が１か月について60時間を超えた場合には、その超えた時間の労働のうち自ら労働させた時間については、５割以上の率。）となる（労基法第37条第１項）。

オ　簡便な労働時間管理の方法

（ア）　趣旨

副業・兼業の場合の労働時間管理の在り方については上記のとおりであるが、例えば、副業・兼業の日数が多い場合や、自らの事業場及び他の使用者の事業場の双方において所定外労働がある場合等においては、労働時間の申告等や通算管理において、労使双方に手続上の負担が伴うことが考えられる。

このため、副業・兼業の場合の労働時間管理の在り方について、上記によることのほかに、労働時間の申告等や通算管理における労使双方の手続上の負担を軽減し、労基法に定める最低労働条件が遵守されやすくなる簡便な労働時間管理の方法（以下「管理モデル」という。）として、以下の方法によることが考えられる。

（イ）　管理モデルの枠組み

管理モデルは、副業・兼業の開始前に、当該副業・兼業を行う労働者と時間的に先に労働契約を締結していた使用者（以下「使用者Ａ」という。）の事業場における法定外労働時間と時間的に後から労働契約を締結した使用者（以下

「使用者Ｂ」という。）の事業場における労働時間（所定労働時間及び所定外労働時間）とを合計した時間数が単月100時間未満、複数月平均80時間以内となる範囲内において、各々の使用者の事業場における労働時間の上限をそれぞれ設定し、各々の使用者がそれぞれその範囲内で労働させることとするものであること。また、使用者Ａは自らの事業場における法定外労働時間の労働について、使用者Ｂは自らの事業場における労働時間の労働について、それぞれ自らの事業場における36協定の延長時間の範囲内とし、割増賃金を支払うこととするものであること。

これにより、使用者Ａ及び使用者Ｂは、副業・兼業の開始後においては、それぞれあらかじめ設定した労働時間の範囲内で労働させる限り、他の使用者の事業場における実労働時間の把握を要することなく労基法を遵守することが可能となるものであること。

（ウ） 管理モデルの実施

ａ 導入手順

副業・兼業に関する企業の事例において、労務管理上の便宜や労働者の健康確保等のため、副業・兼業の開始前に、あらかじめ使用者が他の使用者の事業場における労働時間や通算した労働時間について上限を設定し、労働者にその範囲内で副業・兼業を行うことを求めている事例がみられる。

管理モデルについても、一般的には、副業・兼業を行おうとする労働者に対して使用者Ａが管理モデルにより副業・兼業を行うことを求め、労働者及び労働者を通じて使用者Ｂがこれに応じることによって導入されることが想定される。

ｂ 労働時間の上限の設定

使用者Ａの事業場における１か月の法定外労働時間と使用者Ｂの事業場における１か月の労働時間とを合計した時間数が単月100時間未満、複数月平均80時間以内となる範囲内において、各々の使用者の事業場における労働時間の上限をそれぞれ設定する。

月の労働時間の起算日が、使用者Ａの事業場と使用者Ｂの事業場とで異なる場合には、各々の使用者は、各々の事業場の労働時間制度における起算日を基に、そこから起算した１か月における労働時間の上限をそれぞれ設定することとして差し支えない。

ｃ 時間外労働の割増賃金の取扱い

使用者Ａは自らの事業場における法定外労働時間の労働について、使用者Ｂは自らの事業場における労働時間の労働について、それぞれ割増賃金を支払う。

使用者Ａが、法定外労働時間に加え、所定外労働時間についても割増賃金を支払うこととしている場合には、使用者Ａは、自らの事業場における所定外労働時間の労働について割増賃金を支払うこととなる。

時間外労働の割増賃金の率は、自らの事業場における就業規則等で定められた率（２割５分以上の率。ただし、使用者Ａの事業場における法定外労働時間の上限に使用者Ｂの事業場における労働時間を通算して、自らの事業場の労働時間制度における法定労働時間を超える部分が１か月について60時間を超えた場合には、その超えた時間の労働のうち自らの事業場において労働させた時間については、５割以上の率。）とする。

(エ)　その他

a　管理モデルの導入の際の労働時間の上限の設定において、使用者Ａの事業場における１か月の法定外労働時間と使用者Ｂの事業場における１か月の労働時間とを合計した時間数を80時間を超えるものとした場合には、翌月以降において複数月平均80時間未満となるように労働時間の上限の設定を調整する必要が生じ得る。

このため、労働時間の申告等や通算管理における労使双方の手続上の負担を軽減し、労基法に定める最低労働条件が遵守されやすくするという管理モデルの趣旨に鑑み、そのような労働時間を調整する必要が生じないように、各々の使用者と労働者との合意により労働時間の上限を設定することが望ましい。

b　管理モデルの導入後に、使用者Ａにおいて導入時に設定した労働時間の上限を変更する必要が生じた場合には、あらかじめ労働者を通じて使用者Ｂに通知し、必要に応じて使用者Ｂにおいて設定した労働時間の上限を変更し、これを変更することは可能である。なお、変更を円滑に行うことができるよう、あらかじめ、変更があり得る旨を留保しておくことが望ましい。

c　労働者が事業主を異にする３以上の事業場で労働する場合についても、使用者Ａの事業場における法定外労働時間、使用者Ｂの事業場における労働時間、更に時間的に後から労働契約を締結した使用者Ｃ等の事業場における労働時間について、各々の使用者の事業場における労働時間の上限をそれぞれ設定し、各々の使用者がそれぞれその範囲内で労働させ、使用者Ａは自らの事業場における法定外労働時間の労働について、使用者Ｂ及び使用者Ｃ等は自らの事業場における労働時間の労働について、それぞれ割増賃金を支払うことにより、管理モデルの導入が可能である。

d　管理モデルを導入した使用者が、あらかじめ設定した労働時間の範囲を逸脱して労働させたことによって、時間外労働の上限規制を超える等の労基法に抵触した状態が発生した場合には、当該逸脱して労働させた使用者が、労働時間通算に関する法違反を問われ得ることとなる。

(3) 健康管理

使用者は、労働者が副業・兼業をしているかにかかわらず、労働安全衛生法第66条等に基づき、健康診断、長時間労働者に対する面接指導、ストレスチェックやこれらの結果に基づく事後措置等（以下「健康確保措置」という。）を実施しなければならない。

また、健康確保の観点からも他の事業場における労働時間と通算して適用される労基法の時間外労働の上限規制を遵守すること、また、それを超えない範囲内で自らの事業場及び他の使用者の事業場のそれぞれにおける労働時間の上限を設定する形で副業・兼業を認めている場合においては、自らの事業場における上限を超えて労働させないこと。

（注）労働安全衛生法第66条に基づく一般健康診断及び第66条の10に基づくストレスチェックは、常時使用する労働者（常時使用する短時間労働者を含む。）が実施対象となる。

この際、常時使用する短時間労働者とは、短時間労働者のうち、以下のいずれの要件をも満たす者である（平成26年7月24日付け基発0724第2号等抜粋）。

・期間の定めのない労働契約により使用される者（期間の定めのある労働契約により使用される者であって、契約期間が1年以上である者並びに契約更新により1年以上使用されることが予定されている者及び1年以上引き続き使用されている者を含む。）

・1週間の労働時間数が当該事業場において同種の業務に従事する通常の労働者の1週間の所定労働時間の3／4以上である者

ア　健康確保措置の対象者

健康確保措置の実施対象者の選定に当たって、副業・兼業先における労働時間の通算をすることとはされていない。

ただし、使用者の指示により当該副業・兼業を開始した場合は、当該使用者は、原則として、副業・兼業先の使用者との情報交換により、それが難しい場合は、労働者からの申告により把握し、自らの事業場における労働時間と通算した労働時間に基づき、健康確保措置を実施することが適当である。

イ　健康確保措置等の円滑な実施についての留意点

使用者が労働者の副業・兼業を認めている場合は、健康保持のため自己管理を行うよう指示し、心身の不調があれば都度相談を受けることを伝えること、副業・兼業の状況も踏まえ必要に応じ法律を超える健康確保措置を実施することなど、労使の話し合い等を通じ、副業・兼業を行う者の健康確保に資する措置を実施することが適当である。また､副業･兼業を行う者の長時間労働や不規則な労働による健康障害を防止する観点から、働き過ぎにならないよう、例えば、自社での労務と副業・兼業先での労務との兼ね合いの中で、時間外・休日労働の免除や抑制等を行うなど、それぞれの事業場において適切な措置を講じることができるよう、労使で話し合うことが適当である。

さらに、使用者の指示により当該副業・兼業を開始した場合は、実効ある健康確保措置を実施する観点から、他の使用者との間で、労働の状況等の情報交換を行い、それに応じた健康確保措置の内容に関する協議を行うことが適当である。

⑷ 副業・兼業に関する情報の公表について

企業は、労働者の多様なキャリア形成を促進する観点から、職業選択に資するよう、副業・兼業を許容しているか否か、また条件付許容の場合はその条件について、自社のホームページ等において公表することが望ましい。

4 労働者の対応

⑴ 労働者は、副業・兼業を希望する場合にも、まず、自身が勤めている企業の副業･兼業に関するルール(労働契約、就業規則等）を確認し、そのルールに照らして、業務内容や就業時間等が適切な副業・兼業を選択する必要がある。例えば労働者が副業・兼業先の求職活動をする場合には、就業時間、特に時間外労働の有無等の副業・兼業先の情報を集めて適切な就職先を選択することが重要である。なお、適切な副業・兼業先を選択する観点からは、自らのキャリアを念頭に、企業が3⑷により自社のホームページ等において公表した副業・兼業に関する情報を参考にすることや、ハローワークにおいて求人内容の適法性等の確認作業を経て受理され、公開されている求人について求職活動を行うこと等も有効である。また、実際に副業・兼業を行うに当たっては、労働者と企業の双方が納得感を持って進めることができるよう、企業と労働者との間で十分にコミュニケーションをとることが重要である。

⑵ ⑴により副業・兼業を行うに当たっては、副業・兼業による過労によって健康を害したり、業務に支障を来したりすることがないよう、労働者（管理監督者である労働者も含む。）が、自ら各事業場の業務の量やその進捗状況、それに費やす時間や健康状態を管理する必要がある。

また、他の事業場の業務量、自らの健康の状況等について報告することは、企業による健康確保措置を実効あるものとする観点から有効である。

⑶ そこで、使用者が提供する健康相談等の機会の活用や、勤務時間や健康診断の結果等の管理が容易になるようなツールを用いることが望ましい。始業・終業時刻、休憩時間、勤

務時間、健康診断等の記録をつけていくような民間等のツールを活用して、自己の就業時間や健康の管理に努めることが考えられる。ツールは、副業・兼業先の就業時間を自己申告により使用者に伝えるときにも活用できるようなものが望ましい。

(4) なお、副業・兼業を行い、20万円を超える副収入がある場合は、企業による年末調整ではなく、個人による確定申告が必要である。

5 副業・兼業に関わるその他の制度について

(1) 労災保険の給付（休業補償、障害補償、遺族補償等）

事業主は、労働者が副業・兼業をしているかにかかわらず、労働者を１人でも雇用していれば、労災保険の加入手続を行う必要がある。

労災保険制度は労基法における個別の事業主の災害補償責任を担保するものであるため、従来その給付額については、災害が発生した就業先の賃金分のみに基づき算定していたが、複数就業している者が増えている実状を踏まえ、複数就業者が安心して働くことができるような環境を整備するため、「雇用保険法等の一部を改正する法律」（令和２年法律第14号）により、非災害発生事業場の賃金額も合算して労災保険給付を算定することとしたほか、複数就業者の就業先の業務上の負荷を総合的に評価して労災認定を行うこととした。

なお、労働者が、自社、副業・兼業先の両方で雇用されている場合、一の就業先から他の就業先への移動時に起こった災害については、通勤災害として労災保険給付の対象となる。

（注）事業場間の移動は、当該移動の終点たる事業場において労務の提供を行うために行われる通勤であると考えられ、当該移動の間に起こった災害に関する保険関係の処理については、終点たる事業場の保険関係で行うものとしている。（労働基準局長通達（平成18年３月31日付け基発第0331042号））

(2) 雇用保険、厚生年金保険、健康保険

雇用保険制度において、労働者が雇用される事業は、その業種、規模等を問わず、全て適用事業（農林水産の個人事業のうち常時５人以上の労働者を雇用する事業以外の事業については、暫定任意適用事業）である。このため、適用事業所の事業主は、雇用する労働者について雇用保険の加入手続きを行わなければならない。ただし、同一の事業主の下で、①１週間の所定労働時間が20時間未満である者、②継続して31日以上雇用されることが見込まれない者については被保険者とならない（適用除外）。また、同時に複数の事業主に雇用されている者が、それぞれの雇用関係において被保険者要件を満たす場合、その者が生計を維持するに必要な主たる賃金を受ける雇用関係についてのみ被保険者となる

が、「雇用保険法等の一部を改正する法律」（令和２年法律第14号）により、令和４年１月より65歳以上の労働者本人の申出を起点として、一の雇用関係では被保険者要件を満たさない場合であっても、二の事業所の労働時間を合算して雇用保険を適用する制度が試行的に開始される。

社会保険（厚生年金保険及び健康保険）の適用要件は、事業所毎に判断するため、複数の雇用関係に基づき複数の事業所で勤務する者が、いずれの事業所においても適用要件を満たさない場合、労働時間等を合算して適用要件を満たしたとしても、適用されない。また、同時に複数の事業所で就労している者が、それぞれの事業所で被保険者要件を満たす場合、被保険者は、いずれかの事業所の管轄の年金事務所及び医療保険者を選択し、当該選択された年金事務所及び医療保険者において各事業所の報酬月額を合算して、標準報酬月額を算定し、保険料を決定する。その上で、各事業主は、被保険者に支払う報酬の額により按分した保険料を、選択した年金事務所に納付（健康保険の場合は、選択した医療保険者等に納付）することとなる。

3　専門業務型裁量労働制

(1)　労働基準法施行規則第24条の2の2第2項第6号の規定に基づき厚生労働大臣の指定する業務を定める告示の一部を改正する告示の適用について(平成15年10月22日基発第1022004号・平成18年2月15日基発第0215002号厚生労働省労働基準局長)

労働基準法施行規則第24条の2の2第2項第6号の規定に基づき厚生労働大臣の指定する業務を定める告示の一部を改正する告示（平成15年厚生労働省告示第354号。以下「改正告示」という。）が本日公示され、平成16年1月1日より適用されることとされたところであるが、その改正の趣旨、内容等については、下記のとおりであるので、了知の上、その円滑な施行に遺漏なきを期されたい。なお、周知に当たっては、別途リーフレットを作成し送付することとしているので、有効な活用を図られたい。

記

1　改正の趣旨

専門業務型裁量労働制の対象業務としては、これまで労働基準法施行規則（昭和22年厚生省令第23号。以下「則」という。）第24条の2の2第2項において規定する5業務に、平成9年労働省告示第7号（労働基準法施行規則第24条の2の2第2項第6号の規定に基づき厚生労働大臣の指定する業務を定める件）により追加した6業務及び平成14年厚生労働省告示第22号（労働基準法施行規則第24条の2の2第2項第6号の規定に基づき厚生労働大臣の指定する業務の一部を改正する件)により追加した8業務を規定しているところであるが、今般、前回の告示制定以後に生じた状況の変化等を踏まえ、新たに大学における教授研究の業務（主として研究に従事するものに限る。）を追加するものであること。

2　改正の内容

「学校教育法（昭和22年法律第26号)に規定する大学における教授研究の業務（主として研究に従事するものに限る。)」を専門業務型裁量労働制の対象業務に追加することとすること。

教授研究の業務は、学校教育法に規定する大学の教授、助教授又は講師(以下「教授等」という。）の業務をいうものであること。

「教授研究」とは、教授等が、学生を教授し、その研究を指導し、研究に従事することをいうものであること。

「主として研究に従事する」とは、

6

通達・ガイドライン等

業務の中心はあくまで研究の業務であることをいうものであり､具体的には､研究の業務のほかに講義等の授業の業務に従事する場合に、その時間が、多くとも、１週の所定労働時間又は法定労働時間のうち短いものについて、そのおおむね５割に満たない程度であることをいうものであること。

なお、大学病院等において行われる診療の業務については、専ら診療行為を行う教授等が従事するものは教授研究の業務に含まれないものであるが、医学研究を行う教授等がその一環として従事する診療の業務であって、チーム制（複数の医師が共同で診療の業務を担当するため、当該診療の業務について代替要員の確保が容易である体制をいう。）により行われるものについては、教授研究の業務として取り扱って差し支えないこと。

3　その他

⑴　学校教育法に規定する大学の助手については、専ら人文科学又は自然科学に関する研究の業務に従事する場合には、則第24条の２の２第２項第１号に基づき、専門業務型裁量労働制の対象となるものであること。

⑵　改正告示及び本通達については、平成16年１月１日からの円滑な施行に向けて、改正労働基準法の周知と合わせ、その内容をリーフレット等を活用して、各種集団指導等により十分周知すること。

⑵　学校教育法改正に伴う「労働基準法施行規則第24条の2の2第2項第6号の規定に基づき厚生労働大臣の指定する業務を定める告示の一部を改正する告示の適用について」の取り扱いについて(平成19年4月2日基監発第0402001号厚生労働省労働基準局監督課長)

学校教育法(昭和22年法律第26号)の一部改正法が、平成19年4月1日より施行され、大学に置かなければならない職として、同法第58条において助教授に代えて「准教授」を設け、また、「助教」を新設することとされ、各職務内容について規定されたところであるが、新設された「助教」等の労働実態が明らかになるまでの間、平成15年10月22日付け基発第1022004号「労働基準法施行規則第24条の2の2第2項第6号の規定に基づき厚生労働大臣の指定する業務を定める告示の一部を改正する告示の適用について」(以下「局長通達」)の運用に当たっては、以下によることとするので、遺漏なきを期されたい。

記

1　准教授について

准教授は、局長通達記の2の「助教授」に該当するものと考えられるので、労働基準法施行規則第24条の2の2第2項第6号の規定に基づき厚生労働大臣の指定する業務を定める告示の一部を改正する告示第7号「学校教育法(昭和22年法律第26号)に規定する大学における教授研究の業務(主として研究に従事するものに限る。)」として専門業務型裁量労働制の対象業務として取り扱うこと。

2　助教について

助教は、専ら人文科学又は自然科学に関する研究の業務に従事すると判断できる場合は、労働基準法施行規則第24条の2の2第2項第1号の業務のうち「人文科学又は自然科学に関する研究の業務」として専門業務型裁量労働制の対象業務と取り扱うこと。

なお、この場合において「助教」は、教授の業務を行うことができることになっていることから、その時間が、一週の所定労働時間又は法定労働時間のうち短いものの一割程度以下であり、他の時間においては人文科学又は自然科学に関する研究の業務に従事する場合には、専ら人文科学又は自然科学に関する研究の業務に従事するものとして取り扱って差し支えないものとすること。

4　医師の働き方改革に関するＦＡＱ

○　医師の働き方改革に関するＦＡＱ（2023年6月7日ver.）

※　医師の働き方改革に関してこれまで寄せられた質問内容を踏まえ、医療機関向けのＦＡＱを作成しました。なお、本ＦＡＱは必要に応じて随時更新予定であり、現時点の内容である点について御留意ください。

【全般：Ａ】

Q_Ａ－１．なぜ医師の時間外・休日労働時間の上限規制が必要となるのでしょうか。

Ａ．医師は他職種と比較して抜きんでた長時間労働の実態にあり、日本の医療が医師の自己犠牲的な長時間労働により支えられている危機的な状況にあります。長時間労働の是正による医師の健康確保、仕事と生活の調和を踏まえた多様で柔軟な働き方の実現を図ることが、医療の質と安全性の確保、これからの医療を支える人材の確保、地域の医療提供体制を守ることにつながることから、時間外・休日労働時間の上限規制等の働き方改革が必要となっています。

　詳細は、「医師の働き方改革に関する検討会報告書」「医師の働き方改革の推進に関する検討会 中間とりまとめ」をご参照ください。

＜医師の働き方改革に関する検討会報告書＞

https://www.mhlw.go.jp/content/10800000/000496522.pdf

＜医師の働き方改革の推進に関する検討会 中間とりまとめ＞

https://www.mhlw.go.jp/content/10800000/000708161.pdf

Q_Ａ－２．なぜ医師には一般の業種の労働者と比べて長い時間外・休日労働の上限が適用されるのでしょうか。

Ａ．医師の労働時間の上限規制にあたっては、医療の公共性・不確実性を考慮した上で医療提供体制の確保に必要な規制とする必要があり、さらに、医療の質の維持・向上を目的とした知識習得や技能向上のための研鑽を行う必要があることから、一般の業種の労働者の時間外労働時間の上限である年720時間等とは異なる時間外労働の上限が設定されています（※１）。具体的には、医師の時間外労働については、休日労働の時間と合わせて年960時間という上限時間を設定した上で、地域医療提供体制の確保や一定の期間集中的に技能向上を図るという目的から、特例として1860時間という上限時間が設定されています（※２）。

※１　なお、一般の業種の労働者の年の上限規制は「時間外労働時間」が対象であるのに対し、医師の年の上限規制は「時間外・休日労働時間」が対象となっています。

※２　医師の時間外・休日労働については、年の上限のほか、月100時間未満（面接指導による例外有り）という上限もあります。

Q＿Ａ－３．医師資格を有している者の全員が、今回の働き方改革制度の対象となるのでしょうか。また、医師以外の医療従事者は今回の働き方改革制度の対象となるのでしょうか。

Ａ．2024年４月から始まる制度（上限規制・追加的健康確保措置）の対象となる医師は、病院、診療所に勤務する医師（医療を受ける者に対する診療を直接の目的とする業務を行わない者を除く。）又は介護老人保健施設、介護医療院に勤務する医師です。このため、病院等以外で勤務する医師や病院等で患者への診療を直接の目的とする業務を行わない医師（産業医、検診センターの医師、裁量労働制（大学における教授研究等）が適用される医師等）はこの対象に当たらず、時間外労働の上限時間は、一般の業種の労働者と同様の基準が適用されます。

また、医師以外の医療従事者については、2019年４月（中小企業は2020年４月）より、一般の業種の労働者として、時間外労働の上限規制が適用されておりますので、医療機関においては、医師の働き方改革と併せて、医師を含めた全職種の働き方改革を進めていくことが必要です。

Q＿Ａ－４．医療機関で働き方改革を進めるに当たり、制度内容の理解や病院内の運用整備に困ったときの相談窓口があれば教えてください。

Ａ．医療機関の勤務環境改善の取組を支援するため、各都道府県に「医療勤務環境改善支援センター」が設置されています。同センターでは、無料で社会保険労務士、医業経営コンサルタント等からの助言、支援を受けることができます。医療機関での働き方改革を進めるに当たって、何かお困りごとや相談がありましたら、各都道府県の医療勤務環境改善支援センターへお問い合わせください。 なお、各センターへのお問い合わせにあたっては、厚生労働省が運営する医療機関の勤務環境改善に関するポータルサイト“いきいき働く医療機関サポートＷｅｂ”（いきさぽ）掲載の内容も併せて参考ください。（同Ｗｅｂページ「医師の働き方改革制度解説」においては分かりやすいコンテンツも準備しております。）

＜医療勤務環境改善支援センター一覧＞
http://iryou-kinmukankyou.mhlw.go.jp/outline/work-improvement-support-center

Q＿Ａ－５．医療機関が作成した医師労働時間短縮計画（時短計画）に関して、都道府県への提出は必要でしょうか。

Ａ．令和５年度末までを計画の対象とする時短計画は、同年度末までの間に時間外・休日労働が年960時間を超える医師がいる場合に、その所属する医療機関が作成に努めるものとされており、これを作成した場合の都道府県への届出は任意とされています。

一方、令和６年度以降を計画の対象とした時短計画の案については、医療機関が特例水準（※）の指定申請にあたって都道府県に提出するために必要となるものです。なお、特例水準の指定申請以外の目的で作成された時短計画に関して、都道府県への届出の義務はありません。

※　特例水準：Ｂ水準、連携Ｂ水準、Ｃ－１水準、Ｃ－２水準を指します。各水準の内容は、<特例水準の指定について：Ｅ－１>のＦＡＱを参照ください。

【労働時間管理について：Ｂ】

Ｑ＿Ｂ－１．管理者は、医師の労働時間の状況について、タイムカードによる記録、パーソナルコンピュータ等の電子計算機の使用時間の記録等の客観的な方法その他の適切な方法により把握することとなっていますが、自己申告による労働時間管理は不適切でしょうか。

Ａ．自己申告による労働時間管理自体が直ちに不適切ということではありませんが、その方法だけでは不十分であり、自己申告により把握した労働時間が実際の労働時間と合致しているか否かについて確認、補正できるようにする等の措置を講じる必要があります。詳細については「労働時間の適正な把握のために使用者が講ずべき措置に関するガイドライン」（平成29年１月20日厚生労働省策定）を確認ください。

<労働時間の適正な把握のために使用者が講ずべき措置に関するガイドライン>
https://www.mhlw.go.jp/file/06-Seisakujouhou-11200000-Roudoukijunkyoku/0000149439.pdf
（筆者注：本書294頁参照）

Ｑ＿Ｂ－２．複数の医療機関に勤務する医師について、労働時間の把握はどのようにしたら良いでしょうか。

Ａ．地域医療支援を行うために医師を他の医療機関へ派遣している場合や、自院で雇用する医師が副業・兼業を行っていることを把握している場合、医師本人の自己申告等により、副業・兼業先の労働時間を把握し、把握した副業・兼業先の労働時間と自院での労働時間を通算して、労働時間を管理していただく必要があります。このため、副業・兼業先の勤務予定や労働時間を把握するための仕組み作りが重要です。

なお、副業・兼業の際の労働時間の通算の考え方等は厚生労働省ホームページの「副業・兼業の促進に関するガイドライン」を確認ください。

<副業・兼業の促進に関するガイドライン>
https://www.mhlw.go.jp/stf/seisakunitsuite/bunya/0000192188.html
（筆者注：本書207頁参照）

【副業・兼業について：Ｃ】

Ｑ＿Ｃ－１．所属医師が、当医療機関に申告せず他の医療機関で副業・兼業を行っていたことが発覚した場合、当医療機関はどのような対応をしたら良いでしょうか。

A．医療機関の管理者は、所属医師からの自己申告等に基づき、副業・兼業先での労働時間を把握する必要があり、そのためには、事前に各医療機関で自己申告等のルールや手続きを明確化しておく必要があります。ご質問のような場合には、自己申告のルールや手続きがきちんと運用されているか否かを確認し、また、必要に応じて副業・兼業先にも協力頂きながら、適切な労働時間の把握を徹底するよう対応する必要があります。

なお、労働者からの申告等がなかった場合には労働時間の通算は要せず、また、労働者からの申告等により把握した他の使用者の事業場における労働時間が事実と異なっていた場合でも、労働者からの申告等により把握した労働時間によって通算していれば足りるとされています。

<副業・兼業の場合における労働時間管理に係る労働基準法第38条第１項の解釈等について>
https://www.mhlw.go.jp/content/11200000/000673995.pdf
(筆者注：本書201頁参照)

Q_C－2．複数医療機関に勤務する医師については、どの医療機関が勤務間インターバルや代償休息付与の責任を負うのでしょうか。また、この責任を負う医療機関は、どのような方法で副業・兼業先の労働時間を把握・管理すれば良いのでしょうか。(※)

A．複数医療機関に勤務する医師の勤務間インターバルや代償休息等の健康確保措置については、各医療機関の管理者が当該医師の自己申告等により労働時間を把握・通算した上で実施の責任を負うこととなります。

勤務間インターバルについては、主たる勤務先が副業・兼業先の労働も含めて、事前にこれらを遵守できるシフトを組むことにより対応することとなりますが、代償休息をどちらの医療機関で取得させるかについては、常勤・非常勤といった雇用形態も踏まえ、医療機関間で調整する必要があります。

※　勤務間インターバルについては、<勤務間インターバル・代償休息について：Ｆ－１>のＦＡＱを参照ください。

Q_C－3．副業・兼業先への移動時間は、勤務間インターバルに含まれるのでしょうか。移動手段によって十分な休息時間がとれるか否かに違いはあるのでしょうか。(※)

A．移動時間は、各職場に向かう通勤時間であり、労働時間に該当しないため勤務間インターバルに含むことは可能です。

一方、遠距離の自動車の運転等により休息がとれない場合も想定されることから、そのような場合には、別に休息時間を確保するために十分な勤務間インターバルを確保する等の配慮が必要になります。

※　勤務間インターバルについては、<勤務間インターバル・代償休息について：Ｆ－１>のＦＡＱを参照ください。

Q_C－4．複数医療機関に勤務する医師について、月の労働時間数が一定基

準を超えた医師に対する追加的健康確保措置としての面接指導及び就業上の措置は、どの医療機関で実施する必要があるのでしょうか。

A．複数医療機関に勤務する医師の追加的健康確保措置としての面接指導については、いずれかの医療機関で面接指導が実施され、その面接指導の結果が当該医師の勤務する医療機関に提出されれば、他の医療機関で重ねて面接指導を実施する必要はありません。

どの医療機関で面接指導を実施するかについては、各勤務先の医療機関で適用される水準や常勤・非常勤といった雇用形態等を踏まえ、あらかじめ医師と各勤務先医療機関が相談の上で面接指導実施先を決めておくことが望ましいです。

なお、面接指導の結果に基づく就業上の措置や複数医療機関の時間外・休日労働時間を通算して月 155 時間を超えた場合の就業上の措置については、当該医師を雇用する各医療機関の管理者が実施する必要があります。一方で、当該医師の勤務形態や長時間労働の要因となっている事項等を確認した上で、連携して実施することも可能です。

【宿日直について：D】

Q＿D－1．宿日直許可を得た宿日直と勤務間インターバルの関係を教えてください。

A．「宿日直許可を得た宿日直」は、労働基準監督署長の許可を受けることにより、労働時間等に関する規制の適用が除外となるものであり、一般の宿直業務以外には特殊の措置を必要としない軽度又は短時間の業務に限られることや、宿直の場合は夜間に十分睡眠がとり得ること等が必要とされています。

一方、「勤務間インターバル」は、1日の勤務終了後、翌日の出勤までの間に、一定時間以上の休息時間を設けることで、働く方の生活時間や睡眠時間を確保するものです。この「勤務間インターバル」は、通常の労働時間の拘束から完全に解放された後のものである必要がありますが、「宿日直許可を得た宿日直」は、上記のとおり、軽度又は短時間の業務に限られることや、宿直の場合は夜間に十分睡眠がとり得ることが必要とされるものであることから、一定の場合には、当該宿日直中の時間を「勤務間インターバル」とみなすことができるとされています。

Q＿D－2．宿日直許可を得た宿日直に従事する時間については、全て勤務間インターバルとみなすことができるのでしょうか。

A．宿日直許可を得た宿日直について、24時間を経過するまでに連続して９時間以上従事する場合には、９時間の連続した休息が確保されたものとみなし、勤務間インターバルに充てることができますが、９時間未満の場合は勤務間インターバルとみなすことはできず、別に９時間の連続した休息を確保する必要があります。

【特例水準の指定について：E】

Q＿E－1．当医療機関が特例水準のいずれの指定を受けるべきかわかりません。どういった観点でそれぞれ特例水準の指定を受ければ良いでしょうか。

A．各特例水準の内容は下記のとおりです。各医療機関では各特例水準の内容に応じた指定申請を行う必要があります。

＜B水準＞

地域医療提供体制の確保の観点から､必要とされる機能を果たすために､自院において、時間外・休日労働時間が年960時間を超える場合に設けられた水準です。

＜連携B水準＞

地域医療提供体制の確保の観点から、医師の派遣を通じて時間外業務が必要とされるために､自院では時間外･休日労働時間は年960時間以内ですが、副業・兼業先での労働時間を通算すると年960時間を超える場合に設けられた水準です。

＜C－1水準＞

臨床研修及び専門研修に関わる業務であって、一定期間、集中的に診療を行うことにより基本的な診療能力を身につける場合のため、時間外・休日労働時間が年960時間を超える場合に設けられた水準です。

＜C－2水準＞

高度な技能を有する医師を育成することが公益上必要とされる分野において、指定された医療機関で、一定期間集中的に当該高度特定技能に関連する診療業務を行うため、時間外・休日労働時間が年960時間を超える場合に設けられた水準です。

Q_E－2．特例水準の指定の要件や申請手続を教えてください。また、特例水準の指定申請に当たり、相談できる窓口はありますか。

A．特例水準の指定を希望する医療機関は、計画的に労働時間短縮の取組を進めるための労働時間短縮計画（案）を作成し、医療機関勤務環境評価センター（評価センター）にて計画内容を含めた労働時間短縮の取組の評価を受ける必要があります。評価センターによる評価結果の受領後、医療機関は、当該評価結果と指定に関係する各種申請書類（下記参照）を揃えて所管の都道府県へ申請することになります。なお､特例水準の指定申請にあたっては､各都道府県に設置されている「医療勤務環境改善支援センター」にて、特例水準の取得に向けた勤務環境改善の取組や、労働時間短縮計画の作成等、医療機関が指定申請に当たって必要となる取組の支援を行っていますのでご活用ください。

〈指定申請に係る主な必要書類〉

・医療機関勤務環境評価センターの評価結果
・令和６年４月以降を計画の対象とした労働時間短縮計画の案
・各水準の指定に関係する業務があることを証する書類
・追加的健康確保措置（勤務間インターバル、面接指導）を実施する体制が整備されていることを証する書類
・送致等の法令違反がないことを誓約する書類
・厚生労働大臣の確認を受けたことを証する書類（C－２水準のみ）

Q_E－3．時間外・休日労働時間が年960時間を超える医師がいなくなった場合、都道府県に対して特例水準に関する指定取消しの手続きが必要でしょ

うか。

A．都道府県の指定公示後、時間外・休日労働時間が年960時間を超える医師がいなくなった（特例水準に関係する業務がなくなった）等新医療法第117条第１項各号に該当する場合には、都道府県知事は医療審議会の意見を聴いた上で、特例水準の指定を取り消すことができます。まずは都道府県にご相談ください。

Q_E－4．特例水準の指定を受けた医療機関（特定労務管理対象機関）の指定に関する業務内容に変更があった場合、どのような対応が必要でしょうか。

A．特定労務管理対象機関において、指定内容に関する業務の変更がある場合には、あらかじめその医療機関に勤務する医師その他関係者の意見を聴いて、時短計画の見直しのための検討を行い、必要な変更を加えるとともに、改めて評価センターの評価を受けた上で、この評価結果等関連書類を準備し、都道府県知事の承認を得る必要があります。

<勤務間インターバル・代償休息について：F>

Q_F－1．勤務間インターバルと代償休息はどういうものでしょうか。

A．勤務間インターバル制度とは、終業時刻から次の始業時刻の間に、一定時間以上の休息時間（インターバル時間）を確保する仕組みをいいます。医療法に基づく勤務間インターバル規制は、原則として以下の２種類が設けられています。

① 始業から24時間以内に９時間の連続した休憩時間（15時間の連続勤務時間制限）

※通常の日勤

※24時間以内に９時間以上の宿日直中許可のある宿日直に従事する場合、①が確保されているとみなされる

② 始業から46時間以内に18時間の連続した休息時間（28時間の連続勤務時間制限）

※宿日直許可のない宿日直に従事する場合

（注）臨床研修医については、入職まもない時期でもあることから、連続勤務時間制限等を手厚く等の別途規定あり。

なお、確実に休息を確保する観点から、９時間又は18時間の連続した休息時間は、事前に勤務シフト表等で予定されたものであることが原則となります。また、予定された９時間又は18時間の連続した休息時間中にやむを得ない理由により発生した労働に従事した場合には、従事した労働時間に相当する休息時間（代償休息）を付与する必要があります。

代償休息は、対象となる労働時間が発生した日の属する月の翌月末までにできるだけ早期に確保する必要があります。

勤務間インターバル及び代償休息は、特定労務管理対象機関で各特例水準が適用される医師に対して、その実施が義務となり、A水準の医師については努力義務となります（※）。

※ 詳細は、<勤務間インターバル・

代償休息について：Ｆ－３＞のＦＡＱを参照ください。

Q__Ｆ－２．代償休息は「分」単位で付与する必要があるのでしょうか。１時間未満切り捨てといった取扱いは出来るのでしょうか。

A．付与方法としては、分単位で付与いただくことも可能ですが、例えば、15分や30分、１時間単位で切り上げて付与する等、効果的な代償休息付与や事務の簡便性に資すると考えられる方法で付与方法を検討いただくことも可能です。ただし、実際に労働をさせた時間を下回る方法で付与することは認められません。なお、こうした代償休息の付与方法については、就業規則等の適切な方法で定めることが求められます。

Q__Ｆ－３．勤務間インターバルや代償休息の対象となるのは医師だけでしょうか。

A．医療法に規定する勤務間インターバルや代償休息の仕組みの対象は、Q__Ａ－３にも記載のとおり、「病院、診療所に勤務する医師（医療を受ける者に対する診療を直接の目的とする業務を行わない者を除く。）又は介護老人保健施設、介護医療院に勤務する医師」となります（※）。なお、他の職種については「労働時間等設定改善法」により、勤務間インターバル制度を導入することが事業主の努力義務となっています（施行日：平成31年４月１日）。

※　勤務間インターバルの対象について

①　努力義務の対象となる医師（Ａ水準）

・１年について労働時間を延長して労働させる時間が720時間を超えることが見込まれること。

・１ヶ月について労働時間を延長して労働させる時間が45時間を超える月数が１年について６ヶ月を超えることが見込まれること。

②　義務の対象となる医師（Ｂ水準、連携Ｂ水準、Ｃ－１水準、Ｃ－２水準）

・各特例水準（Ｂ水準、連携Ｂ水準、Ｃ－１水準、Ｃ－２水準）の業務に従事する医師であって、１年について時間外・休日労働時間が960時間を超えることが見込まれること

Q__Ｆ－４．勤務間インターバル中の医師を呼び出して救急患者対応をさせることは認められないのでしょうか。

A．緊急を要する一定の場合においては、やむを得ないものとして労働に従事させることは可能です。ただし、勤務間インターバル中にやむを得ない理由により発生した労働に従事した場合には、管理者はその労働時間に相当する時間分を代償休息として事後的に付与する必要があります。

Q__Ｆ－５．どのような場合にやむを得ないものとして勤務間インターバル中の医師を労働に従事させることができるのでしょうか。

A．特例水準が適用されている医師について、勤務間インターバル中にやむを得ず労働に従事させることができる理由として、臨床研修医以外の医師については、外来患者及び入院患者に関する緊急の業務が発生した場合が想定さ

れています。
例えば、医師が突発的な事故による救急患者の診療又は入院､患者の死亡､出産等に対応することを想定しています。
なお、C－１水準が適用されている臨床研修医については、代償休息が発生しないように勤務間インターバルの確保を徹底することが原則ですが、勤務間インターバル中に臨床研修の機会を確保するための緊急業務に従事させ、代償休息を付与するためには下記の要件を満たすことが必要となります。

① 臨床研修における必要性から、オンコール又は宿日直許可のある宿日直への従事が必要な場合に限ること。
② 臨床研修医の募集時に代償休息を付与する形式での研修を実施する旨を明示すること。
③ 代償休息は、計画的な研修という観点から、通常は当該診療科の研修期間内で処理すべきであり、代償休息の付与期限は原則として⑴勤務間インターバル終了後労働した日の属する診療科毎の研修期間の末日、又は、⑵勤務間インターバル終了後労働した日の属する月の翌月末日、のいずれか早い日までとし、⑴の方が早いもののやむを得ず⑴までに付与できない場合は、例外的に⑵までとすること。

Q＿Ｆ－６．代償休息は年次有給休暇で付与しても良いのでしょうか。

Ａ．代償休息の付与は、所定労働時間中における時間休の取得又は勤務間インターバル幅の延長のいずれかによることとしています。疲労回復に効果的な休息付与の観点等（※）も踏まえ、医療機関の就業規則等において整理していただくことが望ましいと考えます。なお、年次有給休暇は勤務医が取得時季を決めるものですので、その意に反して付与することはできません。その点にはご注意ください。

（※）＜医師の働き方改革の推進に関する検討会 中間とりまとめ＞P14より抜粋
https://www.mhlw.go.jp/content/10800000/000708161.pdf

連続勤務時間制限及び勤務間インターバルを実施できなかった場合の代償休息の付与方法については、対象となった時間数について、所定労働時間中における時間休の取得又は勤務間インターバルの延長のいずれかによることとするが、疲労回復に効果的な休息付与の観点から以下のような点に留意する。

・勤務間インターバルの延長は、睡眠の量と質の向上につながる
・代償休息を生じさせる勤務の発生後、できる限り早く付与する
・オンコールからの解放、シフト制の厳格化等の配慮により、仕事から切り離された状況を設定する

また、代償休息は予定されていた休日以外で付与することが望ましく、特に面接指導の結果によって個別に必要性が認められる場合には、予定されていた休日以外に付与する。

Q＿Ｆ－７．代償休息については有給で

付与する必要があるのでしょうか。

A．代償休息については、必ずしも有給での付与を義務付けるものではありません。代償休息の取扱いについては、労使で話合いを行い、院内ルールを明確化しておくことが望ましいと考えます。

なお、代償休息の前提となる勤務間インターバル中の労働が時間外や深夜帯に発生している場合は、代償休息の付与の方法（休日に付与するか平日所定労働時間（勤務日）に付与するか）にかかわらず、時間外労働や深夜労働に対する割増賃金を支払う必要があります。

Q＿F－8．勤務間インターバル等の追加的健康確保措置の履行状況について、行政機関による監査が行われることはあるのでしょうか。

A．追加的健康確保措置は医療法で実施が義務づけられているため、医療機関が所在する都道府県が、医療法第25条第１項に基づき実施する立入検査（原則毎年１回実施）において、関係書類の確認等により面接指導、勤務間インターバル等の追加的健康確保措置が適切に実施されているかを確認し、必要に応じて、指導等が行われる場合があります。

Q＿F－9．代償休息はいつまでに付与する必要があるのでしょうか。

A．原則として、勤務間インターバル中に労働が発生した日の属する月の翌月末日までの間に、できるだけ早期に代償休息を付与する必要があります。なお、C－1水準が適用される臨床研修医については、Q＿F－5の③を参照ください。

Q＿F－10．24時間以内に連続した９時間以上の勤務間インターバルが確保できる勤務シフトを組んでいますが、業務の都合で９時間の勤務間インターバルが確保できなかったため、一時的に46時間以内に18時間の勤務間インターバルに変更しようと思いますが、そのような運用はできるのでしょうか。

A．勤務間インターバルについては、業務の開始から24時間を経過するまでに９時間の継続した休息時間を確保することが基本であり、医療法上、業務の開始から46時間を経過するまでに18時間の継続した休息時間を確保することにより勤務間インターバルを確保できるのは、宿日直許可のない宿日直勤務に従事する場合に限られています。このため、宿日直許可のない宿日直勤務（※）ではない勤務については、業務の開始から24時間以内に９時間の連続した休息時間が必要となります。なお、代償休息が発生することを前提とした勤務シフト等を組むことは、原則として認められません。

※ここでいう「宿日直」とは、医療法第16条に規定する義務としての宿日直を指します。これは主に病院の入院患者の病状急変に対応する体制確保を求めるものですので、通常の勤務時間と同態様の労働となる夜勤はここには含まれません。

【補足】

医療機関において、夜間帯の労働

を所定労働時間の「夜勤」と整理している場合においても、医療機関内の規則等における夜勤業務の明確化により、通常の日勤業務よりも労働密度が低い業務であることが確認できる場合には、「業務の開始から 46 時間以内に 18 時間の連続した休息時間」のルールが適用可能です。

通常の日中の勤務時間との区別にあたっては、例えば夜勤業務において、

・急患対応がない場合は仮眠室での休憩が可能であること

・通常の休憩時間に加え、労働密度が低くなる深夜、早朝等に休憩時間を別途確保すること

・予定された手術の対応はなく、緊急手術のみ対応すること（夜勤中に実施すべき業務の列挙、通常の日勤業務よりは労働密度が異なることが説明できること）

等が院内規則等に明記され、かつ、当該規則が医師を含む職員全体に周知されている場合には、「通常の日勤業務よりも労働密度が低い業務」になるものと考えられます。

Q＿F－11. 24時間以内に９時間以上の勤務間インターバルが確保できる勤務シフトを組んでいますが、連続した９時間の休息を確保した後、次の予定された始業までの間に急遽呼び出しの業務が発生（１時間）しましたが、この１時間分の代償休息は必要でしょうか。

A. ９時間の連続した休息時間を超える分の時間について、代償休息付与の義務は生じません。

Q＿F－12. 宿日直許可のある宿日直（９時間）中に業務が発生した場合、当該業務に従事した時間分の代償休息を付与しなければいけないのでしょうか。

A. 医師が宿日直許可のある宿日直中にやむを得ない理由で業務に従事した場合、管理者は代償休息を与えるよう配慮しなければなりません。C－１水準が適用される臨床研修医については代償休息の付与は義務となります。

なお、宿日直中許可のある宿日直（９時間）に従事した後においては、通常と同態様の業務が発生したとしても、代償休息の（配慮）義務はありません。

Q＿F－13. 宿日直許可のある宿日直（４時間）と休息時間（５時間）を足して、連続した９時間の勤務間インターバルを確保したとすることはできるのでしょうか。

A. 宿日直許可のある宿日直に従事した時間を「連続した９時間の勤務間インターバル」と扱うことができるのは、９時間以上の連続した宿日直を行った場合のみで、９時間未満の宿日直と５時間の休息時間を足して連続した９時間の勤務間インターバルを確保したこととすることはできません（当該時間とは別に９時間の休息時間を確保しなければなりません）。

Q＿F－14. 宿日直許可のない宿日直に加え、宿日直許可のある宿日直にも従事させる場合、「業務の開始から46時間以内に18時間の連続した休息時間（28時間の連続した勤務時間制限）」のルールを適用することはできるのでしょうか。

A.「業務の開始から46時間以内に18

時間の連続した休息時間（28時間の連続した勤務時間制限）」のルールは、宿日直許可のない宿日直に従事させる場合に適用することができます。

そのため、宿日直許可のない宿日直に従事させる場合であれば、連続勤務時間の一部に９時間未満の宿日直許可のある宿日直に従事させることがあっても、「業務の開始から46時間以内に18時間の連続した休息時間（28時間の連続した勤務時間制限）」のルールを適用することが可能です（なお、18時間の勤務間インターバルの中には「宿日直許可のある宿日直」を含めることはできません。）

他方で、宿日直許可のない宿日直に従事させる場合であっても、24時間以内に９時間以上の宿日直許可のある宿日直に従事させるのであれば、「始業から24時間以内に９時間の連続した休息時間（15時間の連続勤務時間制限）」を適用することを想定しています。（例えば、９時を始業とする医師が、21時から宿直につく場合で、21時から 23時まで宿日直許可のない宿直に従事させるが、23時から翌日８時までは宿日直許可のある宿直に従事させる場合等）

Q＿Ｆ－15. 午前８時の始業から24時間以内に９時間の連続した休息時間を確保するルールにより勤務シフトを組んでいる場合において、勤務終了（20時）から翌日の勤務開始（８時）までの12時間のインターバル中に業務が発生し、９時間の連続した休息時間が確保出来なかった場合の代償休息については、どのように付与したら良いでしょうか。

A．９時間の連続した休息時間（勤務間インターバル）を超える休息時間部分は、当該勤務間インターバル中に代償休息の対象となる労働が発生する前にあらかじめ付与されることが予定されていた部分であっても、当該労働に係る代償休息として充当することができます。設問事例において、例えば午前３時から２時間の業務に従事した場合は２時間の代償休息を付与する必要がありますが、その後の午前５時から７時までの休息時間部分を当該業務に係る代償休息として充当することが可能です。

Q＿Ｆ－16. オンコール待機時間は労働時間に該当するのでしょうか。

A．オンコール待機中に求められる義務態様は、医療機関ごと、診療科ごとに様々であり、

・呼び出しの頻度がどの程度か、
・呼び出された場合にどの程度迅速に病院に到着することが義務付けられているか、
・呼び出しに備えてオンコール待機中の活動がどの程度制限されているか

等を踏まえ、オンコール待機時間全体について、労働から離れることが保障されているかどうかによって、労働時間に該当するか否かが個別具体的に判断されることになります。

Q＿Ｆ－17. オンコール待機時間が労働時間に該当しない場合、オンコール待機時間を勤務間インターバルとして取り扱うことはできるのでしょうか。

A．オンコール待機時間が労働時間に該

当しない場合、勤務間インターバルと取り扱うことは可能です。

なお、例えば、労働時間に該当しないオンコール待機時間を含め、業務の開始から連続９時間の休息時間（勤務間インターバル）を確保することを予定していた場合において、途中で呼ばれて救急患者対応等の業務が発生したことによって当該勤務間インターバルを確保できなかったときは、呼び出し後に従事した労働時間に相当する代償休息を事後的に付与する必要があります。

Q＿Ｆ－18．オンコール待機時間が労働時間に該当しない場合、当該時間帯を代償休息として充当しても良いのでしょうか。

Ａ．Q＿Ｆ－６にあるとおり、疲労回復に効果的な休息の付与の観点から、代償休息を付与する場合には、オンコールからの解放等、仕事からは切り離された状況を設定いただくことを想定しています。

オンコール待機時間を代償休息として取り扱うか否かは、このことを念頭に、各医療機関において、医師と話し合いながら適切に決めていただくことが重要です。

Q＿Ｆ－19．連続勤務時間制限となる15時間及び28時間中（Ｃ－１水準を適用する臨床研修医については24時間）に、労基法で定められる休憩時間（労働時間が６時間を超える場合には少なくとも45分、８時間を超える場合には少なくとも１時間の休憩時間を労働時間の途中に与える）は含まれるのでしょうか。

Ａ．連続勤務時間は労基法に定める休憩時間を含みます。その上で、始業が午前８時の場合の連続勤務時間の上限は23時又は翌日12時（Ｃ－１水準を適用する臨床研修医については翌日８時）までとなります。

<面接指導について：Ｇ>

Q＿Ｇ－１．時間外・休日労働時間が月100時間見込みの医師について、原則として月100時間に達するまでの間に実施しなければならないとされていますが、実施すべき具体的な時間数の目安はあるのでしょうか。

Ａ．ある程度の疲労蓄積が想定される80時間前後を目安とすることが推奨されます。なお、特例水準が適用されていない医師（Ａ水準が適用されている医師）であって、疲労蓄積がないと認められる場合は、月100時間に達した後遅滞なく面接指導を行うことでもよいとされております。

医師の働き方改革の推進に関する検討会中間とりまとめの公表について<参考資料リンク>
https://www.mhlw.go.jp/content/10800000/000720676.pdf

Q＿Ｇ－２．月100時間を超える前に実施すべき面接指導については、同じ医局、診療科の医師同士でも実施可能なのでしょうか。

Ａ．改正後の医療法施行規則第65条において、面接指導実施医師の要件として次のとおり規定されています。

・面接指導対象医師が勤務する病院又

は診療所の管理者でないこと

・医師の健康管理を行うのに必要な知識を修得させるための講義を修了していること

このため、面接指導実施医師による面接指導について、本要件を満たす者であれば、同じ医局、診療科の医師同士で実施することについて医療法上禁止されているものではありませんが、「長時間労働の医師への健康確保措置に関するマニュアル（令和２年 12 月)」において「同じ部署の上司は避けることが望ましい」とされているほか、「医療機関の医師の労働時間短縮の取組の評価に関するガイドライン（評価項目と評価基準）第１版」（令和４年４月厚生労働省）においても「面接指導実施医師が、面接指導対象医師の直接の上司とならないような体制を整備すること」とされておりますので、これらを踏まえ、面接指導の実施体制については、面接指導を受ける医師が安心して面接指導を受けられ、本人の健康確保につながる体制であるかどうかという観点から適切に判断いただくことが必要です。

Q＿G－３．面接指導実施医師は産業医でなくても良いのでしょうか。また、産業医であれば無条件で面接指導実施医師として良いのでしょうか。

A．面接指導実施医師となるためには以下２つの要件を満たす必要があります。

・面接指導対象医師が勤務する病院又は診療所の管理者でないこと

・医師の健康管理を行うのに必要な知識を修得させるための講義を修了していること

このため、産業医ではなくとも、上記２つの要件を満たす場合は、面接指導実施医師として面接指導を実施することができます。また、産業医であっても、上記２つの要件を満たさなければ、面接指導実施医師として面接指導を実施することはできません。

Q＿G－４．面接指導で確認すべき内容にはどのようなものがあるのでしょうか。

A．面接指導実施医師が面接指導で確認すべき内容は、「勤務の状況」「睡眠の状況」「疲労の蓄積の状況」「心身の状況」となります。

また、医療機関の管理者は、面接指導を適切に行うための情報（面接指導対象医師の氏名、勤務の状況、睡眠の状況、疲労の蓄積の状況、心身の状況等）を確認し、事前に面接指導実施医師へ提供する必要があります。

＜面接指導実施医師養成ナビ＞
https://ishimensetsu.mhlw.go.jp/

Q＿G－５．面接指導は勤務時間中に実施するのが良いのでしょうか。また、勤務時間中に実施した場合、その時間に対する賃金は発生するのでしょうか。

A．面接指導については、原則、勤務時間中に実施する必要があります。また、面接指導を受けるのに要した時間に係る賃金の支払いについては、医療機関に当該面接指導の実施の義務を課していることから、医療機関が負担する必要があります。

Q_G－6．面接指導はどれくらいの時間をかけて実施すれば良いのでしょうか。

A．特段定めはありませんが、自己診断チェックリストの記入や意見書の作成も含め、所要時間としては一般的には１人約10～40分程度が想定されます。必要な面接指導の内容等は個々の状況により異なると考えられますので、個々の状況に合わせた対応をお願いします。

Q_G－7．面接指導の結果、相当の疲労が認められた場合、管理者としてどう対応するのが良いでしょうか。

A．面接指導対象医師に相当の疲労が認められた場合は、面接指導実施医師から睡眠や休息等に関する助言や保健指導を行います。また、面接指導実施医師が就業上の措置が必要と判断する場合には、医療機関の管理者へ意見を述べていただくことになりますので、管理者は面接指導実施医師の意見を踏まえ、労働時間の短縮や宿直回数の削減等、必要に応じて就業上の措置を講じる必要があります。

Q_G－8．面接指導を拒否する医師がいた場合、どう対応するのが良いでしょうか。

A．面接指導は、管理者が月の時間外・休日労働が100時間以上となる医師に対して必ず実施しなければならないものであると同時に、長時間労働となる医師の健康状態を確認し、必要に応じて就業上の措置を講ずるために行う大切なものです。面接指導対象医師は、面接指導を受ける義務がありますので、制度の趣旨を理解していただいた上で実施いただくようお願いします。

5　医師労働時間短縮計画作成ガイドライン

○　医師労働時間短縮計画作成ガイドライン　第1版（令和4年4月厚生労働省）

はじめに

労働基準法（昭和22年法律第49号）第141条の規定により、医師に対する時間外・休日労働の上限規制が令和6年4月から適用される。

一般の労働者については、同法の規定により、1カ月の時間外労働時間数は45時間を超えないことを原則としつつ、これに収まらない場合には、労働基準法第36条第1項の規定による時間外・休日労働に関する協定（以下「36協定」という。）の特別条項により、年に6カ月を限度として、月100時間未満の時間外・休日労働が認められているが、その場合の年間の時間外労働は720時間までとされている。また、36協定により労働させる場合であっても、時間外・休日労働について、月100時間未満、かつ、複数月平均80時間以下とすることも求められている。

一方、医師については、「医師の働き方改革に関する検討会」及び「医師の働き方改革の推進に関する検討会」における議論を経て「良質かつ適切な医療を効率的に提供する体制の確保を推進するための医療法等の一部を改正する法律」（令和3年法律第49号）が成立したところであり、令和6年度以降の上限規制の枠組みについては次のとおり整理されている。

> 医師の時間外・休日労働の上限については、
> - 36協定上の上限及び、36協定によっても超えられない上限をともに、原則年960時間（A水準）・月100時間未満（例外あり）とした上で、
> - 地域の医療提供体制の確保のために暫定的に認められる水準（連携B・B水準）及び集中的に技能を向上させるために必要な水準（C水準）として、年1,860時間・月100時間未満（例外あり）の上限時間数を設定する。

平成28年度・令和元年度に実施した医師の勤務実態調査において、病院常勤勤務医の約1割が年1,860時間を超える時間外・休日労働を行っており、また、年3,000時間近い時間外・休日労働を行っている勤務医もいる中で、これらの医師も含め、全ての勤務医の年間の時間外・休日労働時間数を令和6年度までに上記の960時間又は1,860時間以内とする必要がある。

さらに、「医師の働き方改革に関する検討会」報告書及び「医師の働き方改革の推進に関する検討会」中間とりまとめにおいては、地域の医療提供体制の確保のために暫定的に認められる水準（連携Ｂ・Ｂ水準）を令和17年度末までに廃止することについて検討することとされており、令和17年度末に向けては、より一層の労働時間の短縮の取組が求められる。

このため、令和６年４月の医師に対する時間外労働の上限規制の適用開始及び令和17年度末の連携Ｂ・Ｂ水準の廃止目標に向けて、医師の健康確保と地域の医療提供体制の確保を両立しつつ、各医療機関における医師の労働時間の短縮を計画的に進めていく必要がある。

医師の労働時間の短縮を計画的に進めていく上では、医療機関として、まずは医師労働時間短縮計画（以下「計画」という。）を作成し、同計画に沿って、医療機関の管理者のリーダーシップの下、医療機関全体として医師の働き方改革を進めていくことが重要である。

医師の長時間労働の背景には、個々の医療機関における業務・組織のマネジメントの課題のみならず、医師の需給や偏在、医師の養成の在り方、地域医療提供体制における機能分化・連携が不十分な地域の存在、医療・介護連携や国民の医療のかかり方等における様々な課題が絡み合って存在しているが、その中での医療機関の役割と取組を明確にし、医療機関内でできることは最大限取り組んでいくという観点からも、計画の作成が不可欠である。その上で、国、都道府県、医療機関、そして医師がそれぞれの立場から、働き方改革に取り組んでいくことが求められる。

本ガイドラインは、計画の作成に当たって参考となるものとして、その記載事項や作成の流れ等に関してまとめたものである。

令和４年４月１日

１　概要

計画は、医師の労働時間を短縮していくために、医療機関内で取り組む事項について作成し、ＰＤＣＡサイクルによる労働時間短縮の取組を進めていくためのものである。また、「医師の働き方改革に関する検討会」報告書において、計画の作成に当たっては、医療法（昭和23年法律第205号）第30条の19に基づく「医療勤務環境改善マネジメントシステム」として、各職種（特に医師）が参加して検討を行う等の手順が想定されている。計画について、ＰＤＣＡサイクルが実効的に回る仕組みを医療機関内で構築していくこともあわせて求められている。

さらに、連携Ｂ・Ｂ・Ｃ水準の対象医療機関の指定の際には、都道府県が労働時間の状況や追加的健康確保措置の実施体制等を確認するほか、医療機関勤務環境評価センター（以下「評価センター」という。）が労働時間の短縮に向けた取組状況を評価するが、その際にも役立つものとする必要がある。

こうした点を踏まえ、医療機関において計画的に労働時間短縮に向けた取組が進められるよう、計画には①労働時間の短縮に関する目標及び②実績並びに③労働時間短縮に向けた取組状況を記載し、これに基づきＰＤＣＡサイクルの中で、毎年自己評価を行うこととする。

また、地域医療提供体制の確保を担う都道府県が、医療機関の取組に対する必要な支援を可能とするためにも、計画作成後は、同計画を医療機関が所在する都道府県に提出することとする（その後、毎年、定期的に実績を踏まえて必要な見直しを行い、毎年、都道府県に提出する。）。

医師の働き方改革を着実に進めていくためには、各医療機関において、早期に計画を作成し、医師の働き方改革を推進していくことが重要である一方で、新型コロナウイルス感染症の影響により目の前の危機対応に追われている医療機関があることも鑑み、計画の作成の義務付けについては、

・年間の時間外・休日労働時間数が960時間を超える医師（＝Ａ水準超の時間外・休日労働を行う医師）が勤務する医療機関に対して令和５年度末までの計画について作成を努力義務としつつ、
・連携Ｂ・Ｂ・Ｃ水準の指定を受けることを予定している医療機関は、当該指定申請に当たり、評価センターによる第三者評価を受審する前までに令和６年度以降の計画の案（取組実績と令和６年度以降の取組目標を記載）を作成することとしている。

２　作成対象医療機関

年間の時間外・休日労働時間数が960時間を超える医師の勤務する医療機関については、医師の働き方改革を計画的に進める必要があり、計画の作成が求められる。

例えば、年間の時間外・休日労働時間数が960時間を超える36協定を締結する医療機関又は副業・兼業先の労働時間を通算すると予定される年間の時間外・休日労働時間数が960時間を超える医師が勤務する医療機関は、計画を作成する必要がある。

なお、令和６年３月末までの間については、連携Ｂ・Ｂ・Ｃ水準の指定を受ける予定のない医療機関を含め、年間の時間外・休日労働時間数が960時間を超える医師が勤務する医療機関であれば、令和５年度末までの計画について作成に努めるとともに、連携Ｂ・Ｂ・Ｃ水準の指定を受けることを予定している医療機関は、当該指定申請に当たり、評価センターによる第三者評価を受審する前までに令和６年度以降の計画の案を作成する必要があることに留意する。

また、令和６年度以降については、作成対象医療機関は、自ずと連携Ｂ・Ｂ・Ｃ水準の指定を受けている医療機関に限定されることとなる。

計画は、医療機関ごとの取組を記載するものであるが、医師の自己申告等により把握した副業・兼業先の労働時間を通算した時間外・休日労働時間数を基に、作成対象の判断及び労働時間数の実績及び目標並びに労働時間短縮に向けた取組を記載することとする。

３　計画期間

令和５年度末までの計画の計画期間は以下のとおり。

・計画始期：任意の日
・計画終期：令和６年３月末日

なお、できる限り早期に労働時間短縮に向けた取組に着手するため、計画始期についてはできる限り早期が望ましい。

令和６年度以降の計画の計画期間は以下の通り。

・計画始期：令和６年４月１日
・計画終期：始期から５年を超えない範囲内で任意の日

計画の作成に当たっては、各医療機関は、令和17年度末での連携Ｂ・Ｂ水準の廃止を前提に、計画的に労働時間短縮の目標を設定する必要があることに留意するとともに、計画期間内であっても、「５ 作成の流れ」のとおり、ＰＤＣＡサイクルの中で、年１回、計画の見直しを行うこととする。

４　計画の対象医師

計画に記載する労働時間短縮に向けたマネジメント改革、勤務環境改善等は、個々の医師だけでなく、その医療機関全体に関わるものである。例えば､タスク・シフト／シェアについては、長時間労働を行う医師だけではなく、他の医師や看護師、薬剤師、医師事務作業補助者等の各職種の業務に大きく影響するものである。この点に留意は必要であるが、計画の第一義的な目的は、長時間労働を行う医師（具体的には、年間の時間外・休日労働時間数が960時間を超える医師）の労働時間の短縮である。

このため、計画の作成単位としては医療機関を原則とし、計画の対象職種は医師のみとする。また、当該医療機関に勤務する医師のうち、全員を計画の対象とすることも可能であるが、長時間労働を行う個々の医師を特定して当該医師の労働時間の短縮に係る計画を作成することや、長時間労働が恒常的となっている診療科に限定して、診療科単位で作成することも可能とする。

また、連携Ｂ・Ｂ・Ｃ水準のいずれか複数の指定を受けている（受けることを予定している）医療機関は、一つの計画としてまとめて作成することも可能であるが、その場合には、取組の対象となる医師が明らかになるよう計画に記載することが求められる（例：全勤務医共通の取組とＣ－１水準の対象となる臨床研修医のみに適用される取組を区別する等）

複数の研修プログラムについて、Ｃ－１水準指定を受けている（受けることを予定している）医療機関についても同様とする。Ｃ－１水準指定を受けている医療機関のうち、基幹型研修施設においては、協力型研修施設における労働時間についても把握し、研修プログラム全体として時間外・休日労働が適正化されるよう、計画を作成しなければならない。また、連携Ｂ・Ｂ・Ｃ水準の適用医師で書き分けることも考えられる。

なお、Ｃ－１水準については、研修プログラム／カリキュラム内の各医療機関においては、当該医療機関における研修期間が１年未満の場合も、当該研修期間の時間外・休日労働時間数を年単位に換算し960時間超となる場合には、Ｃ－１水準対象医療機関としての指定が必要であり、当該指定申請に当たり、計画の案の作成が必要となる点に留意する必要がある。

５　作成の流れ

⑴　ＰＤＣＡサイクル

医師、看護師、薬剤師、事務職員等の幅広い医療スタッフの協力の下、一連の過程を定めて継続的に行う自主的な勤務環境改善活動を促進することにより、快適な職場環境を形成し、医療スタッフの健康増進と安全確保を図るとともに、医療の質を高め、患者の安全と健康の確保に資することを目的として、医療機関における「医療勤務環境改善マネジメントシステム」の導入が進められている。

計画を作成する際も、医療法第30条の19に基づく努力義務が課されている「医療勤務環境改善マネジメントシステム」のＰＤＣＡサイクルを活用して、各医療機関において、医師を含む各職種が参加する合議体で議論し、対象医師に対し計画の内容を説明し意見交換する等の手順を踏むことが必要とされる。

例えば、以下のような方法が考えられる

・理事長・院長等経営トップ主導のトップダウンによるチームの組成
・問題意識・解決意欲の高い医療スタッフ主導のボトムアップによるチームの組成
・人事・事務部門が中心となったプロジェクト・チームの組成
・既存の委員会（安全衛生委員会、労働時間等設定改善委員会、業務改善委員会等）や会議の活用

いずれの方法による場合も、勤務環境改善の取組は、医療機関全体に関わる課題であるため、様々な職種・年代のスタッフを参加させることが重要である。その際、例えば、医療機関内で世代や職位の異なる複数の医師、他の医療職種、事務職員等が参加する意見交換会を実施し、働き方改革に対する年代や職位による考え方の違いや改革を進める上での課題・役割分担等について相互理解を深めることが、実効的な計画作成につながると考えられる。

医療機関においては、勤務医を対象とした説明会を開催し、計画の内容について理解を深めるとともに、計画の内容及びその進捗状況について、意見交換の機会を設けることが重要である。働き方改革に関するチームを医療機関内の正式な組織として位置付け、医療機関として本気で取り組んでいく方針を医療機関内に示すことも効果的である（「医療分野の「雇用の質」向上のための勤務環境改善マネジメントシステム導入の手引き」参照）。

また、作成された計画や連携Ｂ・Ｂ・Ｃ水準の指定申請に当たって作成した計画の案は、今後の医療機関としての取組の方向性を示すものであるため、院内に掲示する等により継続的にその内容の周知を図ることも重要である。

⑵　都道府県との関係について

計画の作成に当たっては、必要に応じて医療勤務環境改善支援センターに相談し、アドバイスを受けることができる。その際、計画の内容のみならず、医療機関の勤務環境の改善に向けた支援を同センターから受けることも医師の働き方改革の推進に効果的と考えられる。

また、医療機関は、計画作成後は、同計画を医療機関が所在する都道府県に提出する。計画には前年度の実績を記入するとともに、毎年、必要な見直しを行い、見直し後の計画を毎年、都道府県に提出することとする。なお、令和５年度末までの計画については、都道府県への提出は任意であるが、提出した場合には情報提供や助言等の支援を受けることができる。また、提出後に計画の見直しを行った場合には見直し後の計画を都道府県に提出することとする。

⑶　公表について

計画については、公表する必要はないものの、医療機関の判断により、公表することを妨げるものではない。

⑷　計画の見直しについて

計画を見直す際には、⑴のＰＤＣＡサイクルの中で自己評価を行うこととする。具体的には、各医療機関において直近１年間の労働時間の短縮状況について確認を行い、医師労働時間短縮目標ライン（６－１⑴で後述）との乖離の度合い等も踏まえた上で、必要に応じて目標の見直しや具体的な取組内容の改善等を行うことが期待される。

また⑵に示したとおり、見直し後の計画も、毎年、都道府県に提出する。

６　記載事項

計画は、労働時間の状況の適切な把握及び労働時間短縮の取組を促すため、各医療機関に共通して記載が求められる事項と、医療機関の多様性を踏まえた独自の取組の双方から構成されることが重要である。このため、計画の記載事項を以下のとおり、労働時間と組織管理（共通記載事項）と労働時間短縮に向けた取組（項目ごとに任意の取組を記載）に分け、医療機関の判断により計画の内容を検討できることとする。

一部の診療科や医師を対象とする取組とする場合には、その旨も明らかになるように記載する。

６－１ 労働時間と組織管理（共通記載事項）

⑴　労働時間数

以下の全ての項目について、①前年度実績、②当年度目標及び③計画期間終了年度の目標を記載する（当年度から終了年度までの間に目標時間数を設定することは任意とする。）。連携Ｂ・Ｂ・Ｃ水準の指定申請に当たって作成する計画の案については、当該「計画の案」の作成時点における前年度実績、指定を受けることを予定している年度の目標（令和６年度からの指定を申請する場合には令和６年度の目標）及び計画期間終了年度の目標を記載する。

前年度実績については、過去１年分の実績を記載する。また、各医療機関においては、36協定期間ごとに労働時間の把握・管理をしていると考えられ、可能であれば36協定期間に合わせて実績を記載する。

集計する単位としては、指定を受けている（受けることを想定している）水準ごとに医療機関全体（医師に限る。）及び診療科又は研修プログラム／カリキュラム単位で記載する。対象となる診療科又は研修プログラム／カリキュラムは、前年度の時間外・休日労働時間数が960時間を超えた医師のいる診療科又は研修プログラム／カリキュラムとする（計画期間中に、年間の時間外・休日労働時間数が960時間を超える医師が新たに生じた場合は、診療科又は研修プログラム／カリキュラム単位で追加する。）。

・年間の時間外・休日労働時間数の平均
・年間の時間外・休日労働時間数の最長
・年間の時間外・休日労働時間数960時間超～1,860時間の人数・割合
・年間の時間外・休日労働時間数1,860時間超の人数・割合

※医師の自己申告等により把握した副業・兼業先の労働時間を通算した時間外・休日労働時間数であることに留意する。
※各医療機関においては、上記の区分を更に細かく区分けする等、医師の年間の時間外・休日労働時間数を適切に把握するための工夫をすることが望ましい。
※C－１水準における研修プログラム／カリキュラム内の各医療機関においては、当該医療機関における研修期間中の時間外・休日労働時間を年単位に換算して年間の時間外・休日労働時間数を算出する。

各医療機関においては、医師の労働時間短縮等に関する大臣指針に示す、国全体の労働時間の短縮目標である「医師労働時間短縮目標ライン」を目安に、労働時間数の目標を設定し、計画的な労働時間の短縮に取り組んでいくことが求められる。

⑵　労務管理・健康管理

36協定の締結や労働時間と自己研鑽時間の区別、宿日直許可の有無を踏まえた適切な時間管理は、それ自体、労働時間の短縮に必ずしもつながるものではないものの、法令遵守の観点はもとより、医師の健康確保、働きやすい勤務環境づくりのために不可欠なものである。

以下の全ての項目について、①前年度の取組実績、②当年度の取組目標及び③計画期間中の取組目標を記載する。連携Ｂ・Ｂ・Ｃ水準の指定申請に当たって作成する計画の案については、当該「計画の案」の作成時点における前年度の取組実績、指定を受けることを予定している年度の取組目標（令和６年度からの指定を申請する場合には令和６年度の取組目標）及び計画期間中の取組目標を記載する。

・労働時間管理方法
　出退勤をどのように管理するか、ＩＣカードや生体認証等の客観的な記録を基礎として確認しているか、医師の自己申告等により副業・兼業先の労働時間を把握する仕組みがあるか等
・宿日直許可の有無を踏まえた時間管理
　「断続的な宿直又は日直勤務の許可基準」（昭和22年９月13日付け発基第17号）及び「医師、看護師等の宿日直許可基準について」（令和元年７月１日基発0701第８号）に則り、労働基準法施行規則（昭和22 年厚生省令第23号）第23条の宿日直許可を得ているか、「宿日直許可のある当直・日直」と「宿日直許可のない当直・日直」とを区別して管理し、後者の場合、労働時間として適正に把握しているか等
・医師の研鑽の労働時間該当性を明確化するための手続等
　「医師の研鑽に係る労働時間に関する考え方について」（令和元年７月１日基発0701第９号）に則り、医師の研鑽に関して、事業場における労働時間該当性を明確にするための手続及び環境の整備を適切に管理しているか等
・労使の話し合い、36協定の締結
　労使間の協議の場を設けているか、36協定の過半数代表者を適正に選出する等、適切なプロセスを経て締結しているか等

・衛生委員会、産業医等の活用、面接指導の実施体制

衛生委員会が設置され、定期的に開催されているか、健康診断が適切に実施されているか、産業医や必要な講習を受けた面接指導実施医師を必要数確保しているか等

・追加的健康確保措置の実施（※）

連続勤務時間制限、勤務間インターバル、代償休息、面接指導等の追加的健康確保措置を行っているかどうか等

（※）令和５年度末までの計画を作成する場合は、追加的健康確保措置はまだ義務付けられていないため、記載は任意。令和６年度以降の計画を作成する場合は、記載は必須であるが、連携Ｂ・Ｂ・Ｃ水準の指定申請に当たって作成する計画の案については、当該「計画の案」の作成時点における実施体制の整備の状況、指定を受けることを予定している年度の取組目標（令和６年度からの指定を申請する場合には令和６年度の取組目標）及び計画期間中の取組目標を記載。既に取組実績がある場合には併せて記載が可能。

⑶　意識改革・啓発

医師の働き方改革の推進は、管理者と個々の医師の意識改革が重要であり、以下の項目のうち、最低１つの取組について、①前年度の取組実績、②当年度の取組目標及び③計画期間中の取組目標を計画に記載する。ただし、以下の項目は働き方改革に関する意識改革・啓発につながると思われる医療機関独自の取組に代えることも可能とする。連携Ｂ・Ｂ・Ｃ水準の指定申請に当たって作成する計画の案については、①当該「計画の案」の作成時点における前年度の取組実績、②指定を受けることを予定している年度の取組目標（令和６年度からの指定を申請する場合には令和６年度の取組目標）及び③計画期間中の取組目標を記載する。

・管理者マネジメント研修

病院長や診療科長等が管理者のマネジメント研修を受講しているか等

・働き方改革に関する医師の意識改革

働き方改革について医師の意見を聴く仕組みを設けているか、医療機関が進める働き方改革の内容について医師にきちんと周知する仕組みが整っているか等

・医療を受ける者やその家族等への医師の働き方改革に関する説明

医療を受ける者やその家族等に対し、医師の働き方改革を進めていること、それにより、外来等の場面で影響があることについて、理解を求める旨の掲示を行っているか等

⑷　作成プロセス

「５ 作成の流れ」にもあるとおり、各職種が参加する委員会や会議、チーム等において計画の検討を行い、作成したか、また、計画の内容について医師にきちんと周知されているか等を記載する。

６－２ 労働時間短縮に向けた取組（項目ごとに任意の取組を記載）

以下の項目については、各医療機関の勤務する職員の状況や提供する診療業務の内容などに依るところが大きく、取組の実施可能性が医療機関ごとに大きく異

なることが考えられる。このため、これらの項目については、(1)~(5)それぞれにおいて、最低１つの取組について①計画作成時点における取組実績と②計画期間中の取組目標を計画に記載する（計画の対象医師に副業・兼業を行う医師がいない場合には、(4)の記載は不要。Ｃ－１水準を適用する臨床研修医及び専攻医がいない場合には、(5)の記載は不要。）。連携Ｂ・Ｂ・Ｃ水準の指定申請に当たって作成する計画の案については、①当該「計画の案」の作成時点で把握している取組実績及び②計画期間中の取組目標を記載する。

また、以下の具体的取組は、「医師の労働時間短縮に向けた緊急的な取組」(平成30年２月27日医師の働き方改革に関する検討会）等で挙げられている事項であり、あくまで例であるため、医療機関独自の取組に代えることも可能である。なお、(1)における取組を記載する際には、「医師の働き方改革を進めるためのタスク・シフト／シェアの推進に関する検討会」における議論を踏まえた「現行制度の下で実施可能な範囲におけるタスク・シフト／シェアの推進について」(令和３年９月30日医政発0930第16号）を参考にすること。同検討会において特に推進するものとされたものを以下に挙げる。

(5)における「研修の効率化」とは、単に労働時間を短くすることではなく、十分な診療経験を得る機会を維持しつつ、カンファレンスや自己研鑽などを効果的に組み合わせるに当たり、マネジメントを十分に意識し、労働時間に対して最大の研修効果をあげることであることに留意する。

(1) タスク・シフト／シェア

１）看護師
- 特定行為（38行為21区分）の実施
- 事前に取り決めたプロトコールに基づく薬剤の投与、採血・検査の実施
- 救急外来における医師の事前の指示や事前に取り決めたプロトコールに基づく採血・検査の実施
- 血管造影・画像下治療（IVR）の介助
- 注射、採血、静脈路の確保等
- カテーテルの留置、抜去等の各種処置行為
- 診察前の情報収集

２）助産師
- 院内助産
- 助産師外来

３）薬剤師
- 周術期の薬学的管理等
- 病棟等における薬学的管理等
- 事前に取り決めたプロトコールに沿って行う処方された薬剤の投与量の変更等
- 薬物療法に関する説明等
- 医師への処方提案等の処方支援

４）診療放射線技師
- 撮影部位の確認、検査オーダーの代行入力等
- 血管造影・画像下治療(IVR)における補助行為
- 放射線検査等に関する説明、同意書の受領
- 放射線管理区域内での患者誘導

5）臨床検査技師

・心臓・血管カテーテル検査、治療における直接侵襲を伴わない検査装置の操作

・病棟・外来における採血業務

・輸血に関する定型的な事項や補足的な説明と同意書の受領

・生体材料標本、特殊染色標本、免疫染色標本等の所見の報告書の作成

6）臨床工学技士

・人工心肺を施行中の患者の血液、補液及び薬剤の投与量の設定及び変更

・全身麻酔装置の操作

・各種手術等において術者に器材や医療材料を手渡す行為

・生命維持管理装置を装着中の患者の移送

7）理学療法士・作業療法士・言語聴覚士

・リハビリテーションに関する各種書類の記載・説明・書類交付

8）医師事務作業補助者その他の職種

・診療録等の代行入力

・各種書類の記載

・医師が診察をする前に、医療機関の定めた定型の問診票等を用いて、診察する医師以外の者が患者の病歴や症状などを聴取する業務

・日常的に行われる検査に関する定型的な説明、同意書の受領

・入院時のオリエンテーション

・院内での患者移送・誘導

(2)　医師の業務の見直し

・外来業務の見直し

・宿日直の体制や分担の見直し

・宿日直中の業務の見直し

・オンコール体制の見直し

・主治医制の見直し

・副業・兼業先の労働時間も踏まえた勤務シフトの管理

(3)　その他の勤務環境改善

・ＩＣＴその他の設備投資

音声入力システムを導入している等

・出産・子育て・介護など、仕事と家庭の両立支援

短時間勤務、時差出勤、変形労働時間制の導入、宿日直の免除、院内保育・病児保育・学童保育・介護サービスの整備や利用料補助等

・更なるチーム医療の推進

介護、福祉の関係職種との連携等

(4)　副業・兼業を行う医師の労働時間の管理

・副業・兼業先の労働時間も踏まえた勤務シフトの管理（再掲）

・副業・兼業先との勤務シフトの調整

・副業・兼業先への医師労働時間短縮の協力要請

　副業・兼業先における、宿日直許可基準に該当する場合の当該許可の取得、円滑な引継ぎ等によりできる限り予定していた時間内での勤務となるような配慮、派遣する医師が長時間労働となっている場合の医師の変更の受入等の協力要請

(5)　Ｃ－１水準を適用する臨床研修医及び専攻医の研修の効率化

・教育カンファレンスや回診の効率化

・効果的な学習教材・機材の提供による学習環境の充実
・個々の医師に応じた研修目標の設定とこれに沿った研修計画の作成

7 評価センターによる評価との関係

連携B・B・C水準の対象医療機関として都道府県により指定を受ける場合には、当該指定を受けることを予定している年度を開始年度とした「計画の案」を作成し、事前に評価センターによる評価を受審する必要がある。また、都道府県による当該医療機関の指定は、その評価結果を踏まえて行われることとなる。加えて、指定後は3年以内に一度の頻度で、評価センターによる評価を受審する必要があるが、その際には評価を受審する年度の計画が参照される。

評価センターの評価の対象は、医療機関における労働時間短縮の取組の状況（取組内容や取組実績、目標の達成状況等）及び今後の取組の内容（目標や取組目標）であり、評価センターは、計画の案や計画（以下単に「計画」という。）に記載された内容を参照して評価を行う。このため、計画にどのような内容を記載するのか、どのような目標を設定し、その達成のためにどのような取組目標を立てるのかが重要となる。

評価センターは、客観的な評価基準を元に、また、訪問調査等により確認した事項も踏まえて評価する。このため、計画に、実現可能性の高い取組目標のみを記載する、実績を勘案すると不十分と捉えうる目標を設定する等により達成率を高めることは、必ずしも良い評価結果を生むとは限らない。

なお、令和5年度末までの間に、医療機関が努力義務に基づき作成する計画は、評価センターの評価の対象外であるが、令和5年度末までの取組は、取組実績として、令和6年度を開始年度とする初回の指定に係る評価の際に参照されることとなる。

評価センターによる評価は、医療機関における勤務環境の改善を促進するために実施されるものであり、評価結果に応じて計画を見直し、取組の改善を図ることが何より重要である。都道府県による指定は、評価結果後の医療機関における改善状況も踏まえて行われる。評価センターによる評価は、医療機関における取組を支援・促進する視点で行われ、評価結果の伝達は、今後の取組に対する助言として、取組が不十分である事項、今後、改善すべき事項が明らかになるような形で行われる。医療機関においては、評価結果を踏まえ、取組目標の追加や目標の修正を行い、より取組効果の高い計画とすることが大切である。

8 計画のひな型／作成例について

各医療機関の状況に応じて柔軟に計画を作成いただけるよう、記載項目のみを示し、様式は自由としているところであるが、作成の参考となるよう別紙のとおり、ひな型及び当該ひな型を使用した作成例をお示しする。また、本ひな型の編集可能媒体は、厚生労働省が運営する医療機関の勤務環境改善ポータルサイト「いきいき働く医療機関サポート（いきサポ）」よりダウンロードが可能である。

別紙

医師労働時間短縮計画（ひな型）

計画期間 ＿＿＿＿＿＿＿＿＿＿＿＿＿＿

対象医師 ＿＿＿＿＿＿＿＿＿＿＿＿＿＿

1．労働時間と組織管理（共通記載事項）

（1）労働時間数

○年間の時間外・休日労働時間数の平均
○年間の時間外・休日労働時間数の最長
○年間の時間外・休日労働時間数 960 時間超～1, 860 時間の人数・割合
○年間の時間外・休日労働時間数 1, 860 時間超の人数・割合

（2）労務管理・健康管理

○労働時間管理方法
○宿日直許可の有無を踏まえた時間管理
○医師の研鑽の労働時間該当性を明確化するための手続等
○労使の話し合い、36 協定の締結
○衛生委員会、産業医等の活用、面接指導の実施体制
○追加的健康確保措置の実施

（3）意識改革・啓発

（4）策定プロセス

※上記（1）から（4）の項目ごとに「前年度の取組実績」「当年度の取組目標」「計画期間中の取組目標」を記載する。（（4）策定プロセスは除く。）

２．労働時間短縮に向けた取組（項目ごとに任意の取組を記載）

以下の項目ごとに、最低１つの取組を記載。

（１）タスク・シフト／シェア

例：・職種に関わりなく特に推進するもの
　　・職種毎に推進するもの

（２）医師の業務の見直し

例：・外来業務の見直し
　　・宿日直の体制や分担の見直し
　　・オンコール体制の見直し
　　・主治医制の見直し

（３）その他の勤務環境改善

例：・ＩＣＴその他の設備投資
　　・出産・子育て・介護など、仕事と家庭の両立支援
　　・更なるチーム医療の推進

（４）副業・兼業を行う医師の労働時間の管理

例：・副業・兼業先の労働時間も踏まえた勤務シフトの管理
　　・副業・兼業先との勤務シフトの調整
　　・副業・兼業先への医師労働時間短縮の協力要請

（５）C-１水準を適用する臨床研修医及び専攻医の研修の効率化

例：・教育カンファレンスや回診の効率化
　　・効果的な学習教材・機材の提供による学習環境の充実
　　・個々の医師に応じた研修目標の設定とこれに沿った研修計画の作成

※上記（１）から（５）の項目ごとに「計画策定時点での取組実績」「計画期間中の取組目標」を記載する。

令和〇年度　△〇×病院　医師労働時間短縮計画（作成例）
※令和４・５年度用

※とふきだしは解説である

計画期間

令和〇年〇月～令和６年３月末
※始期は任意。

対象医師

△△科医師（●名）
□□科医師（●名）

1．労働時間と組織管理（共通記載事項）

（1）労働時間数

時間を記載（〇時間△分）

△△科医師（●名）

年間の時間外・休日労働時間数	前年度実績	当年度目標	計画期間終了年度の目標
平均			
最長			
960 時間超～1,860 時間の人数・割合			
1,860 時間超の人数・割合			

人数・割合を記載（〇人・□%）

□□科医師（●名）

年間の時間外・休日労働時間数	前年度実績	当年度目標	計画期間終了年度の目標
平均			
最長			
960 時間超～1,860 時間の人数・割合			
1,860 時間超の人数・割合			

（2）労務管理・健康管理

※　以下に記載の取組内容は記載例としての参考である。このほか様々な取組が考えられる。別添（取組例集）参照。

【労働時間管理方法】

前年度の取組実績	出勤簿による自己申告
当年度の取組目標	出退勤管理に関してＩＣカード導入
計画期間中の取組目標	上記事項に取り組む

【宿日直許可の有無を踏まえた時間管理】

前年度の取組実績	特になし（許可は得ていない）
当年度の取組目標	労働基準法施行規則第 23 条の宿日直許可の取得手続きを行う
計画期間中の取組目標	宿日直許可に基づき適切に取り組む

【医師の研鑽の労働時間該当性を明確化するための手続等】

前年度の取組実績	特になし
当年度の取組目標	事業場における労働時間該当性を明確にするための手続を周知し管理する
計画期間中の取組目標	上記事項に取り組む

【労使の話し合い、36 協定の締結】

前年度の取組実績	協議の場として、労働時間等設定改善委員会を月１回開催する。労働者の過半数で組織する労働組合と協議・締結し、届け出た 36 協定を医局内に掲示する。
当年度の取組目標	上記事項に取り組む
計画期間中の取組目標	同上

【衛生委員会、産業医等の活用、面接指導の実施体制】

前年度の取組実績	・衛生委員会を月 1 回開催する ・健康診断を年 2 回実施する
当年度の取組目標	上記事項に取り組む。
計画期間中の取組目標	同上

【追加的健康確保措置の実施】

前年度の取組実績	ー　※令和５年度末までの計画の場合は記載不要
当年度の取組目標	令和６年度を見据え、連続勤務時間制限、勤務間インターバル確保及び代償休息確保を可能とする勤務体制をシミュレートする。
計画期間中の取組目標	上記事項を受けて勤務体制を見直し、必要な体制（面接指導実施医師の確保、追加的健康確保措置を見据えた勤務管理ソフトの導入等）を組む

（3）意識改革・啓発

※　以下に記載の取組内容は記載例としての参考である。このほか様々な取組が考えられる。別添（取組例集）参照。

【管理者マネジメント研修】

前年度の取組実績	特になし
当年度の取組目標	・国等が実施する病院長向けの研修会に病院長が参加する ・診療科長等向けに管理者のマネジメント研修を年１回開催し受講を促す
計画期間中の取組目標	上記事項に取り組む

（4）策定プロセス

※　以下に記載の取組内容は記載例としての参考である。このほか様々な取組が考えられる。別添（取組例集）参照。

各職種（医師、看護師、●●、●●）から各代表〇名が参画する勤務環境改善委員会を〇ヶ月に〇回開催し、この計画の検討を行い策定した。案の段階で、対象医師やタスク・シフト先となる職員等を集めた説明会を〇回開催し、意見交換を実施するとともに、策定後には当該計画を医局のほか、各職種の職場に掲示している。

2．労働時間短縮に向けた取組（項目ごとに任意の取組を記載）

※　以下のカテゴリーごとに、最低１つの取組を記載。

（1）タスク・シフト／シェア

※　以下に記載の取組内容等は記載例としての参考である。このほか様々な職種との連携が考えられる。別添（取組例集）参照。

【看護師】

計画策定時点での取組実績	特になし
計画期間中の取組目標	特定行為研修を受講する看護師を○名以上に増加させる

【医師事務作業補助者】

計画策定時点での取組実績	医師事務作業補助者○人体制で医師の具体的指示の下、診療録等の代行入力を行う。
計画期間中の取組目標	医師事務作業補助者○人体制に増員し医師の具体的指示の下、診療録等の代行入力を行う

（2）医師の業務の見直し

※　以下に記載の取組内容は記載例としての参考である。このほか様々な取組が考えられる。別添（取組例集）参照。

計画策定時点での取組実績	特になし（診療科ごとの宿日直体制）
計画期間中の取組目標	診療科ごとの体制ではなく、交代で１日当直当たり２人体制とし、日当直しない診療科はオンコール体制とする

（3）その他の勤務環境改善

※　以下に記載の取組内容は記載例としての参考である。このほか様々な取組が考えられる。別添（取組例集）参照。

計画策定時点での取組実績	特になし（未導入）
計画期間中の取組目標	音声入力システムを導入してカルテの一部を自動作成する

（4）副業・兼業を行う医師の労働時間の管理

※　以下に記載の取組内容は記載例としての参考である。このほか様々な取組が考えられる。別添（取組例集）参照。

計画策定時点での取組実績	特になし
計画期間中の取組目標	副業・兼業先への労働時間短縮の協力要請を行い、勤務シフトの調整を行う

※本項目は副業・兼業を行う医師がいない場合には記載不要。

（５）Ｃ−１水準を適用する臨床研修医及び専攻医の研修の効率化

※　以下に記載の取組内容は記載例としての参考である。このほか様々な取組が考えられる。別添（取組例集）参照。

計画策定時点での取組実績	特になし
計画期間中の取組目標	個々の医師に応じた研修目標の設定とこれに沿った研修計画の作成を行う

令和６年度　△〇×病院　医師労働時間短縮計画の案（作成例）
※令和６年度に向けた指定申請用

※とふきだしは解説である

計画期間

令和６年４月～令和〇年〇月末

※５年以内の任意な期間を設定する。

対象医師

△△科医師（●名（Ｂ：●名／Ｃ−１：●名））

□□科医師（●名（連携Ｂ：●名／Ｃ−２：●名））

１．労働時間と組織管理（共通記載事項）

（１）労働時間数

△△科医師（●名（Ｂ：●名／Ｃ−１：●名））

※案策定時点の前年度実績を記載

時間を記載（〇時間△分）

年間の時間外・休日労働時間数	●年度実績	令和６年度目標	計画期間終了年度の目標
平均			
最長			
960 時間超～1,860 時間の人数・割合			
1,860 時間超の人数・割合			

人数・割合を記載（〇人・□%）

□□科医師（●名（連携Ｂ：●人／Ｃ−２：●人））

年間の時間外・休日労働時間数	●年度実績	令和６年度目標	計画期間終了年度の目標
平均			
最長			
960 時間超～1,860 時間の人数・割合			
1,860 時間超の人数・割合			

（2）労務管理・健康管理

※　以下に記載の取組内容は記載例としての参考である。このほか様々な取組が考えられる。別添（取組例集）参照。

【労働時間管理方法】

●年度の取組実績※案策定時点の前年度	出勤簿による自己申告
令和６年度の取組目標	出退勤管理に関してＩＣカード導入
計画期間中の取組目標	上記事項に取り組む

【宿日直許可の有無を踏まえた時間管理】

●年度の取組実績※案策定時点の前年度	特になし（許可は得ていない）
令和６年度の取組目標	労働基準法施行規則第 23 条の宿日直許可の取得手続きを行う
計画期間中の取組目標	宿日直許可に基づき適切に取り組む

【医師の研鑽の労働時間該当性を明確化するための手続等】

●年度の取組実績※案策定時点の前年度	特になし
令和６年度の取組目標	事業場における労働時間該当性を明確にするための手続を周知し、環境の整備を管理する
計画期間中の取組目標	手続きを周知し適切に取り組む

【労使の話し合い、36 協定の締結】

●年度の取組実績※案策定時点の前年度	協議の場として、労働時間等設定改善委員会を月１回開催する。労働者の過半数で組織する労働組合と協議・締結し、届け出た 36 協定を医局内に掲示する。
令和６年度の取組目標	上記事項に取り組む
計画期間中の取組目標	同上

【衛生委員会、産業医等の活用、面接指導の実施体制】

●年度の取組実績※案策定時点の前年度	・衛生委員会を月 1 回開催する ・健康診断を年 2 回実施する
令和６年度の取組目標	上記事項に取り組む
計画期間中の取組目標	同上

※準備実績又は準備の予定を記載。先行して実施し実績がある場合には併せて記載。

【追加的健康確保措置の実施】

令和６年度に向けた準備	令和５年度中に面接指導実施医師●名の確保（必要な研修の受講）を終える予定
令和６年度の取組目標	連続勤務時間制限、勤務間インターバル確保及び代償休息確保を可能とする勤務体制とし、対象医師への面接指導を漏れなく実施する
計画期間中の取組目標	上記事項に取り組む

（３）意識改革・啓発

※　以下に記載の取組内容は記載例としての参考である。このほか様々な取組が考えられる。別添（取組例集）参照。

【管理者マネジメント研修】

前年度の取組実績	特になし
当年度の取組目標	・国等が実施する病院長向けの研修会に病院長が参加する ・診療科長等向けに管理者のマネジメント研修を年１回開催し受講を促す
計画期間中の取組目標	上記事項に取り組む

（４）策定プロセス

※　以下に記載の取組内容は記載例としての参考である。このほか様々な取組が考えられる。別添（取組例集）参照。

各職種（医師、看護師、●●、●●）から各代表〇名が参画する勤務環境改善委員会を〇ヶ月に〇回開催し、この計画の案の検討を行った。対象医師やタスク・シフト先となる職員等を集めた説明会を〇回開催し、意見交換を実施するとともに、本計画の案は医局の他、各職種の職場に掲示している。　※計画の案の段階ではあるが、令和６年度以降の取組の方向性を示すものであり、院内掲示等により周知を図ることが望ましい。

２．労働時間短縮に向けた取組（項目ごとに任意の取組を記載）

※　以下のカテゴリーごとに、最低１つの取組を記載。

6

通達・ガイドライン等

（1）タスク・シフト／シェア

※　以下に記載の取組内容は記載例としての参考である。このほか様々な職種との連携が考えられる。別添（取組例集）参照。

【看護師】

計画策定時点での取組実績	特になし
計画期間中の取組目標	特定行為研修を受講する看護師を○名以上に増加させる

【医師事務作業補助者】

計画策定時点での取組実績	医師事務作業補助者○人体制で医師の具体的指示の下、診療録等の代行入力を行う。
計画期間中の取組目標	医師事務作業補助者○人体制に増員し医師の具体的指示の下、診療録等の代行入力を行う

（2）医師の業務の見直し

※　以下に記載の取組内容は記載例としての参考である。このほか様々な取組が考えられる。別添（取組例集）参照。

計画策定時点での取組実績	特になし（診療科ごとの宿日直体制）
計画期間中の取組目標	診療科ごとの体制ではなく、交代で１日当直当たり２人体制とし、宿日直しない診療科はオンコール体制とする

（3）その他の勤務環境改善

※　以下に記載の取組内容は記載例としての参考である。このほか様々な取組が考えられる。別添（取組例集）参照。

計画策定時点での取組実績	特になし（未導入）
計画期間中の取組目標	音声入力システムを導入してカルテの一部を自動作成する

（4）副業・兼業を行う医師の労働時間の管理

※　以下に記載の取組内容は記載例としての参考である。このほか様々な取組が考えられる。別添（取組例集）参照。

計画策定時点での取組実績	特になし
計画期間中の取組目標	副業・兼業先への労働時間短縮の協力要請を行い、勤務シフトの調整を行う

※本項目は副業・兼業を行う医師がいない場合には記載不要。

（5）C－1水準を適用する臨床研修医及び専攻医の研修の効率化

※　以下に記載の取組内容は記載例としての参考である。このほか様々な取組が考えられる。別添（取組例集）参照。

計画策定時点での取組実績	特になし
計画期間中の取組目標	個々の医師に応じた研修目標の設定とこれに沿った研修計画の作成を行う

別添

医師労働時間短縮計画 作成補助資料　取組例集

1．労働時間と組織管理（共通記載事項）

（1）労働時間数

※ 目標の検討の際には、医師の労働時間短縮等に関する大臣指針の「医師の時間外労働短縮目標ライン」を参照下さい。

・年間の時間外・休日労働時間数の詳細な階層化や分析

（2）労務管理・健康管理

【労働時間管理方法】

・出勤簿による自己申告

・ＩＣカード、生体認証、ビーコン等を用いた客観的な労働時間管理方法導入

・時間外労働時間の申請手続きの明確化・周知

・医師の自己申告等により副業・兼業先の労働時間を把握する仕組み構築

【宿日直許可の有無を踏まえた時間管理】

・宿日直許可申請について検討

・診療科ごとの勤務実態を踏まえて、必要に応じて宿日直許可を取得し、「宿日直許可のある宿直・日直」と「宿日直許可のない宿直・日直」とを区別した管理の実施

・宿直・日直の時間の適切な取り扱いを行った上での勤務計画の作成

【医師の研鑽の労働時間該当性を明確化するための手続等】

・自己研鑽のルールを定める

・事業場における労働時間の該当性を明確にするための手続を周知し、環境整備

【労使の話し合い、36 協定の締結】

・協議の場として、労働時間等設定改善委員会を月１回開催

・労働者の過半数で組織する労働組合と協議・締結し、届け出た 36 協定を医局内に掲示

・36 協定を１年に１回、実態に即して見直しを実施

・36 協定を超えた時間外労働の発生が見込まれた場合には業務内容や協定内

容の見直しを検討
・医師（特に連携Ｂ・Ｂ・Ｃ水準適用医師）から意見をくみ取る仕組みの構築

【衛生委員会、産業医等の活用、面接指導の実施体制】
・衛生委員会を月１回開催
・衛生委員会等で長時間労働の職員の対応状況の共有や対策等が検討されている
・健康診断を年２回実施
・医師の健康診断の実施率を 100%とする（100%ではない場合に未受診の医師全員に受診を促す）
・健康診断について、受診期間や場所等を受診しやすい環境に整える
・連携Ｂ・Ｂ・Ｃ水準対象医師については、健康診断の結果による追加検査や再受診が必要とされた場合の受診勧奨、またその結果のフォローする体制の整備
・（面接指導実施医師が産業医ではない場合に）産業医に相談可能な体制の構築
・面接指導の実施にあたり、産業医、面接指導実施医師のみではなく、他職種のサポートが可能な体制の構築

【追加的健康確保措置の実施】
※準備実績又は準備の予定を記載。先行して実施し実績がある場合には併せて記載。
・令和５年度中に面接指導実施医師●名について、必要な研修の受講を終える
・連続勤務時間制限、勤務間インターバル確保及び代償休息確保を可能とする勤務体制とし、対象医師への面接指導を漏れなく実施する
・月の時間外・休日労働が 155 時間を超えた医師への措置の実施

（３）意識改革・啓発

・国等が実施する病院長向けの研修会に病院長が参加する
・診療科長等向けに管理者のマネジメント研修を年１回開催し受講を促す
・各診療部門の長又はシフト管理者に対して、就業規則やシフト作成・管理に関する研修を年１回開催し受講を促す
・医師に対しては、勤怠管理や当人が理解すべき内容（始業・退勤時刻の申告、時間外労働の自己研鑽部分のルール確認、健康管理の重要性等）に関する研修を年１回開催し受講を促す
・医療機関が進める働き方改革の内容について医師に周知する仕組みを整える
・医療を受ける者やその家族等に対し、医師の働き方改革を進めていること、

それにより、外来やホームページ等の場面で影響があることについて、理解を求める旨の掲示を行う

（4）策定プロセス

・各職種（医師、看護師、●●、●●）から各代表○名が参画する勤務環境改善委員会を○ヶ月に○回開催し、この計画の案の検討を行う
・対象医師やタスク・シフト先となる職員等を集めた説明会を○回開催し、意見交換を実施する
・本計画の案を医局の他、各職種の職場に掲示する

2．労働時間短縮に向けた取組（項目ごとに任意の取組を記載）

（1）タスク・シフト／シェア

【看護師】
・特定行為（38 行為 21 区分）の実施
・事前に取り決めたプロトコールに基づく薬剤の投与、採血・検査の実施
・救急外来における医師の事前の指示や事前に取り決めたプロトコールに基づく採血・検査の実施
・血管造影・画像下治療（IVR）の介助
・注射、採血、静脈路の確保等
・カテーテルの留置、抜去等の各種処置行為
・診察前の情報収集

【助産師】
・院内助産
・助産師外来

【薬剤師】
・周術期の薬学的管理等
・病棟等における薬学的管理等
・事前に取り決めたプロトコールに沿って行う処方された薬剤の投与量の変更等
・薬物療法に関する説明等
・医師への処方提案等の処方支援

【診療放射線技師】
・撮影部位の確認、検査オーダーの代行入力等
・血管造影·画像下治療(IVR)における補助行為
・放射線検査等に関する説明、同意書の受領
・放射線管理区域内での患者誘導

【臨床検査技師】
・心臓·血管カテーテル検査、治療における直接侵襲を伴わない検査装置の操作
・病棟・外来における採血業務
・輸血に関する定型的な事項や補足的な説明と同意書の受領
・生体材料標本、特殊染色標本、免疫染色標本等の所見の報告書の作成

【臨床工学技師】
・人工心肺を施行中の患者の血液、補液及び薬剤の投与量の設定及び変更
・全身麻酔装置の操作
・各種手術等において術者に器材や医療材料を手渡す行為
・生命維持管理装置を装着中の患者の移送

【理学療法士・作業療法士・言語聴覚士】
・リハビリテーションに関する各種書類の記載・説明・書類交付

【医師事務作業補助者・その他職種】
・診療録等の代行入力
・各種書類の記載
・医師が診察をする前に、医療機関の定めた定型の問診票等を用いて、診察する医師以外の者が患者の病歴や症状などを聴取する業務
・日常的に行われる検査に関する定型的な説明、同意書の受領
・入院時のオリエンテーション
・院内での患者移送・誘導

（2）医師の業務の見直し

・診療科ごとの体制ではなく、交代で1日当直当たり2人体制とし、宿日直しない診療科はオンコール体制とする

・宿日直を担う医師の範囲の拡大（短時間勤務医師や中堅以上医師の参画）
・当直明けの勤務負担の軽減
・外来の機能分化（紹介・逆紹介の活性化）
・複数主治医制の導入
・主治医チーム制の導入
・病院総合医の配置
・カンファレンスの勤務時間内実施や所要時間の短縮
・当直帯の申し送り時間帯を設定
・病状説明の勤務時間内実施と患者・家族への周知徹底
・クリティカルパスの作成等による業務の標準化
・研修医の学習環境の向上（経験の見える化による効果的な業務配分等）

（3）その他の勤務環境改善

・音声入力システムを導入してカルテの一部を自動作成
・スマートフォン等からの電子カルテ閲覧及び入力システム導入
・Web 会議 システム、院内グループウェアの活用
・副業・兼業先の労働時間も踏まえた勤怠管理システムの導入
・医師が短時間勤務等を希望した場合に受け入れ、活用できる環境がある
・子育て世代の医師が働きやすい環境を整備（短時間勤務、時差出勤、変形労働時間制の導入、宿日直の免除等）
・院内保育・病児保育・学童保育・介護サービスの整備や利用料補助等
・地域の病院間での機能分化（救急の輪番制の導入等）
・診療所の開所日・時間拡大による救急対応の分散
・開業医による病院外来支援
・病院診療所間の双方向の診療支援
・介護、福祉の関係職種との連携等
・患者相談窓口の設置（クレームを受けた場合のサポート体制の充実）

（4）副業・兼業を行う医師の労働時間の管理

・副業・兼業先への労働時間短縮の協力要請を行い、勤務シフトの調整を行う
・副業・兼業先の医療機関において、宿日直許可を取得を促す
・円滑な引継ぎ等によりできる限り予定していた時間内での勤務となるような配慮

・派遣医師の変更の受入等の協力要請
・副業・兼業先の労働時間を含めた勤務計画の作成

（5）C－1水準を適用する臨床研修医及び専攻医の研修の効率化

・個々の医師に応じた研修目標の設定とこれに沿った研修計画の作成を行う
・教育カンファレンスや回診の効率化
・効果的な学習教材・機材の提供による学習環境の充実
・個々の医師に応じた研修目標の設定とこれに沿った研修計画の作成

6　医療機関の医師の労働時間短縮の取組の評価

⑴　医療機関の医師の労働時間短縮の取組の評価に関するガイドライン（評価項目と評価基準）第１版（令和４年４月厚生労働省）

本ガイドライン及び評価項目と評価基準は、令和元年度厚生労働行政推進調査事業補助金（厚生労働科学特別研究事業）の「医療機関の医師の労働時間短縮の取組状況の評価に関する研究」研究班において作成された「医療機関の医師の労働時間短縮の取組の評価に関するガイドライン」及び「医師の労働時間短縮の取組状況 評価項目と評価基準（評価の視点／評価の要素）」（令和２年３月）に、「医師の働き方改革の推進に関する検討会」における検討や、令和３年度委託事業の「医師の労働時間短縮の取組の分析・評価のための「評価機能」（仮称）の設置準備事業」等を踏まえ、修正を行ったものである。

令和４年４月１日

1　趣旨

平成31年３月28日に取りまとめられた「医師の働き方改革に関する検討会」報告書では2024年４月から施行される診療に従事する勤務医の時間外労働上限規制について、年間の時間外・休日労働の上限を原則960時間以下とするが、地域医療における必要性等の理由がある場合については、「地域医療確保暫定特例水準」として、一定の期間集中的に技能向上のための診療を必要とする場合については、「集中的技能向上水準」（以下「Ｃ水準」という。）として、都道府県知事が指定する医療機関について年間1,860時間まで時間外・休日労働を認めることとしている。さらに、「医師の働き方改革の推進に関する検討会」中間とりまとめにおいて、「地域医療確保暫定特例水準」の中に、

・地域医療提供体制の確保の観点から必須とされる機能を果たすために、当該医療機関における時間外・休日労働が年960時間を超えざるを得ない場合に上限を年1,860時間とする水準（以下「Ｂ水準」という。）に加えて、
・地域医療提供体制の確保のために他の医療機関に派遣され、当該副業・兼業先での労働時間と通算した時間外・休日労働が年960時間を超えざるを得ない場合に通算の上限を年1,860時間とする水準（以下「連携Ｂ水準」という。）を設けることとされている。

この「Ｂ水準」、「連携Ｂ水準」及び「Ｃ水準」の対象要件に個々の医療機関が該

当するか否かについては、医療機関における医師の長時間労働の実態及び労働時間短縮の取組状況について、医療機関勤務環境評価センター（以下「評価センター」という）が評価を実施し、その結果を踏まえて都道府県が指定することとされている。

本ガイドラインでは、医療機関の医師の労働時間短縮の取組の評価の際に必要な視点と実施内容について具体的に明らかにする。

2 労働時間短縮の取組の評価における考え方

⑴ 労務管理体制の構築と人事・労務管理の各種規程の整備と周知

① 医療機関側は労務管理に関する責任者（以下「労務管理責任者」という。）1名を置き、責任の所在とその役割を明確にすること。なお、その際には必要に応じて医療勤務環境改善支援センターや社会保険労務士等の専門家に意見を聞くことが望ましい。

② 医療機関側は労務管理に関する事務の統括部署（以下「事務統括部署」という。）を置き、責任の所在とその役割を明確にすること。

③ 自己研鑽については、「医師の研鑽に係る労働時間に関する考え方について」（令和元年7月1日基発0701第9号）に則り、医療機関内で医師の研鑽の労働時間該当性のルールを定め、周知、把握、管理を行うこと。

④ 代償休息については、医療機関内で付与のルールを定め、周知、把握、管理を行うこと。

⑤ 病院勤務医の負担の軽減及び処遇の改善に資する体制として、多職種からなる役割分担推進のための委員会又は会議を設置すること。その際には衛生委員会や労働時間等設定改善委員会の中に位置づけることも可能とする。

⑥ 就業規則、賃金規程、育児・介護休業規程、36協定、裁量労働制を採用している場合には裁量労働制等の各種規程について、法令の定めに沿って有効なものを作成し、法的に定められた方法で届出を実施すること。

⑦ 医療機関の管理者、労務管理責任者、各診療部門の長又は勤務計画管理者においては、これらの人事・労務管理の各種規程について、周知・理解しておくこと。

⑧ 勤務医に対し、労働契約書・労働条件通知書は書面で交付し、明示すること。その際には、事前に診療科ごとに合意形成を行った上で交付することが望ましい。

⑨ 勤務医に対し、入職時に人事・労務管理の各種規程、勤怠管理方法等について周知していること。

⑩ 宿日直許可については、診療科ごとに宿直・日直の時間における勤務実態を確認のうえ、「断続的な宿直又は日直勤務の許可基準」（昭和22年9月13日付け発基第17号）及び「医師、看護師等の宿日直許可基準について」（令和元年7月1日基発0701第8号）に則り、必要に応じて取得し、「宿

日直許可のある宿直・日直」と「宿日直許可のない宿直・日直」を区別して管理を行うこと。（注：宿日直許可のない宿日直の場合には労働時間として把握・管理を行うこと）

⑪　36協定については、前年度の労働時間の実績等を踏まえ、実態に即した時間外・休日労働時間数を定めていること。36協定の締結に向けて、協定当事者間で労働時間実績や医師の労働時間短縮の取組状況の共有や意見交換を行っていること。

⑫　36協定の締結に際し、過半数代表者の選出が必要な場合には、適切な選出プロセスを経ていること。（関連法規：労働基準法施行規則（昭和22年厚生省令第23号）第６条の２）

⑬　労働時間短縮計画の作成にあたっては、医師を含む各職種が参加する合議体で議論を行い、計画の対象医師に対して、計画の内容について説明し、意見交換の場を設けること。また、１年に１回、ＰＤＣＡサイクルの中で自己評価を行い、労働時間の目標や取組内容について必要な見直しを行うこと。

⑵　勤務医の勤務計画の計画的な作成

①　医師の勤務については、法定労働時間、法定休日等に留意し、時間外・休日労働の上限、法定休日の確保、副業・兼業先の労働時間、宿日直の時間の取り扱い等を明確にした上で、勤務計画を作成すること。

②　追加的健康確保措置の「勤務間インターバル」や「代償休息」についても加味した上で、勤務計画を作成すること。

③　副業・兼業先までの移動時間を考慮し、休息の時間を確保できるように、十分な勤務間インターバルを確保した勤務計画が作成されていることが望ましい。

④　勤務計画は対象月の前月末までに完成しており、以下のチェック基準を網羅する勤務計画のダブルチェック実施体制をとることを推奨する。

・時間外・休日労働時間数
・法定休日の確保
・副業・兼業先の勤務時間
・宿日直の時間
・勤務間インターバルの確保
・代償休息の付与

⑶　勤務医の労働時間の実態把握と管理

①　医療機関においては、医師の労働時間の把握が行われていない場合が多いため、まず、出勤時間と退勤時間から労働（滞在）時間を把握すること。

（タイムカード、ＩＣカード、パソコンの使用時間の記録等の客観的な記録を基礎として確認することが望ましいが、日をまたぐ勤務も多く、正確なデータの収集が困難な場合もあるため、少なくとも医師が労働（滞在）時間を正しく申告する体制は整備する：労働時間の適正な把握のために使用者が講

ずべき措置に関するガイドライン)

② 医療機関の滞在時間について、労働ではない時間(主に自己研鑽)も含めて把握すること。

③ 副業・兼業先については、あらかじめ決まっているものについては事前に勤務予定を報告する仕組みとするとともに、副業・兼業先の労働時間を少なくとも月に1回は医師が申告する仕組みとし、その内容を把握すること。また、予定していた労働時間に変更があったと判断される場合には、速やかに申告を求める仕組みとすることが望ましい。

④ 副業・兼業先の労働時間を通算して、時間外・休日労働時間数及び勤務間インターバル確保の実施状況を管理すること。

⑤ 宿日直許可のない宿直・日直の時間、宿日直許可のある宿直・日直中に通常の勤務時間と同態様の業務に従事した時間について、労働時間として把握すること。

⑥ 月に1回は管理者、労務管理責任者及び事務統括部署が医療機関全体の医師の勤務状況について、把握すること。

⑦ 時間外・休日労働時間数の超過防止や休日の確保、代償休息の付与等における勤務変更に対応するため、月に2回、各診療部門の長又は勤務計画管理者が管理下にある医師の労働時間の状況について把握できること。

⑧ 医師本人へ自身の労働時間について、時間外・休日労働の上限、勤務間インターバル確保や代償休息の付与等に対応できるように、月に1回フィードバックされること。

⑨ 月ごとの勤務実態の把握や注意喚起を実施しているにも関わらず、勤務実態に課題がある診療科や医師については、医療機関として行動変容を起こす取組を実施することが望ましい。

⑩ 実態を反映した労働時間に関する勤怠管理データを集計し、年次、診療科、B水準、連携B水準及びC水準適用医師についての傾向や労働時間の変化を確認すること。

(4) 医師の労働時間短縮に向けた取組

① 病院長や診療科長等が管理者のマネジメント研修を受講していること。

② 医療機関内の管理職層に向けたマネジメント研修が少なくとも年に1回実施されていること。

③ 各診療部門の長又はシフト管理者に、人事・労務管理の各種規程、勤務計画作成・管理に関する研修が少なくとも年に1回実施されていること。

④ 医師に対して、勤怠管理や当人が実施すべき内容（始業・退勤時刻の申告、副業・兼業先の労働時間の申告、時間外労働の自己研鑽部分のルール確認等）について、少なくとも年に1回周知され、さらにB水準、連携B水準及びC水準適用医師に対しては、勤怠管理や当人が理解すべき内容（始業・退勤時刻の申告、健康管理の重要性、面接指導の受診等）に関する研修が少なくとも年に1回は実施

されていること。

⑤　タスク・シフト／シェアについて、検討会において特に推進するとされている事項等のうち、現行制度上、多職種が可能であるが、タスク・シフト／シェアできていない項目は必須で進める等の取組を進めていること。

⑥　タスク・シフト／シェアの実施に当たり、関係職種への説明会や研修を開催するとともに、患者への説明を院内掲示等によって実施していること。

⑦　夜間、休日の勤務体制について、宿日直の時間帯に勤務する医師を減少させるための方策を検討し、実施していること。（例：各科当直の廃止・グループ当直の導入等）

⑧　複数主治医制やチーム制等の労働時間短縮効果が期待できる取組を導入し、効率的な勤務体制を検討し、実施していること。

⑨　会議や研修の効率化・合理化等が検討され、実施されていること。

⑩　勤務医の労働時間短縮を実現するためには、近郊の患者、地域住民、またクリニックの理解が不可欠である。「上手な医療のかかり方」に係る取組を踏まえ、自院が果たすべき役割（病診連携、外来診療のあり方、対象患者等）を検討し、検討結果を踏まえた取組を実施していること。

⑪　短時間勤務や院内保育所の整備等の多様で柔軟な働き方の提示と環境の整備をするとともに、ICTを活用した業務効率化に取り組んでいること。

⑫　副業・兼業を行う医師について、副業・兼業先への労働時間短縮の協力の要請を行っていること。

⑬　C－１水準を適用する臨床研修医・専攻医の研修の効率化の取組や、C－２水準を適用する医師の相談に対応できる体制の構築が行われていること。

⑭　「上手な医療のかかり方」に係る取組を踏まえつつ、医療機関の取組の中で、患者に理解を求める必要がある内容（診療時間外の病状説明の原則廃止、外来診療科の制限や時間短縮等）において、掲示やホームページ等で患者への周知が行われていること。

⑮　年に１回は患者満足度調査を実施し、医療の質の低下や医療機関の課題と捉える内容について、情報を収集していること。

⑸　医師の健康確保に関する取組

①　衛生委員会を適切な頻度で開催し、衛生委員会の審議事項として、「長時間にわたる労働による労働者の健康障害の防止を図るための対策の樹立に関すること」（労働安全衛生規則（昭和47年労働省令第32号）第22条第９号）とあり、追加的健康措置においても、事業者から産業医の勧告等の報告がなされるため、既存の衛生委員会の効果的な活用が求められるが、医療機関の組織体制として、長時間労働医師の健康確保に特化した他の実施体制を敷くことも可能である。

②　健康診断については、労働安全

衛生法（昭和47年法律第57号）第66条に基づき、適切に実施すること。

③　健康診断の実施時には、期間を長めに設定したり、連携病院なども含めどこでも健診可能としたり、受診しやすい仕組みを医療機関で提示することが望ましい。

④　Ｂ水準、連携Ｂ水準及びＣ水準適用医師については特に、健康診断で追加での検査、受診が必要とされた場合の受診勧奨、また、その結果のフォローまで確認することが望ましい。

⑤　面接指導が必要な医師数に対応した適切な数の面接指導実施医師を確保し、面接指導を実施すること。

⑥　面接指導実施医師が産業医ではない場合に、産業医に相談可能な体制、また、面接指導実施医師が、面接指導対象医師の直接の上司とならないような体制を整備すること。

⑦　面接指導を実施するにあたって、産業医又は面接指導実施医師とともに担当の事務職員の配置もしくは健康管理センターのような組織と協働すること。

⑧　面接指導対象の医師については、本人のみではなく、所属長及び勤務計画管理者にも面接指導の実施について連絡体制が確保されていること。

⑨　面接指導実施医師へ面接指導対象医師の勤務状況等、面接指導に必要な情報を提供すること。

⑩　就業上の措置が必要となった場合及び月の時間外・休日労働が155時間を超えた場合、当該医師の所属長と勤務計画管理者には管理者又は労務管理責任者より通知する体制がとられること。

⑪　就業上の措置が必要となった場合及び月の時間外・休日労働が155時間を超えた場合、当該医師個人が勤務変更等の調整を実施するのではなく、事務部門、所属長又は勤務計画管理者が実施すること。

⑫　年に１回は職員満足度調査及びＢ水準、連携Ｂ水準及びＣ水準適用医師からの意見収集を実施し、健康面と勤務へのモチベーション、医療提供体制に関する懸念事項等の内容について、情報を収集していること。

医師の労働時間短縮の取組状況
評価項目と評価基準
（評価の視点／評価の要素）

目 次

※　番号を○で囲んでいる項目は必須項目。必須項目の評価が×である場合は、評価保留となる。

1．医師の労働時間短縮に向けた労務管理体制の構築（ストラクチャー）

1.1　医師の労働時間短縮に求められる基本的労務管理体制

1.1.1　適切な労働管理体制の構築

【評価の視点】

○労務管理の適正化に向けた体制の構築が行われていることを評価する。

【評価の要素】

- 労務管理に関する責任者とその役割の明確化
- 労務管理に関する事務の統括部署とその役割の明確化
- 自己研鑽についての医療機関における定義の整備
- 代償休息についての医療機関における規程の整備
- 多職種からなる役割分担推進のための委員会又は会議の設置

【評価の項目と基準（基準においては具体例などを含んで記載）】

評価項目	評価基準（基準の詳細）	ガイドライン該当箇所
1．労務管理に関する責任者を置き、かつ責任の所在とその役割を明確に示している	○or×	（1）①
2．労務管理に関する事務の統括部署が明確に存在する	○or×	（1）②
3．医師の自己研鑽の労働時間該当性のルールを定めている	○or×	（1）③
4．追加的健康確保措置の体制を整備するために、勤務間インターバルと代償休息に関するルールをいずれも定めている	○or×	（1）④
5．議事録または議事概要を院内で公開することが前提の多職種からなる役割分担推進のための委員会又は会議が設置されている	○or× （勤務環境改善の委員会や働き方の改善ワーキンググループ等が存在し、議事録が公開されていれば○）	（1）⑤

1.1.2　人事・労務管理の仕組みと各種規程の整備・届出・周知

【評価の視点】

○人事・労務管理の仕組みや各種規程が適切に整備され、届出、周知がされていることを評 価する。

【評価の要素】

- 就業規則の整備・周知状況
- 賃金規程の整備・周知状況
- 育児介護休業に関する規程の整備

●医師個人との雇用契約の締結と明示
●時間外労働や休日等の正しい申告・管理のための医師への周知
●宿日直許可の届出とその時間の取扱いの整備

【評価の項目と基準（基準においては具体例などを含んで記載）】

⑥. 就業規則、賃金規程を作成し、定期的に見直しを行い、変更を行った際には周知されている	○or× （常に最新の状態を保っていれば○）	（1）⑥
⑦. 就業規則、賃金規程をいつでも医師が確認することができる	○or× （各部署に配布、院内等に常時掲載しアクセス可能等であれば○）	（1）⑦
8．育児・介護休業に関する規程を作成している	○or×	（1）⑥
⑨. 常勤・非常勤医師に対し、雇用契約を医師個人と締結し、雇用契約書又は労働条件通知書を書面で交付している	○or× （メール等を用いた電子交付でも差し支えない）	（1）⑧
⑩. 常勤・非常勤医師に対し、入職時に、就業規則、賃金規程や労働時間の管理方法に関して、医師本人へ周知している	○or× （オリエンテーション時にレクチャーを行う、またはマニュアルの配布等をしていれば○）	（1）⑨
⑪. 宿日直許可の有無による労働時間の取扱い（「宿日直許可のある宿直・日直」と「宿日直許可のない宿直・日直」）を区別して管理し ている	○or× （宿日直の時間が労働時間に該当するかがわかる資料があれば○）	（1）⑩

1.1.3　適切な36協定の締結・届出

【評価の視点】

○36協定の締結・届出が適切に行われていることを評価する。

【評価の要素】

●医師を含む自施設の医療従事者に関する36協定の締結・届出の状況
●36協定を超えた時間外・休日労働が発生している場合の見直しの状況
●36協定を超えた時間外・休日労働が発生している場合の改善計画の有無及びその内容
●36協定の締結当事者となる過半数代表者の選出状況
●医師の労働時間や環境に関する意見のくみ取りの実施状況

【評価の項目と基準（基準においては具体例などを含んで記載）】

⑫ 36協定では実態に即した時間外・休日労働時間数を締結し、届け出ている	○or× （前年度の労働時間実績や労働時間短縮に向けた取組状況を確認した上で労使間の協議を行い、締結していれば○）	（1）⑪
13. 36協定を超えた時間外・休日労働が発生した場合の見直し方法があり、かつその方法に基づく見直しを実施している	○or× （定めた時間を超過していた場合にどのように見直すかの手順が定められていれば○）	（1）⑪
⑭ 36協定の締結当事者となる過半数代表者が適切な選出プロセスを経て選出されている	○or× （36協定を締結するための過半数代表者を選出することを明らかにしたうえで、投票、挙手などにより選出していれば○）	（1）⑫
15. 36協定の締結に関して、医師（特にＢ水準、連携Ｂ水準及びＣ水準適用医師）から意見をくみ取る仕組みがある	○or× （組合の意見として出てきてもよい、医師への個別ヒアリング等でも行っていれば○）	（1）⑬

1.1.4　医師労働時間短縮計画の作成と周知

【評価の視点】

○医師労働時間短縮計画の作成が適切に行われ、周知、見直しが行われていることを評価する。

【評価の要素】

●医師を含む各職種が参加する合議体における議論の実施状況
●計画の対象医師に対する計画の内容についての説明及び意見聴取の実施状況
●対象医師以外の職員への計画の内容の周知の状況
●計画の内容の見直しの状況

【評価の項目と基準（基準においては具体例などを含んで記載）】

⑯ 医師を含む関係者が参加する合議体で議論を行い、医師労働時間短縮計画を作成している	○or×	（1）⑬
17. 医師労働時間短縮計画の対象医師に対して、計画の内容について説明するとともに意見交換の場を設けている	○or×	（1）⑬

18. 医師労働時間短縮計画を院内に掲示する等により、全ての職員に対して、医師労働時間短縮計画の内容を周知している	○or ×	(1) ⑬
⑲ 1年に1回、PDCAサイクルの中で自己評価を行い、労働時間の目標や取組内容について必要な見直しを行っている	○or ×	(1) ⑬

※19については新規のB水準、連携B水準及びC水準の指定に向けた評価の場合は除く。

※令和6年度からのB水準、連携B水準及びC水準の指定を受けることを予定している医療機関においては、令和6年度以降の医師労働時間計画の案の作成について評価を行う。

1.2 医師の勤務環境の適切な把握と管理に求められる労務管理体制

1.2.1 医師の労務管理における適切な労働時間の把握・管理体制

【評価の視点】

○少なくとも月単位で医師の労働時間を適切に把握・管理していることを評価する。

【評価の要素】

- 医療機関における医師の出勤時間と退勤時間の把握する仕組み
- 労働ではない時間（主に自己研鑽）を把握する仕組み
- 副業・兼業先の労働時間を把握する仕組み
- 副業・兼業先の労働時間を通算して管理する仕組み
- 宿日直許可の有無による取扱いの実施状況
- 代償休息の対象となる医師及び時間数を把握する仕組み
- 医師本人へ労働時間を知らせる体制
- 所属長又は勤務計画管理者が管理下にある医師の労働時間を把握する体制
- 管理者、労務管理責任者及び事務統括部署が医療機関全体の医師の労働時間を把握する体制

【評価の項目と基準（基準においては具体例などを含んで記載)】

⑳ 評価を受ける医療機関における労働（滞在）時間を把握する仕組みがある	○or × (客観的記録が望ましいが、日々の出勤状況と労働（滞在）時間を把握する仕組みがあり、実施していれば○)	(3) ①
21. 評価を受ける医療機関の滞在時間のうち労働ではない時間（主に自己研鑽）を把握する仕組みがある	○or × (時間外労働の申告時に医療機関のルールに沿って自己研鑽を申告していれば○)	(3) ②

22. 副業・兼業先の労働時間の実績を、少なくとも月に1回は、申告等に基づき把握する仕組みがある	○or×	(3)③
23. 副業・兼業先の労働時間を通算して、時間外・休日労働時間数及び勤務間インターバル確保の実施状況のいずれも管理している	○or×	(3)④
24. 宿日直許可のある宿直・日直中に通常の勤務時間と同態様の業務に従事した場合には、事後的に休息を付与する配慮を行っている	○or× (休暇の取得の呼びかけ等の休息の時間を確保するための何らかの取組を行っていれば○)	(3)④～⑦
25. 勤務間インターバルの確保を実施できず、代償休息の付与の対象となる医師及び時間数を少なくとも月1回は把握する仕組みがある	○or×	(3)⑥⑦
26. 少なくとも月に2回、各診療部門の長または勤務計画管理者が管理下にある医師の労働時間について、把握する仕組みがある	○or×	(3)⑦
27. 少なくとも月に1回は医師本人へ自身の労働時間について、フィードバックされる仕組みがある	○or×	(3)⑧
28. 少なくとも月に1回は管理者、労務管理責任者及び事務統括部署が医療機関全体の医師の勤務状況について、把握する仕組みがある	○or×	(3)⑥
29. 勤務実態に課題がある診療科や医師に対して、注意喚起を行う等、医師の労働時間短縮に向けた行動変容を起こす仕組みがある	○or× (診療科長、本人との面談等、注意喚起を実施していれば○)	(3)⑨

※23、24については新規のB水準、連携B水準及びC水準の指定に向けた評価の場合は除く。

1.2.2　医師の面接指導及び就業上の措置の実施体制

【評価の視点】

○適切に産業医が選任されていることを評価する。

○面接指導実施医師が長時間労働の医師に対して適切に面接指導ができる体制が構築されていることを評価する。

○医師の面接指導・就業上の措置が適切に行われていることを評価する。

【評価の要素】

- ●産業医の選任
- ●面接指導実施医師の確保
- ●面接指導実施医師が産業医でない場合に産業医に相談可能な体制
- ●長時間労働医師に対する面接指導が実施できる体制の整備
- ●面接指導対象医師を把握する仕組み
- ●面接指導対象医師と所属長等への案内方法
- ●面接指導実施医師への面接指導に必要な情報の提供
- ●面接指導対象医師への面接指導の実施及び報告状況
- ●就業上の措置が必要な医師への配慮
- ●就業上の措置が必要な医師の所属長及び医療機関への管理者への報告方法

㉚ 労働安全衛生法に基づき産業医が選任されている	○or×	
㉛ 医師に対する面接指導の実施体制が整備されている	○or×	（5）⑤
32. 面接指導対象医師が、必要に応じて、産業医に相談可能な体制が整備されている	○or×	（5）⑥
33. 面接指導実施医師が、面接指導対象医師の直接の上司とならないような体制がとられている	○or×	（5）⑥
34. 面接指導の実施にあたり、産業医、面接指導実施医師のみではなく、他職種がサポートする体制がある	○or× （担当の人事職員の配置や健康管理センター等の組織の活用などがあれば○）	（5）⑦
㉟ 月の時間外・休日労働が100時間以上になる面接指導対象医師を月単位で把握する仕組みがある	○or× （80時間超で把握する仕組みや衛生委員会で把握できる等であれば○）	
㊱ 月の時間外・休日労働が100時間以上になる面接指導対象医師へ面接指導の案内や連絡が確実に行える体制がある	○or× （電話での連絡や、メールでも返信などで確認がとれていれば○）	
37. 面接指導について、医師本人に加えて、所属長及びシフト管理者にも面接指導の実施についての連絡体制がある	○or× （所属長についても、返信などの確認が取れていれば○）	（5）⑧
㊳ 面接指導実施医師へ面接指導対象医師の勤務状況等、面接指導に必要な情報が提供されている	○or×	（5）⑨

39. 対象の医師に面接指導が実施され、医療機関に結果が報告されている	○or× （面接指導の結果の報告についての記録があれば○）	（5）⑧
40. 面接指導実施医師が何らかの措置が必要と判定・報告を行った場合には、その判定・報告を最大限尊重し、就業上の措置を講じている	○or×	
41. 就業上の措置が必要となった場合、当該医師の所属長と勤務計画管理者に対し、管理者、労務管理責任者又は委任された者や部署より通知し、措置を実施する体制がある	○or×	（5）⑩⑪

※36，38，39，40については新規のＢ水準、連携Ｂ水準及びＣ水準の指定に向けた評価の場合は除く。

1.2.3　月の時間外・休日労働が155時間を超えた場合の措置の実施体制

【評価の視点】

○月の時間外・休日労働が155時間を超えた場合の措置が行われていることを評価する。

【評価の要素】

- 月の時間外・休日労働が155時間を超えた医師を把握する仕組み
- 措置の対象となる医師への配慮
- 措置の対象となる医師の所属長及び医療機関への管理者への報告方法

【評価の項目と基準（基準においては具体例などを含んで記載）】

42. 月の時間外・休日労働が155時間を超えた医師を月単位で把握する仕組みがある	○or× （衛生委員会で把握できる等であれば○）	（5）⑩
43. 月の時間外・休日労働が155時間を超えた場合、当該医師の所属長と勤務計画管理者に対し、管理者、労務管理責任者又は委任された者や部署より通知し、措置を実施する体制がある	○or×	（5）⑩⑪

1.3　産業保健の仕組みと活用

1.3.1　衛生委員会の状況

【評価の視点】

○衛生委員会が設置され、適切に運営されていることを評価する。

【評価の要素】

- 衛生委員会の開催状況

●衛生委員会の構成員
●衛生委員会での長時間労働の医師への対応状況の確認の実施とその内容
●長時間労働の職員の対応について検討する代替機能の有無
●1.1.1であげた「多職種からなる役割分担推進のための委員会又は会議」との役割分担又は協働に関する内容

【評価の項目と基準（基準においては具体例などを含んで記載）】

(44) 衛生委員会が法令で定められた頻度・内容で開催されている	○or× (月に1回、構成員も定められたとおりに招集していれば○)	（5）①
45. 長時間労働の医師への対応状況の共有や対策等が検討されている	○or× (衛生委員会の他、勤務環境改善の委員会や働き方の改善ワーキンググループなどで検討されていれば○)	（5）①

1.3.2　健康診断の実施状況

【評価の視点】

○健康診断について、適切に実施され、フォローが行われていることを評価する。

【評価の要素】

●医師に対する健康診断の実施状況
●健康診断を受けやすくする体制の整備
●健康診断で問題があった場合のフォロー体制・仕組みの有無

【評価の項目と基準（基準においては具体例などを含んで記載）】

(46) 医師に対する健康診断の実施率	○or× (100%であれば○。ただし、どうしても健診受診を拒む医師がある場合等、正当な事由を記録に残していれば、100%でなくでも○)	（5）②
47. 健康診断の実施時には、受診しやすい選択肢を提示し、受診を促している	○or× (受診可能期間を長めに設定したり、連携病院なども含め、どこでも受診可能としたり等の工夫があれば○)	（5）③
48. B水準、連携B水準及びC水準適用医師については、健康診断の結果による追加検査や再受診が必要とされた場合の受診勧奨、その結果のフォローを行う体制がある	○or× (全体的に受診勧奨の体制がある、本人へ連絡して促している等であれば○)	（5）④

2. 医師の労働時間短縮に向けた取組（プロセス）

2.1　医師の労働時間短縮に向けた取組の実施

2.1.1　医師の適切な勤務計画の作成

【評価の視点】

○少なくとも月単位で医師の計画的な勤務予定（勤務計画）を作成していることを評価する。

【評価の要素】

- 時間外・休日労働時間の上限を意識した勤務計画の作成
- 法定休日の確保を意識した勤務計画の作成
- 副業・兼業先の労働時間を含めた勤務計画の作成
- 宿日直許可の有無による取扱いを踏まえた勤務計画の作成
- 勤務間インターバル確保を意識した勤務計画の作成
- 代償休息の付与を意識した勤務計画の作成
- 作成した勤務計画のチェック体制

【評価の項目と基準（基準においては具体例などを含んで記載）】

49. 勤務計画の対象月の時間外・休日労働時間が上限を超えないように勤務計画が作成されている	○or×	（2）①④
50. 法定休日が確保された勤務計画が作成されている	○or× (週に1回の休日を設けるように作成されていれば○)	（2）①④
51. 副業・兼業先の労働時間を含めた勤務計画が作成されている	○or× (副業・兼業先の宿日直許可の有無も申告等に基づき把握し、労働時間を含めて作成されていれば○)	（2）①④
52. 宿日直許可の有無による取扱いを踏まえた勤務計画が作成されている	○or× (宿日直許可の有無による取扱いを踏まえて作成されていれば○)	（2）①④
53. 勤務間インターバルの確保が実施できるような勤務計画が作成されている	○or×	（2）②④
54. 代償休息を期限内に付与することができるような勤務計画が作成されている	○or×	（2）②④

55. 副業・兼業先までの移動時間を考慮し、休息の時間を配慮した勤務計画が作成されている	○or× (移動時間とは別に、休息の時間を少しでも配慮して作成されていれば○)	(2)③
56. 作成された勤務計画について、事務の統括部署が主体となった体制でダブルチェックが実施されている	○or× (事務の統括部署が把握できていないのは×、医局秘書等の活用もOKであるが、主体的に把握する体制となっていれば○)	(2)④

※49, 51, 52, 53, 54については、新規のB水準、連携B水準及びC水準の指定に向けた評価の場合に限り、それぞれを満たすような勤務計画を作成する体制が整備されていれば○とする。

2.1.2　医師の労働時間短縮に向けた研修・周知の実施

【評価の視点】

○医師の労働時間短縮に向けた研修や周知の取組が行われていることを評価する。

【評価の要素】

- 医療機関の管理者等のマネジメント研修の受講
- 医療機関の管理職層へ向けたマネジメント研修の実施
- 各診療部門の長又は勤務計画管理者（医師）に向けた労務管理に関する研修の実施
- 勤務医に対する勤怠管理、実施義務等に関する研修、周知の実施

【評価の項目と基準（基準においては具体例などを含んで記載）】

57. 少なくとも年に1回は、病院長を含む医療機関内の管理職層に対して、医療機関の管理者としての人事・労務管理に関する外部のマネジメント研修を受講、または外部からの有識者を招聘し研修を実施している	○or×	(4)①②
58. 各診療部門の長又は勤務計画管理者に対して、事務部門等が、評価を受ける医療機関における人事・労務管理の各種規程や勤務計画作成・管理に関する研修を少なくとも年に1回は実施している	○or×	(4)③
59. 医師に対して、勤怠管理や当人が実施すべき内容（始業・退勤時刻の申告、副業・兼業先の労働時間の申告、時間外労働の自己研鑽部分のルール確認等）について、少なくとも年に1回周知している	○or×	(4)④

60. B水準、連携B水準及びC水準適用医師に対しては、勤怠管理や当人が理解すべき内容（始業・退勤時刻の申告、健康管理の重要性、面接指導の受診、・勤務間インターバル確保等）に関する研修が少なくとも年に1回は実施している	○or×	（4）④

2.1.3　タスク・シフト／シェアの実施

【評価の視点】

○タスク・シフト／シェアの実施に向けた取組が行われていることを評価する。

【評価の要素】

- 多職種からなる役割分担推進のための委員会又は会議の適切な運営
- 「医師の働き方改革を進めるためのタスク・シフト/シェアの推進に関する検討会」において特に推進するとされている事項等のタスク・シフト/シェアが可能なものの取組状況
- タスク・シフト/シェアの実施に関する患者への説明、院内掲示状況

【評価の項目と基準（基準においては具体例などを含んで記載）】

61. 医師以外の職種へのタスク・シフト／シェア業務の適切な推進のために、院内のルールが定められている	○or×	（4）⑤
62. 多職種からなる役割分担を推進のための委員会又は会議でタスク・シフト/シェアについて検討している	○or× （検討していれば○）	（4）⑤
63. 特定行為研修修了者の活用等、特に推進するとされているタスク・シフト/シェアを少なくとも一つは実施している	○or× （特に推進するものに入っている内容を一つでも実施していれば○）	（4）⑤
64. その他の医師の労働時間短縮に効果的なタスク・シフト／シェアについて検討又は実施している	○or× （検討していれば○）	（4）⑤
65. タスク・シフト／シェアの実施に当たり、関係職種への説明会や研修を開催している	○or×	（4）⑥
66. タスク・シフト/シェアについて、患者への説明が院内掲示等によって実施している	○or×	（4）⑥

2.1.4　医師の業務の見直しの実施

【評価の視点】

○医療機関における夜間、休日の勤務体制について労働時間を短縮するための取組が行われていることを評価する。

○医療機関における時間外労働の削減のための取組が行われていることを評価する。

○自院が果たすべき役割（病診連携、外来診療のあり方、対象患者等）を検討し、検討結果を踏まえた取組が行われていることを評価する。

【評価の要素】

●交替勤務制の検討・導入

●変形労働時間制の検討・導入

●労働時間短縮に向けた宿日直の運用の検討・実施

●複数主治医制やチーム制の検討・導入

●各診療科における労働時間短縮の取組の実施

●その他これらと同等に短縮効果が期待される取組の実施

●会議やカンファレンスの効率化・合理化、勤務時間内の実施

●自院が果たすべき役割の検討とそれを踏まえた取組の実施

【評価の項目と基準（基準においては具体例などを含んで記載）】

67. 医療機関全体において、夜間帯の勤務体制について、労働時間短縮のための取組を少なくとも一つは実施している	○or× (評価の要素に入っている内容を一つでも実施し ていれば○)	（4）⑦⑧
68. 医療機関全体において、休日の勤務体制について、労働時間短縮のための取組を少なくとも一つは実施している	○or× (評価の要素に入っている内容を一つでも実施していれば○)	（4）⑦⑧
69. 会議やカンファレンスの効率化・合理化、勤務時間内の実施等、時間外労働の削減のための取組を少なくとも一つは実施している	○or× (評価の要素に入っている内容を一つでも実施していれば○)	（4）⑨

2.1.5　医師の勤務環境改善への取組の実施

【評価の視点】

○医師の勤務環境について、改善への取組を進めていることを評価する。

【評価の要素】

●短時間勤務等の多様で柔軟な働き方の提示と整備状況

●院内保育や他の保育・介護支援等の整備状況

●ICTを活用した業務効率化の取組の検討・実施

●副業・兼業先への労働時間短縮の協力の要請

●臨床研修医や専攻医の研修の効率化の取組の実施

【評価の項目と基準（基準においては具体例などを含んで記載）】

70. 医師が短時間勤務等を希望した場合に受け入れ、活用できる環境がある	○or× （短時間勤務医の勤務環境が整備されていれば○）	（4）⑪
71. 医師が働きやすい子育て・介護の支援環境を整備している	○or× （院内保育や保育・介護に関する補助等が整備されていれば○）	（4）⑪
72. 女性医師等就労支援事業や復職支援事業への取組を実施、または相談窓口を設けている	○or× （取組内容の程度は問わないが、何らかの取組の実施記録が確認出来れば○）	（4）⑪
73. ICTを活用した医師の労働時間短縮や業務効率化の取組を検討又は実施している	○or× （取組内容の程度は問わないが、何らかの取組を検討している記録があれば○）	（4）⑪
74. 副業・兼業を行う医師について、副業・兼業先へ医師の休息時間確保への協力を、必要に応じて依頼している	○or× （協力を依頼する兼業・副業先を把握していれば○）	（4）⑫
75.（C-1水準を適用する臨床研修医・専攻医がいる場合）臨床研修医・専攻医について、研修の効率化の取組を少なくとも一つは実施している	○or× （単に労働時間を短くすることではなく、労働時間に対して最大の研修効果をあげるような取組を一つでも実施していれば○）	（4）⑬
76.（C-2水準を適用する医師がいる場合）技能研修計画の内容と、実際の業務内容や勤務実態が乖離するような場合に、当該医師からの相談に対応出来る体制を設けている	○or× （医師がC-2水準に関する労務相談ができる窓口を設けていれば○）	（4）⑬

※76については新規のC水準の指定に向けた評価の場合は除く。

2.1.6　患者・地域への周知・理解促進への取組の実施

【評価の視点】

○医師の労働時間短縮に関する医療機関の取組が、患者や地域の人々、近隣の医療機関に対して十分に周知されていることを評価する。

【評価の要素】

- 「上手な医療のかかり方」を踏まえた、患者、地域の理解を要する内容についての周知の実施
- 近隣の医療機関に対してのメッセージの発信

【評価の項目と基準（基準においては具体例などを含んで記載）】

77. 医療機関の取組の中で、患者に理解を求める必要がある内容（診療時間外の病状説明の原則廃止、外来診療科の制限や時間短縮など）について、掲示やホームページ等で患者への周知が行われている	○or×	（4）⑭
78. 近隣の医療機関に対し、病診連携等を意識した協同のメッセージや密なコミュニケーションを取っている	○or× （研修会の実施、連携会議などを実施していれば○）	（4）⑩

3．労務管理体制の構築と労働時間短縮の取組の実施後の評価（アウトカム）

3.1　労務管理体制の構築と労働時間短縮に向けた取組実施後の結果

3.1.1　医療機関全体の状況

【評価の視点】

○医療機関全体の取組実施後の労働時間短縮の状況を評価する。

○追加的健康確保措置が適切に行われていることを評価する。

【評価の要素】

- 年間の時間外・休日労働時間数の把握と労働時間短縮の状況
- 勤務間インターバル確保の実施状況
- 代償休息の付与状況
- 面接指導対象医師に対する面接指導の実施状況
- 月の時間外・休日労働が155時間を超えた医師に対する措置の実施状況

【評価の項目と基準（基準においては具体例などを含んで記載）】

79. Ｂ水準、連携Ｂ水準及びＣ水準適用医師の年間平均時間外・休日労働時間数	○or× （前回評価時又は前年度から年間平均時間外・休日労働時間数が減少していれば○）	（3）⑩
80. Ｂ水準、連携Ｂ水準及びＣ水準適用医師の年間最長時間外・休日労働時間数	○or× （前回評価時又は前年度から年間最長労働時間数が減少していれば○）	（3）⑩
81. 年間の時間外・休日労働が960時間超1860時間以下の医師の人数・割合・属性	○or× （前回評価時又は前年度から人数・割合が減少していれば○）	（3）⑩
82. 年間の時間外・休日労働が1860時間超の医師の人数・割合・属性	○or× （令和5年度までの評価は、前年度から人数・割合が減少していれば○。令和6年度以降の評価では、0となっていれば○）	（3）⑩

㊸ 勤務間インターバル確保の履行状況	○or ×	
㊹ 代償休息の付与状況	○or ×	
㊺ 面接指導対象医師に対する面接指導の実施状況	○or ×	
㊻ 月の時間外・休日労働が155時間を超えた医師に対する措置の実施状況	○or ×	

※83～86については新規のＢ水準、連携Ｂ水準及びＣ水準の指定に向けた評価の場合は除く。

3.1.2　医師の状況

【評価の視点】

○労働時間短縮の取組の実施により、健康面でサポートが得られており、問題なく医師が勤務できていることを評価する。

○労働時間短縮の取組の実施により、勤務へのモチベーションが担保されていることを評価する。

【評価の要素】

●職員満足度調査の実施

●Ｂ水準、連携Ｂ水準及びＣ水準適用医師からの意見収集の実施

【評価の項目と基準（基準においては具体例などを含んで記載）】

87. 年に１回は職員満足度調査並びにＢ水準、連携Ｂ水準及びＣ水準適用医師からの意見収集を実施し、健康面と勤務へのモチベーション、医療提供体制に関する懸念事項等の内容について、情報を収集している	○or × （職員満足度調査を併用し、該当医師からアンケートやヒアリング等で意見を収集し、把握していれば○）	（５）⑫

3.1.3　患者の状況

【評価の視点】

○労働時間短縮の取組の実施により、患者の意見として挙がってくる中から医療機関が課題と捉える内容について確認していることを評価する。

【評価の要素】

●患者満足度調査又は患者の意見収集の実施

【評価の項目と基準（基準においては具体例などを含んで記載）】

88. 年に１回は患者満足度調査又は患者からの意見収集を実施し、医療の質の低下や医療機関が課題と捉える内容について、情報を収集している	○or × （ヒアリング等でも○）	（４）⑮

全体評価

1 全体評価について

評価センターが作成する全体評価は、個別の評価項目の評価結果を踏まえ、以下の表に基づいて作成を行う。

<table>
<tr><th>1</th><th colspan="2">2</th><th>3</th></tr>
<tr><td rowspan="2">労働関係法令及び医療法に規定された事項（※１）</td><td colspan="2">１以外の労務管理体制や労働時間短縮に向けた取組</td><td rowspan="2">労働時間の実績（※２）</td></tr>
<tr><td>評価時点における取組状況</td><td>今後の取組予定</td></tr>
<tr><td rowspan="6">全てを満たす</td><td rowspan="2">十分</td><td rowspan="2">十分</td><td rowspan="3">改善している</td></tr>
<tr></tr>
<tr><td rowspan="2">改善の必要あり</td><td rowspan="2">十分</td></tr>
<tr><td rowspan="3">改善していない</td></tr>
<tr><td rowspan="2">改善の必要あり</td><td rowspan="2">見直しの必要あり</td></tr>
<tr></tr>
</table>

※１：労働関係法令及び医療法に規定された事項（必須項目）に改善が必要な場合は評価保留とする。

※２：具体的には、Ｂ・連携Ｂ・Ｃ水準が適用されている医師の水準ごとの平均時間外・休日労働時間数や、最長時間外・休日労働時間数、実際に年間の時間外・休日労働時間数が960時間を超えた医師数等の実績を基本として検討する。

２　全体評価等に関する留意点

○　全体評価においては、労働関係法令及び医療法に規定された事項について、全ての項目が満たされている旨を記載する。

○　評価を受ける医療機関において、他の医療機関に対して模範となる医師の労働時間短縮に向けた取組がある場合には、全体評価の中で言及する。

○　労働関係法令及び医療法に規定された、医師労働時間短縮計画の作成や追加的健康確保措置の実施体制に改善が必要な場合には、その段階では評価センターは評価を保留し、改善後に再度評価を行う。なお、改善に当たって、医療勤務環境改善支援センターの支援を受けることを評価センターから推奨する。

○　2022年度、2023年度の書面評価において、「医師の労働時間短縮に向けた医療機関内の取組に改善の必要があり、医師労働時間短縮計画案も見直しが必要である」と見込まれる場合には、評価センターは書面のみで評価を決定せずに、訪問を踏まえて評価を行うこととする。なお、評価センターは、訪問による評価の前に、取組の見直しについて、医療機関に対し助言を行うこととする。

医師労働時間短縮計画の記載事項と評価項目の対応表

医師労働時間短縮計画作成ガイドライン第１版に記載されている通り、評価センターは、計画の案や計画に記載された内容を参照して、医療機関における労働時間短縮の取組の状況及び今後の取組の内容について評価を行う。

評価に当たって計画の案や計画に記載された内容を参照する際の参考として、医師労働時間短縮計画の記載事項と評価センターの評価項目の対応表を以下に示す。

<table>
<tr><th colspan="3">医師労働時間短縮計画の記載事項</th><th>評価項目</th></tr>
<tr><td rowspan="14">1.労働時間と組織管理（共通記載事項）</td><td rowspan="4">（1）労働時間数</td><td>年間の時間外・休日労働時間数の平均</td><td>79</td></tr>
<tr><td>年間の時間外・休日労働時間数の最長</td><td>80</td></tr>
<tr><td>年間の時間外・休日労働時間数960時間超～1,860時間の人数・割合</td><td>81</td></tr>
<tr><td>年間の時間外・休日労働時間数1,860時間超の人数・割合</td><td>82</td></tr>
<tr><td rowspan="6">（2）労務管理・健康管理</td><td>労働時間管理方法</td><td>20，22</td></tr>
<tr><td>宿日直許可の有無を踏まえた時間管理</td><td>11，52</td></tr>
<tr><td>医師の研鑽の労働時間該当性を明確化するための手続等</td><td>3，21，59</td></tr>
<tr><td>労使の話し合い、36協定の締結</td><td>12～15</td></tr>
<tr><td>衛生委員会、産業医等の活用、面接指導の実施体制</td><td>30～37，44～48</td></tr>
<tr><td>追加的健康確保措置の実施</td><td>24，25，38～43，53，54，83～86</td></tr>
<tr><td colspan="2">（3）意識改革・啓発</td><td>57～60，66，77</td></tr>
<tr><td colspan="2">（4）作成プロセス</td><td>16～19</td></tr>
<tr><td rowspan="5">2.労働時間短縮に向けた取組（項目ごとに任意の取組を記載）</td><td colspan="2">（1）タスク・シフト／シェア</td><td>63～65</td></tr>
<tr><td colspan="2">（2）医師の業務の見直し</td><td>67～69</td></tr>
<tr><td colspan="2">（3）その他の勤務環境改善</td><td>70～73</td></tr>
<tr><td colspan="2">（4）副業・兼業を行う医師の労働時間の管理</td><td>51，74</td></tr>
<tr><td colspan="2">（5）Ｃ－１水準を適用する臨床研修医及び専攻医の研修の効率化</td><td>75</td></tr>
</table>

⑵　労働時間の適正な把握のために使用者が講ずべき措置に関するガイドライン（平成29年1月20日厚生労働省策定）

1　趣旨

労働基準法においては、労働時間、休日、深夜業等について規定を設けていることから、使用者は、労働時間を適正に把握するなど労働時間を適切に管理する責務を有している。

しかしながら、現状をみると、労働時間の把握に係る自己申告制（労働者が自己の労働時間を自主的に申告することにより労働時間を把握するもの。以下同じ。）の不適正な運用等に伴い、同法に違反する過重な長時間労働や割増賃金の未払いといった問題が生じているなど、使用者が労働時間を適切に管理していない状況もみられるところである。

このため、本ガイドラインでは、労働時間の適正な把握のために使用者が講ずべき措置を具体的に明らかにする。

2　適用の範囲

本ガイドラインの対象事業場は、労働基準法のうち労働時間に係る規定が適用される全ての事業場であること。

また、本ガイドラインに基づき使用者（使用者から労働時間を管理する権限の委譲を受けた者を含む。以下同じ。）が労働時間の適正な把握を行うべき対象労働者は、労働基準法第41条に定める者及びみなし労働時間制が適用される労働者（事業場外労働を行う者にあっては、みなし労働時間制が適用される時間に限る。）を除く全ての者であること。

なお、本ガイドラインが適用されない労働者についても、健康確保を図る必要があることから、使用者において適正な労働時間管理を行う責務があること。

3　労働時間の考え方

労働時間とは、使用者の指揮命令下に置かれている時間のことを言い、使用者の明示または黙示の指示により労働者が業務に従事する時間は労働時間に当たる。そのため、次のアからウのような時間は、労働時間として扱わなければならないこと。

ただし、これら以外の時間についても、使用者の指揮命令下に置かれていると評価される時間については労働時間として取り扱うこと。

なお、労働時間に該当するか否かは、労働契約、就業規則、労働協約等の定めのいかんによらず、労働者の行為が使用者の指揮命令下に置かれたものと評価することができるか否かにより客観的に定まるものであること。また、客観的に見て使用者の指揮命令下に置かれていると評価されるかどうかは、労働者の行為が使用者から義務づけられ、又はこれを余儀なくされていた等の状況の有無等から、個別具体的に判断されるものであること。

ア　使用者の指示により、就業を命じられた業務に必要な準備行為（着用を義務付けられた所定の服装への着替え等）や業務終了後の業務に関連した後始末(清掃等)を事業場内において行った時間

イ　使用者の指示があった場合には即時に業務に従事することを求められており、労働から離れることが保障されていない状態で待機等している時間（いわゆる「手待時間」）

ウ　参加することが業務上義務づけられている研修・教育訓練の受講や、使用者の指示により業務に必要な学習等を行っていた時間

4　労働時間の適正な把握のために使用者が講ずべき措置

(1)　始業・終業時刻の確認及び記録

使用者は、労働時間を適正に把握するため、労働者の労働日ごとの始業・終業時刻を確認し、これを記録すること。

(2)　始業・終業時刻の確認及び記録の原則的な方法

使用者が始業･終業時刻を確認し、記録する方法としては、原則として次のいずれかの方法によること。

ア　使用者が、自ら現認することにより確認し､適正に記録すること。

イ　タイムカード、ＩＣカード、パソコンの使用時間の記録等の客観的な記録を基礎として確認し、適正に記録すること。

(3)　自己申告制により始業・終業時刻の確認及び記録を行う場合の措置

上記(2)の方法によることなく、自己申告制によりこれを行わざるを得ない場合、使用者は次の措置を講ずること。

ア　自己申告制の対象となる労働者に対して、本ガイドラインを踏まえ、労働時間の実態を正しく記録し、適正に自己申告を行うことなどについて十分な説明を行うこと。

イ　実際に労働時間を管理する者に対して、自己申告制の適正な運用を含め、本ガイドラインに従い講ずべき措置について十分な説明を行うこと。

ウ　自己申告により把握した労働時間が実際の労働時間と合致しているか否かについて、必要に応じて実態調査を実施し、所要の労働時間の補正をすること。

特に、入退場記録やパソコンの使用時間の記録など、事業場内にいた時間の分かるデータを有している場合に、労働者からの自己申告により把握した労働時間と当該データで分かった事業場内にいた時間との間に著しい乖離が生じているときには､実態調査を実施し、所要の労働時間の補正をすること。

エ　自己申告した労働時間を超えて事業場内にいる時間について、その理由等を労働者に報告させる場合には、当該報告が適正に行われているかについて確認すること。

その際、休憩や自主的な研修、教育訓練、学習等であるため労働時間ではないと報告されていても、実際には、使用者の指示によ

り業務に従事しているなど使用者の指揮命令下に置かれていたと認められる時間については、労働時間として扱わなければならないこと。

オ　自己申告制は、労働者による適正な申告を前提として成り立つものである。このため、使用者は、労働者が自己申告できる時間外労働の時間数に上限を設け、上限を超える申告を認めない等、労働者による労働時間の適正な申告を阻害する措置を講じてはならないこと。

また、時間外労働時間の削減のための社内通達や時間外労働手当の定額払等労働時間に係る事業場の措置が、労働者の労働時間の適正な申告を阻害する要因となっていないかについて確認するとともに、当該要因となっている場合においては、改善のための措置を講ずること。

さらに、労働基準法の定める法定労働時間や時間外労働に関する労使協定（いわゆる 36 協定）により延長することができる時間数を遵守することは当然であるが、実際には延長することができる時間数を超えて労働しているにもかかわらず、記録上これを守っているようにすることが、実際に労働時間を管理する者や労働者等において、慣習的に行われていないかについても確認すること。

⑷　賃金台帳の適正な調製

使用者は、労働基準法第108条及び同法施行規則第54条により、労働者ごとに、労働日数、労働時間数、休日労働時間数、時間外労働時間数、深夜労働時間数といった事項を適正に記入しなければならないこと。

また、賃金台帳にこれらの事項を記入していない場合や、故意に賃金台帳に虚偽の労働時間数を記入した場合は、同法第120条に基づき、30万円以下の罰金に処されること。

⑸　労働時間の記録に関する書類の保存

使用者は、労働者名簿、賃金台帳のみならず、出勤簿やタイムカード等の労働時間の記録に関する書類について、労働基準法第109条に基づき、３年間保存しなければならないこと。

⑹　労働時間を管理する者の職務

事業場において労務管理を行う部署の責任者は、当該事業場内における労働時間の適正な把握等労働時間管理の適正化に関する事項を管理し、労働時間管理上の問題点の把握及びその解消を図ること。

⑺　労働時間等設定改善委員会等の活用

使用者は、事業場の労働時間管理の状況を踏まえ、必要に応じ労働時間等設定改善委員会等の労使協議組織を活用し、労働時間管理の現状を把握の上、労働時間管理上の問題点及びその解消策等の検討を行うこと。

7　追加的健康確保措置

⑴　追加的健康確保措置（連続勤務時間制限・勤務間インターバル規制等）の運用について（令和３年８月４日第13回医師の働き方改革の推進に関する検討会資料１）

連続勤務時間制限・勤務間インターバル規制等の基本的な考え方と論点の整理

基本的な考え方

【1. 基本的なルール】※義務対象はB・連携B・C水準の適用対象となる医師。A水準の適用となる医師については努力義務。

○　連続勤務時間制限と勤務間インターバル規制は、原則として次の２種類が設けられている（C－１水準が適用される臨床研修医を除く）。

①始業から24時間以内に９時間の連続した休息時間（15時間の連続勤務時間制限）：通常の日勤及び宿日直許可のある宿日直に従事する場合

②始業から46時間以内に18時間の連続した休息時間（28時間の連続勤務時間制限）：宿日直許可のない宿日直に従事する場合

○　確実に休息を確保する観点から、９時間又は18時間の連続した休息時間は、事前に勤務シフト等で予定されたものであることを原則とする。

※　例えば、事前に勤務シフト等で予定された休息時間が８時間であり、当日、たまたま休息時間を１時間延長して９時間の連続した休息時間を確保することができた、といったケースは、適当ではない。

※　医療機関の管理者は、勤務する医師が９時間又は18時間の連続した休息時間を確保することができるように勤務シフト等を作成する必要がある。

○　予定された９時間又は18時間の連続した休息時間中にやむを得ない理由により発生した労働に従事した場合は、当該労働時間に相当する時間の代償休息を事後的に付与する。 ※C－１水準が適用される臨床研修医への適用については後述。

○　宿日直許可のある宿日直に連続して９時間以上従事する場合は、９時間の連続した休息時間が確保されたものとみなし、この場合に通常の勤務時間と同態様の労働が発生した場合は、管理者は、当該労働時間に相当する時間の休息を事後的に付与する配慮義務を負う。（※）

※　休暇の取得の呼びかけ等の休息時間を確保するための何らかの取組を行う義務が発生する。（必ずしも結果として休息時間の確保そのものが求められるものではない。）

【2.「始業」の考え方】

○　連続勤務時間制限の起点となる「始業」は、事前に勤務シフト等で予定された労働の開始時とする。

※　例えば、１日の間に短時間の休息と労働が繰り返されることが予定されている場合は、それぞれの労働の開始が「始業」扱いとなる。

【3. ２種類の連続勤務時間制限と勤務間インターバル規制の関係】

○　①「始業から24時間以内に９時間の連続した休息時間（15時間の連続勤務時間制限）」と、宿日直許可のない宿日直に従事する場合の②「始業から46時間以内に18時間の連続した休息時間（28時間の連続勤務時間制限）」について、①と②の間に段階的な規制の適用を行うことはない（例えば始業から16時間連続して宿日直許可のない宿日直を含む勤務を行った場合、②が適用され、次の業務の開始までに18時間の連続した休息時間が必要となる）。

論　点

①　臨床研修医に対する連続勤務時間制限・勤務間インターバル規制等の適用について

②　15時間を超える業務に従事する場合の連続勤務時間制限・勤務間インターバル規制等の適用について

6

通達・ガイドライン等

論　点

①　臨床研修医に対する連続勤務時間制限・勤務間インターバル規制等の適用について

○　臨床研修医については、医師になったばかりで肉体的・精神的な負荷が大きいと考えられることに配慮して、その他の医師より強い追加的健康確保措置を講じることとしている。

「医師の働き方改革に関する検討会 報告書」（平成31年3月29日）抜粋
○ ただし、(C)－１水準の適用される初期研修医については連続勤務時間制限・勤務間インターバルの実施を徹底し、代償休息の必要がないようにする。
○ ただし、(C)－１水準が適用される初期研修医については、以下のいずれかとする。
・一日ごとに確実に疲労回復させる観点で、後述の勤務間インターバル９時間を必ず確保することとし、連続勤務時間制限としては15時間 とする。
・臨床研修における必要性から、指導医の勤務に合わせた24時間の連続勤務時間とする必要がある場合はこれを認めるが、その後の勤務間インターバルを24時間とする。

○　このルールに則った場合、臨床研修における必要性から、**夜間・休日のオンコールや宿日直許可**のある宿日直に従事する際に、**通常の勤務時間と同態様の労働が少しでも発生した場合には「始業から48時間以内に24時間の連続した休息時間（24時間の連続勤務時間制限）」が適用され、翌日を終日休日とする必要がある**ため、これが連続すると研修期間（１ヶ月間とする診療科もある）の大部分を休日とせざるを得ない状況も生じかねず、**期待された研修効果が獲得できないおそれ**がある。

対応（案）

○　臨床研修医について、「始業から24時間以内に９時間の連続した休息時間（15時間の連続勤務時間制限）」、「始業から48時間以内に24時間の連続した休息時間（24時間の連続勤務時間制限）」のパターンに加えて、**下記の①～③を要件として、代償休息の付与を認める。**

①臨床研修における必要性から、**オンコール又は宿日直許可のある宿日直への従事が必要な場合に限る。**
（臨床研修における必要性の例）
・臨床研修の研修修了の要件となっている症候
・症例を経験するため
・産婦人科の研修において自然分娩の十分な経験をするため
・内科の研修において心筋梗塞や脳梗塞の緊急治療の十分な経験をするため
・終末期の患者を看取る十分な経験をするため

②臨床研修医の**募集時に代償休息を付与する形式での研修を実施する旨を明示**する。
※　毎年の臨床研修医の募集において、労働時間に関して、募集前年度実績と想定時間外・休日労働時間数、当直・日直のおおよその回数と宿日直の有無を記載することとなっており、代償休息を付与する形式での研修を実施する場合にはその旨を追記することとする。

「医師の働き方改革の推進に関する検討会 中間とりまとめ」（令和２年12月22日）抜粋
・毎年の研修医募集において、研修プログラム内の他の医療機関での労働時間も含め、募集前年度実績と想定時間外・休日労働時間数、当直・日直のおおよその回数と宿日直許可の有無を記載し、大幅な乖離や重大・悪質な労働関係法令の違反が認められる場合には、臨床研修指定病院の指定に係る制度において改善を求める（臨床研修病院の指定取消等による対応を含む。）。
・毎年４月に都道府県に対して行われる年次報告等において都道府県が労働時間の実態を確認し、明らかに想定時間外・休日労働時間数を上回る場合や評価機能により労働時間短縮の取組が不十分とされている場合は、都道府県が実地調査を実施する。

③　代償休息は、計画的な研修という観点から、通常は当該診療科の研修期間内で処理すべきであり、**代償休息の付与期限は原則として必要性が生じた診療科の研修期間内とし、それが困難な場合に限り、翌月末まで**とする。

②15時間を超える業務に従事する場合の連続勤務時間制限・勤務間インターバル規制等の適用について

○ 代償休息は、予定された連続した休息時間中にやむを得ない理由により発生した労働に従事した場合に付与されることが原則である。

○ そのため、代償休息を付与することを前提とした運用（例：連続した休息時間を8時間とする勤務シフトを組み、事後的に1時間の代償休息を与える）は、原則として認められない。

○ 一方で、15時間を超える長時間の手術が予定されており、やむを得ない理由により9時間の連続した休息時間を確保できない場合が発生することも想定される。

対応（案）

○ **個人が連続して15時間を超える対応が必要な業務**（※）が**予定されている場合**については、**代償休息の付与を前提とした運用を認める**。
ただし、医師の健康確保の観点から、当該代償休息については、翌月の月末までの間ではなく、**当該業務の終了後すぐに付与しなければならない**こととする。

（※）例えば長時間の手術（必要な術後の対応を含む。）が想定される。

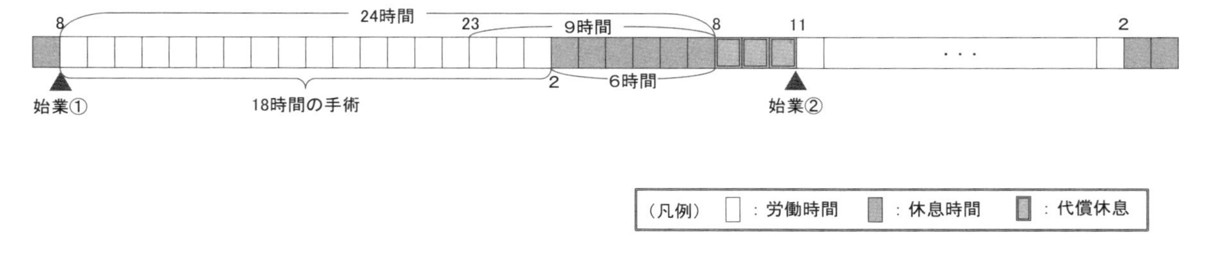

勤務パターン別の連続勤務時間制限・勤務間インターバル規制等の適用イメージ

○ B・連携B・C水準が適用される医師（C−1水準が適用される臨床研修医を除く。）の勤務パターン別の連続勤務時間制限・勤務間インターバル規制等の適用イメージを以下の（1）～（7）のとおり示す。

※ A水準が適用される医師については努力義務となる。

（1） 15時間又は28時間連続勤務する場合

図1：通常の日勤

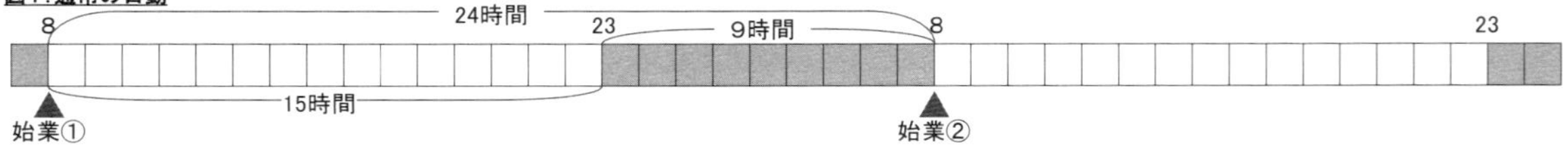

8 24時間 23 9時間 8 23

15時間

始業① 始業②

図2：宿日直許可のある宿日直に従事する場合

8 24時間 23 9時間 8 24時間 23 9時間 8

15時間

始業① 始業② 始業③

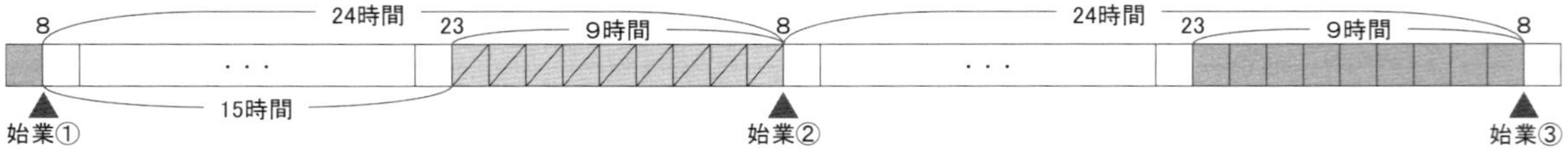

図3：宿日直許可のない宿日直に従事する場合

8 46時間 23 8 12 18時間 6

28時間

始業① 始業②

（凡例） ：労働時間 ：休息時間 ：宿日直許可のある宿日直の時間 ：宿日直許可のない宿日直の時間

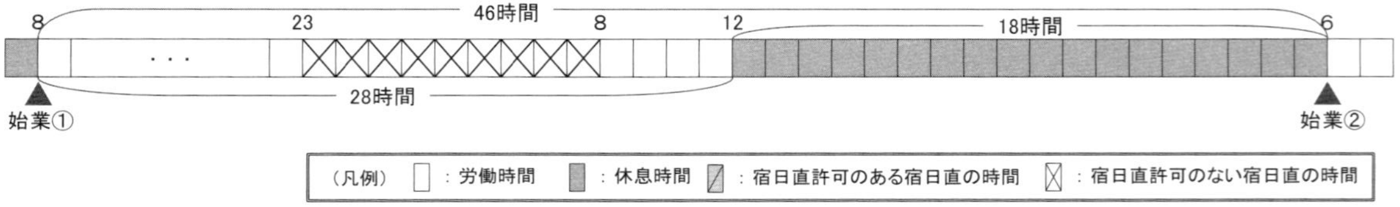

勤務パターン別の連続勤務時間制限・勤務間インターバル規制等の適用イメージ

（2） 1日の間に短時間の休息と労働が繰り返されることが予定されている場合

○ 連続勤務時間制限の起点となる「始業」は、勤務シフト等で予定された業務の開始時とする。1日の間に短時間の休息と労働が繰り返されることが予定されている場合は、それぞれの労働の開始が「始業」扱いとなる。

※ 最初の始業（始業①）から24時間以内に9時間の連続した休息時間を確保すれば、当該休息時間の開始前までに発生する始業（始業②）についても、当該休息時間が始業②から24時間以内に含まれることとなるため、勤務間インターバル規制を満たすこととなる。

※ 予定された9時間の連続した休息時間中にやむを得ない理由により発生した労働については、別途代償休息として休息時間を確保することとなるため、当該労働の開始は始業とは扱わない。

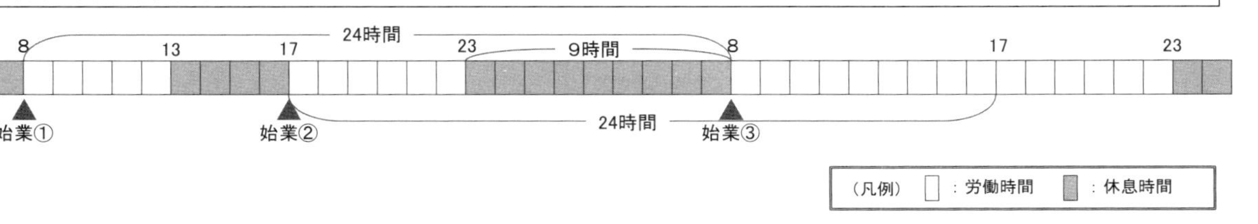

（3） 15時間を超える宿日直勤務を含む勤務が予定されている場合

○ ①「始業から24時間以内に9時間の連続した休息時間（15時間の連続勤務時間制限）」と、宿日直許可のない宿日直に従事する場合の②「始業から46時間以内に18時間の連続した休息時間（28時間の連続勤務時間制限）」について、①と②の間に段階的な規制の適用を行うことはない（例えば始業から16時間連続して宿日直許可のない宿日直を含む勤務を行った場合、②が適用され、次の業務の開始までに18時間の連続した休息時間が必要となる）。

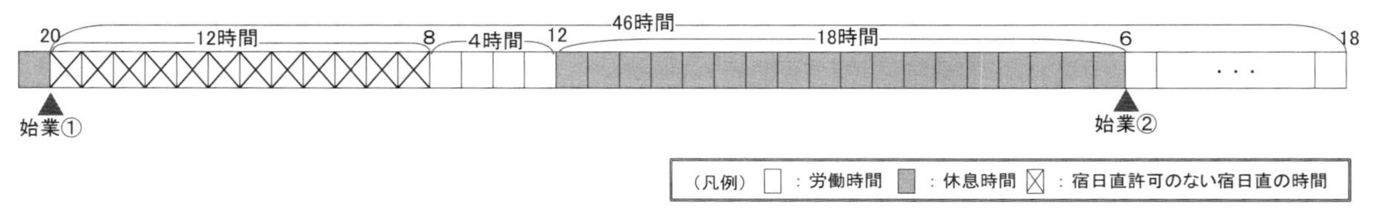

勤務パターン別の連続勤務時間制限・勤務間インターバル規制等の適用イメージ

（4） 9時間を超える休息時間が付与されている場合

○ 事前に9時間を超える休息時間を確保した場合において、休息時間のうち9時間の連続した休息時間を超える分の時間については、やむを得ない理由により労働が発生した場合にも、代償休息を付与する必要はない。

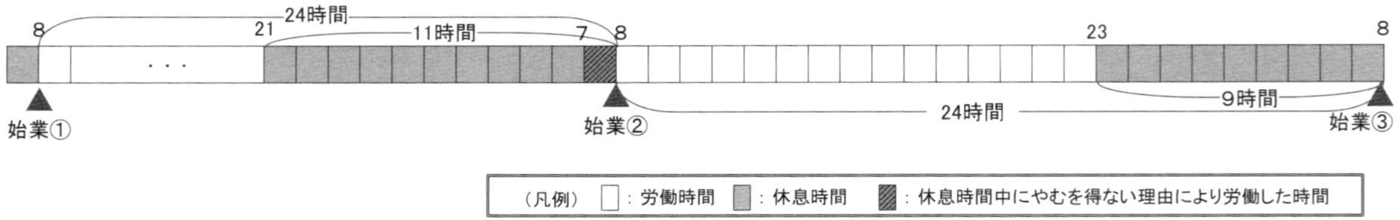

（5） 9時間の連続した休息時間より後の休息時間が確保されている場合

○ 予定された9時間の連続した休息時間より後の休息時間は、代償休息の対象となる労働が発生する前にあらかじめ付与することが決まっていたものであっても、代償休息として充当することができる。

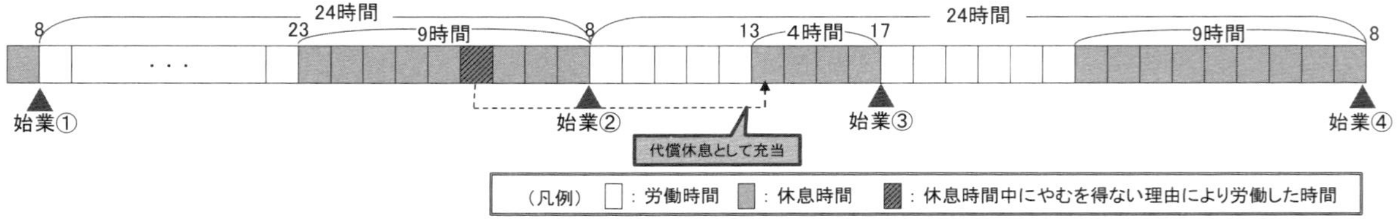

勤務パターン別の連続勤務時間制限・勤務間インターバル規制等の適用イメージ

（6） 当直中に宿日直許可の有無が異なる時間帯がある場合（例：準夜帯が許可なし、深夜帯が許可あり）

○ 当直中に宿日直許可の有無が異なる時間帯がある場合（例：準夜帯が許可なし、深夜帯が許可あり）であって、宿日直許可のある宿日直が9時間未満である場合は、以下のいずれかの方法により休息時間を確保する必要がある。

・始業から24時間以内に、宿日直許可のある宿日直の時間とは別途、9時間の休息時間を確保すること（図1）

・始業から46時間以内に、18時間の休息時間を確保すること（図2）

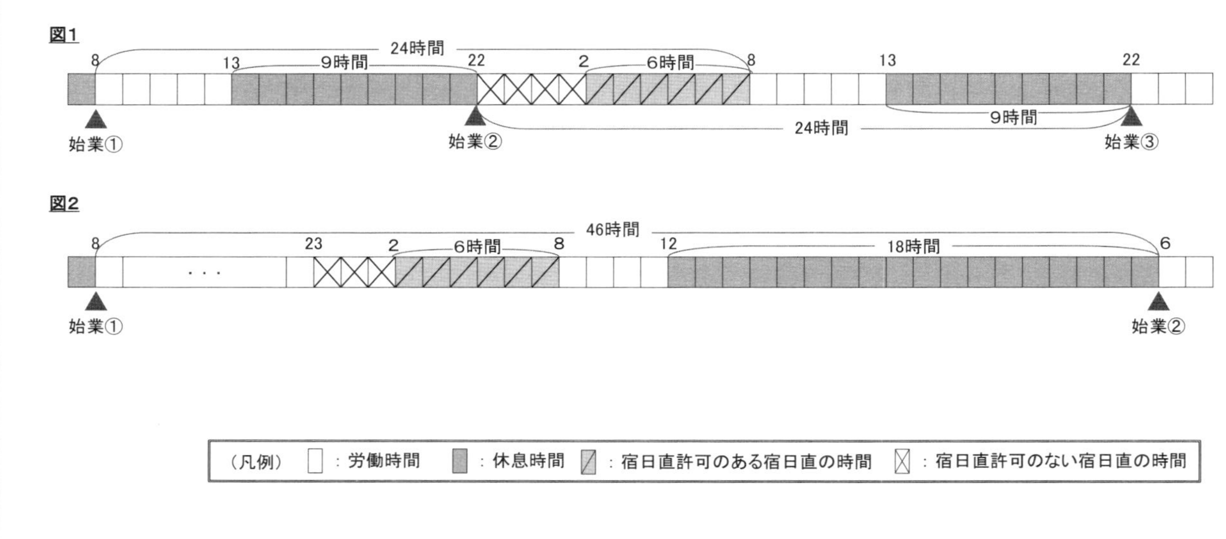

勤務パターン別の連続勤務時間制限・勤務間インターバル規制等の適用イメージ

（7） 日中は主たる勤務先のA病院で勤務し、移動を挟んだ後に副業・兼業先のB病院の宿直に勤務する場合

○ 主たる勤務先の病院Aと副業・兼業先のB病院との間で調整し、以下を満たすように勤務シフト等を組む必要がある。

・B病院で宿日直許可のある宿日直に従事する場合は、A病院における始業①から24時間以内にB病院において9時間（以上）の宿日直許可のある宿日直に従事すること（図1）

・B病院で宿日直許可のない宿日直に従事する場合は、A病院における始業①から46時間以内に18時間（以上）の連続した休息時間を確保すること（図2）

※図1について、A病院での始業①から24時間以内に、B病院において9時間（以上）の宿日直許可ある宿日直に従事すれば、当該宿日直の開始（始業②）についても、当該宿日直が始業②から24時間以内に含まれることとなるため、勤務間インターバルを満たすこととなる。

※図2について、A病院での始業①から46時間以内に18時間（以上）の連続した休息時間を確保すれば、B病院における宿日直許可のない宿日直の開始（始業②）及びA病院に帰院後の業務の開始（始業③）についても、当該休息時間が始業②及び始業③から46時間以内に含まれることとなるため、勤務間インターバルを満たすこととなる。

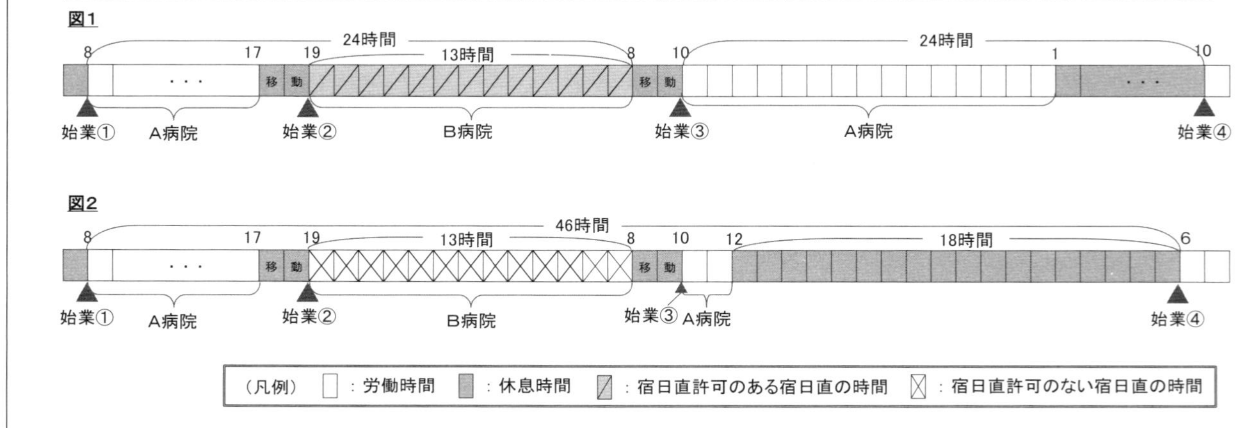

参考資料

連続勤務時間制限と勤務間インターバル規制等に関するこれまでの議論の整理

医師の働き方改革に関する検討会 報告書（平成31年３月28日）（抄）

・勤務日において最低限必要な睡眠（１日６時間程度）を確保し、一日・二日単位で確実に疲労を回復していくべきとの発想に立ち、連続勤務時間制限・勤務間インターバル確保を求める。

・連続勤務時間制限・勤務間インターバルについて、日々の患者ニーズのうち、長時間の手術や急患の対応等のやむを得ない事情によって例外的に実施できなかった場合に、代わりに休息を取ることで疲労回復を図る代償休息を付与する。ただし、(C)－１水準の適用される初期研修医については連続勤務時間制限・勤務間インターバルの実施を徹底し、代償休息の必要がないようにする。

（追加的健康確保措置①－１　連続勤務時間制限）

○　当直明けの連続勤務は、宿日直許可を受けている「労働密度がまばら」の場合を除き、前日の勤務開始から28時間までとする[20]。これは、医療法において、病院の管理者は医師に宿直をさせることが義務付けられていることから、医師が当直勤務日において十分な睡眠が確保できないケースもあるため、そのような勤務の後にまとまった休息がとれるようにするものである。

20　米国卒後医学教育認定協議会（ＡＣＧＭＥ）の例を参考に28時間（24時間＋引継４時間）とする。

○　宿日直許可を受けている場合は、宿日直中に十分睡眠を確保し、一定の疲労回復が可能であると考えられるが、仮に日中と同様の労働に従事することとなった場合には、翌日以降、必要な休息がとれるように配慮することとする。

※　具体的な配慮の内容については、後述の代償休息も参考に、生じた勤務負担に応じた配慮を行うことが考えられる。

○　ただし、(C)－１水準が適用される初期研修医については、以下のいずれかとする。

・一日ごとに確実に疲労回復させる観点で、後述の勤務間インターバル９時間を必ず確保することとし、連続勤務時間制限としては15時間[21]とする。

・臨床研修における必要性から、指導医の勤務に合わせた24時間の連続勤務時間とする必要がある場合はこれを認めるが、その後の勤務間インターバルを24時間[22]とする。

21　連続勤務15時間は、一日24時間の中でその勤務後の９時間インターバルを確保するという考え方である。

22　初期研修医であることから、日中から深夜にかけての連続勤務の肉体的・精神的負担に配慮する観点から、24時間連続勤務の後は次の勤務までに１日分のインターバルを確保するという考え方である。

医師の働き方改革に関する検討会 報告書（平成31年３月28日）（抄）

（追加的健康確保措置①－２　勤務間インターバル）

○　当直及び当直明けの日を除き、24時間の中で、通常の日勤（９時間程度を超える連続勤務）後の次の勤務までに９時間のインターバル（休息）を確保することとする[23]。

※　当直明けの日（宿日直許可がない場合）については、28時間連続勤務制限を導入した上で、この後の勤務間インターバルは18時間とする[24]。

※　当直明けの日（宿日直許可がある場合）については、通常の日勤を可能とし、その後の次の勤務までに９時間のインターバルとする。
23　勤務日において最低限必要な睡眠（１日６時間程度）に加えて前後の生活時間を確保するという考え方である。
24　18時間は、１日の勤務間インターバル９時間×２日分という考え方である。

（追加的健康確保措置①－３　代償休息）
○　勤務日において最低限必要な睡眠を確保し、一日・二日単位で確実に疲労を回復していくべきという発想に立つ連続勤務時間制限・勤務間インターバル確保を実施することが原則であるが、日々の患者ニーズのうち、長時間の手術や急患の対応等のやむを得ない事情によって例外的に実施できなかった場合に、代わりに休息を取ることで疲労回復を図る。その趣旨から、以下のとおりとする。
・なるべく早く付与すること
・「一日の休暇分」（８時間分）が累積してからではなく、発生の都度、時間単位での休息をなるべく早く付与すること
※　休暇の形でまとめて取得することも差し支えない。

医師の働き方改革の推進に関する検討会 中間とりまとめ（令和２年12月22日）（抄）

ア　連続勤務時間制限・勤務間インターバル・代償休息
○　連続勤務時間制限は、労働基準法上の宿日直許可を受けている場合を除き、28時間までとする。勤務間インターバルについては、当直及び当直明けの日を除き、24時間の中で、通常の日勤後の次の勤務までに９時間のインターバルを確保することとする。当直明けの日（宿日直許可がない場合）については、連続勤務時間制限を28時間とした上で、勤務間インターバルは18時間とする。当直明けの日（宿日直許可がある場合）については、通常の日勤と同様、９時間のインターバルを確保することとする。
　Ｃ－１水準が適用される臨床研修医については、連続勤務時間制限及び勤務間インターバルを徹底することとし、連続勤務時間制限15時間、勤務間インターバル９時間を必ず確保することとする。また、24時間の連続勤務が必要な場合は勤務間インターバルも24時間確保することとする。
○　連続勤務時間制限及び勤務間インターバルを実施できなかった場合の代償休息の付与方法については、対象となった時間数について、所定労働時間中における時間休の取得又は勤務間インターバルの延長のいずれかによることとするが、疲労回復に効果的な休息の付与の観点から以下のような点に留意する。
・勤務間インターバルの延長は、睡眠の量と質の向上につながる
・代償休息を生じさせる勤務の発生後、できる限り早く付与する
・オンコールからの解放、シフト制の厳格化等の配慮により、仕事から切り離された状況を設定する
　また、代償休息は予定されていた休日以外で付与することが望ましく、特に面接指導の結果によって個別に必要性が認められる場合には、予定されていた休日以外に付与する。
○　連続勤務時間制限、勤務間インターバル、代償休息については、Ｂ・連携Ｂ・Ｃ水準の対象医療機関においてＢ・連携Ｂ・Ｃ水準の対象とされた業務の従事者が対象となり、Ａ水準適用医師については努力義務とする。

法律上の規定

■医療法（令和6年4月1日施行）

<A水準適用医師に対する努力義務規定>

第110条　病院又は診療所の管理者は、当分の間、当該病院又は診療所に勤務する医師のうち、その予定されている労働時間の状況（1年の期間に係るものに限る。第123条第1項において同じ。）が厚生労働省令で定める要件に該当する者（同項に規定する特定対象医師を除き、以下この条において「対象医師」という。）に対し、**当該対象医師ごとに厚生労働省令で定める業務の開始から厚生労働省令で定める時間を経過するまでに、厚生労働省令で定めるところにより、継続した休息時間を確保するよう努めなければならない。**ただし、当該業務の開始から厚生労働省令で定める時間を経過するまでに、厚生労働省令で定めるところにより対象医師を宿日直勤務（厚生労働大臣の定める基準に適合するものに限る。第3項並びに第123条第1項及び第3項において同じ。）に従事させる場合は、この限りでない。

2　病院又は診療所の管理者は、対象医師に対し、前項に規定する休息時間を確保しなかつた場合には、厚生労働省令で定めるところにより、事後において、これに相当する休息時間を確保するよう努めなければならない。

3　第一項ただし書の場合において、当該病院又は診療所の管理者は、当該宿日直勤務中に、当該対象医師を労働させたときは、当該宿日直勤務後に、当該対象医師に対し、厚生労働省令で定めるところにより、必要な休息時間を確保するよう努めなければならない。

<B・連携B・C水準適用医師に対する義務規定>

第123条　特定労務管理対象機関の管理者は、当該特定労務管理対象機関に勤務する医師のうち、その予定されている労働時間の状況が厚生労働省令で定める要件に該当する者（以下この条及び次条において「特定対象医師」という。）に対し、**当該特定対象医師ごとに厚生労働省令で定める業務の開始から厚生労働省令で定める時間を経過するまでに、厚生労働省令で定めるところにより、継続した休息時間を確保しなければならない。**ただし、当該業務の開始から厚生労働省令で定める時間を経過するまでに、厚生労働省令で定めるところにより特定対象医師を宿日直勤務に従事させる場合は、この限りでない。

2　特定労務管理対象機関の管理者が、**厚生労働省令で定めるやむを得ない理由により、前項の規定により確保することとした休息時間（以下この項において「休息予定時間」という。）中に特定対象医師を労働させる必要がある場合は、前項の規定にかかわらず、当該休息予定時間中に当該特定対象医師を労働させることができる。この場合においては、厚生労働省令で定めるところにより、当該休息予定時間の終了後に、当該特定対象医師に対し、当該休息予定時間中に労働をさせた時間に相当する時間の休息時間を確保しなければならない。**

3　第1項ただし書の場合において、当該特定労務管理対象機関の管理者は、当該宿日直勤務中に、当該特定対象医師を労働させたときは、当該宿日直勤務後に、当該特定対象医師に対し、厚生労働省令で定めるところにより、必要な休息時間を確保するよう配慮しなければならない。

4　災害その他避けることのできない事由によつて、臨時の必要がある場合においては、特定労務管理対象機関の管理者は、当該特定労務管理対象機関の所在地の都道府県知事の許可を受けて、その必要の限度において第1項本文及び第2項後段の規定による休息時間の確保を行わないことができる。ただし、事態急迫のために当該都道府県知事の許可を受ける暇がない場合においては、事後に遅滞なく届け出なければならない。

5　前項ただし書の規定による届出があつた場合において、都道府県知事が第1項本文及び第2項後段の規定による休息時間の確保を行わなかつたことを不適当と認めるときは、その後に必要な休息時間を確保すべきことを、命ずることができる。

⑵　長時間労働の医師への健康確保措置に関するマニュアル（令和２年12月厚生労働行政推進調査事業費補助金（政策科学研究事業）「医師の専門性を考慮した勤務実態を踏まえた需給等に関する研究」研究班）

目次　略

参考資料　略

<長時間労働の医師への健康確保措置に関するマニュアル作成委員会委員名簿>略

はじめに

長時間労働の医師の現状

我が国の医療は、医師の自己犠牲的な長時間労働により支えられている面がある。医師の労働時間については、医師の勤務時間（「指示なし」時間を除く）の分布 において、時間外労働が年1,860時間以上の医師が約１割であったとする調査結果もあり（医師の働き方改革に関する検討会報告書：平成31年３月28日）、特に、20代、30代の若い医師を中心に、他職種と比較しても突出した長時間労働の実態にある。令和元年度に実施された勤務実態調査においても、医師の労働時間については引き続き長時間労働の実態が認められた。

以上の状況を踏まえ、令和６年（2024年）度の医師の時間外労働の上限規制の適用においては、臨時的な必要がある場合、１年あたりに延長することができる時間外・休日労働時間数の上限が年1,860時間となる見込みである。一方、そのような医師の年の上限時間数の水準を踏まえ、医師の健康を確保することが、重要な課題である。

医師の時間外労働の上限規制

令和６年４月から診療に従事する勤務医に対して時間外労働の上限規制が適用される。時間外・休日労働の上限は原則年960時間以下／月100時間未満（以下、Ａ水準）とするが、地域医療における必要性等の理由がある場合については、「地域医療確保暫定特例水準」として、一定の期間集中的に技能向上のための診療を必要とする場合については「集中的技能向上水準」（以下「Ｃ水準」という。）として、都道府県知事が指定する医療機関において、年1,860時間まで時間外・休日労働が認められる見込みである。なお、「地域医療確保暫定特例水準」については、地域医療提供体制の確保の観点から必須とされる機能を果たすために、当該医療機関における時間外・休日労働が年960時間を超えざるを得ない場合に上限を年1,860時間とする水準（以下「Ｂ水準」という。）と、地域医療提供体制の確保のために他の医療機関に派遣され、当該副業・兼業先での労働時間と通算した時間外・休日労働が年960時間を超えざるを得ない場合に通算の上限を年1,860時間とする水準（以下「連携Ｂ水準」という。）が設けられる見込みである。

> A水準
> 診療従事勤務医に令和6年度以降に適用される水準
> 年960時間／月100時間未満（例外あり）※いずれも休日労働を含む
> B水準・連携B水準
> 地域医療確保暫定特例水準(医療機関を指定)
> 年1,860時間／月100時間未満(例外あり）※いずれも休日労働を含む
> C水準
> 集中的技能向上水準(医療機関を指定)
> 年1,860時間／月100時間未満(例外あり）※いずれも休日労働を含む

追加的健康確保措置

一般の労働者に適用される時間外労働の上限を超えて医師が働かざるを得ない場合、医師の健康の確保及び医療の質や安全を確保するために、**一般の労働者について限度時間を超えて労働させる場合に求められている健康福祉確保措置に加えた措置（追加的健康確保措置）が講じられる。**

具体的には､追加的健康確保措置①(連続勤務時間制限･勤務間インターバル等）と追加的健康確保措置②（医師による面接指導､結果を踏まえた就業上の措置等）等が設けられる。

A水準の適用となる医師を雇用する医療機関の管理者(以下｢管理者｣という。)に、当該医師に対する**追加的健康確保措置①の努力義務と追加的健康確保措置②の義務**が課される。B・連携B・C水準の適用となる医師を雇用する医療機関の管理者に、当該医師に対する**追加的健康確保措置①の義務と追加的健康確保措置②の義務**が課される。

①－1　連続勤務時間制限

連続勤務は、宿日直許可を受けている当直明けの場合を除き、前日の勤務開始から**28時間**までとなる。ただし、初期研修医については、**9時間以上**の勤務間インターバルを確保することとし、連続勤務時間制限としては**15時間**となる。臨床研修における必要性から、指導医の勤務に合わせた連続勤務が必要な場合、**24時間以下**の連続勤務が認められる。その場合、その後の勤務間インターバルは**24時間以上**確保しなければならない。

①－2　勤務間インターバル

当直及び当直明けの日を除き、通常の日勤(9時間程度を超える連続勤務)後の次の勤務までに**9時間以上**のインターバル（休息）を確保することになる。

当直明けの日（宿日直許可がない場合）については、28時間までの連続勤務時間制限を導入した上で、この後の次の勤務までに**18時間以上**のインターバル（休息）を確保することになる。

当直明けの日（宿日直許可がある場合）については、通常の日勤を可能とし、その後の次の勤務までに**9時間以上**のインターバル（休息）を確保することになる。

①－３　代償休息

連続勤務時間制限・勤務間インターバル確保を実施することが原則であるが、日々の患者ニーズのうち、長時間の手術や急患の対応等やむを得ない事情によって例外的に実施できなかった場合に、代わりに休息を取ることで疲労回復を図る。代償休息の付与方法としては､対象となった時間数について、所定労働時間中における時間休の付与、勤務間インターバル幅の延長のいずれかによることとなり、代償休息の付与期限としては、代償休息を生じさせる勤務が発生した日の属する月の翌月末までとなる。

②－１　面接指導

面接指導は、長時間労働の医師一人ひとりの健康状態を確認し、必要に応じて就業上の措置を講じることを目的として行う。本面接指導は、ひと月あたりの時間外・休日労働について、100時間未満という上限規制を例外的に緩和するための要件であることから、時間外・休日労働が「月100時間未満」の水準を超える前に、管理者は睡眠及び疲労の状況を確認し、一定以上の疲労の蓄積が確認された者については月100時間以上となる前に面接指導を行うことを義務付けられる。なお、毎月あらかじめ決めておいた時期（時間外・休日労働時間が100時間以上となる前）に面接指導を行うことも可能である。

②－２ 就業上の措置

面接指導の結果により、就業上の措置を講じる必要がある場合は、面接指導を実施した医師（以下「面接指導実施医師」という。）が管理者に意見を述べることとなる。管理者は当該意見を踏まえ、医師の健康確保のために必要な就業上の措置を最優先で講じることが求められる。

その他

Ｂ・連携Ｂ・Ｃ水準の時間外労働の上限である年1,860時間の月平均時間数（**155時間**）を超えた際には、時間外労働の制限等、上記の就業上の措置と同様に労働時間を短縮するための具体的取組を講じる。

これらの措置については、診療に従事する勤務医に対してのみ適用されるものであり、医療法において位置づけられる予定である。なお、面接指導は医療法において位置づけられることと併せて、労働安全衛生法の面接指導としても位置づけられ、衛生委員会による調査審議等が及ぶ方向で検討されている。

医師の時間外労働規制について

		（A）水準	（B）水準	（C）水準
36協定で締結できる時間数の上限	①通常の時間外労働（休日労働を含まない）	月45時間以下・年360時間以下		
	②「臨時的な必要がある場合」（休日労働を含む）	月100時間未満（ただし下表の面接指導等を行った場合には例外あり）		
		年960時間以下	年1,860時間以下	
③36協定によっても超えられない時間外労働の上限時間（休日労働を含む）		月100時間未満（例外につき同上）		
		年960時間以下	年1,860時間以下	
適正な労務管理（労働時間管理等）		一般労働者と同様の義務（労働基準法、労働安全衛生法）		
医師労働時間短縮計画の作成によるＰＤＣＡの実施		現行どおり（勤務環境改善の努力義務）	義務	
追加的健康確保措置	連続勤務時間制限28時間※１（宿日直許可なしの場合）※２	努力義務（②が年720時間等を超える場合のみ）	義務	
	勤務間インターバル９時間※２			
	面接指導（睡眠・疲労の状況の確認を含む）・必要に応じ就業上の措置（就業制限、配慮、禁止）	時間外労働が月100時間以上となる場合は義務（月100時間以上となる前に実施※３）		

※さらに、時間外労働月155時間超の場合には労働時間短縮の措置を講ずる。

□ 追加的健康確保措置については医事法制・医療政策における義務付け、実施状況確認等を行う方向で検討（３６協定にも記載）。面接指導については労働安全衛生法上の義務付けがある面接指導としても位置づける方向で検討。

※１　Ｃ－１水準が適用される初期研修医の連続勤務時間制限については、28時間ではなく１日ごとに確実に疲労回復させるため15時間（その後の勤務間ｲﾝﾀｰﾊﾞﾙ９時間）又は24時間（同24時間）とする。

※２　長時間の手術や急患の対応等のやむを得ない事情によって例外的に実施できなかった場合には、代償休息によることも可能（Ｃ－１水準が適用される初期研修医を除く）。

※３　時間外労働実績が月80時間超となった段階で睡眠及び疲労の状況についての確認を行い、Ａ水準適用対象者の場合は疲労の蓄積が確認された者について、Ｂ水準・連携Ｂ水準・Ｃ水準適用対象者の場合は全ての者について、時間外労働が月100時間以上となる前に面接指導を実施。

本マニュアルは、睡眠及び疲労の状況について確認する事項（睡眠負債等に関する検査項目や疲労の蓄積の確認に用いる基準値の設定等）を含めた効果的な面接指導の実施方法、疲労回復に効果的な休息の付与方法に関して、産業保健の知見、年齢や性別の違いや疲労の蓄積予防の観点も踏まえ、医学的見地から検討し、作成した。

Ⅰ　面接指導実施の概要

1．面接指導の目的

令和6年4月から医師に対して時間外労働の上限規制が適用される。月の時間外・休日労働については原則100時間未満となるが、面接指導の実施により、例外的に緩和される。よって、**月100時間以上の時間外・休日労働を行う場合には、面接指導を実施しなければならない**。

2．面接指導の体制

面接指導においては、管理者、面接指導実施医師、面接指導の対象となる医師（以下「面接指導対象医師」という。）が下記の役割を果たすことが求められる。

2－1．管理者

管理者は、各医療機関特有の職場の文化に基づき、面接指導実施体制を構築する。面接指導実施医師を選任するとともに面接指導対象医師を抽出し、面接指導実施医師に必要な情報を提供するとともに、面接指導実施医師からの報告･意見を踏まえ、必要に応じて、就業上の措置を講じる。

2－2．面接指導実施医師

面接指導実施医師については、長時間労働の面接指導に際して必要な知見に係る講習を受講して従事する。面接指導実施医師は、管理者により選任される。また、管理者から必要な情報の提供を受け、面接指導対象医師へ面接指導を実施し、その結果を管理者に報告する。また、面接指導の結果から、就業上の措置を講じる必要がある場合には、管理者に意見を述べる。面接指導実施医師は、必要に応じて産業医と連携することが望ましい。なお、産業医が面接指導実施医師を担うこともできる。

2－3．面接指導対象医師

面接指導対象医師は、当該月に100時間以上の時間外・休日労働が見込まれる医師である。面接指導対象医師についても、自身の健康管理に努めることが求められていることから、過重労働や睡眠負債による健康影響等に関する講習を受講することが望ましい。

面接指導の枠組み

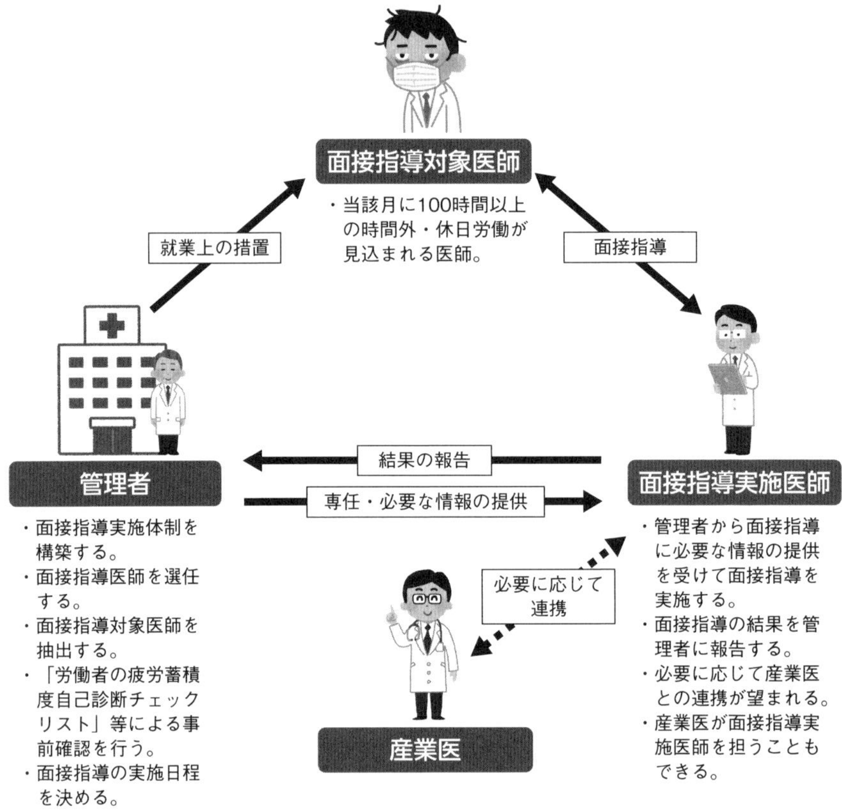
面接指導対象医師
・当該月に100時間以上の時間外・休日労働が見込まれる医師。
就業上の措置
面接指導
管理者
・面接指導実施体制を構築する。
・面接指導医師を選任する。
・面接指導対象医師を抽出する。
・「労働者の疲労蓄積度自己診断チェックリスト」等による事前確認を行う。
・面接指導の実施日程を決める。
結果の報告
専任・必要な情報の提供
面接指導実施医師
・管理者から面接指導に必要な情報の提供を受けて面接指導を実施する。
・面接指導の結果を管理者に報告する。
・必要に応じて産業医との連携が望まれる。
・産業医が面接指導実施医師を担うこともできる。
必要に応じて連携
産業医

3　長時間労働の医師に対する面接指導の全体像

長時間労働の医師に対する面接の流れを下記に示す。各ステップの詳細は第Ⅱ章から第Ⅳ章を参照。

長時間労働医師に対する面接のフローチャート

Step 1
事前確認と面接指導の実施時期

面接指導実施医師を抽出し、「労働者の疲労蓄積度自己診断チェックリスト」等により睡眠及び疲労の状況の事前確認を行う。

面接指導の実施日程を決定し、面接指導に必要な情報を面接指導実施医師に提供する。

管理者が実施

➡「Ⅱ　長時間労働の医師の面接指導までの流れ」を参照

Step 2
面接指導

面接指導実施医師は面接指導において、
①勤務の状況
②睡眠負債の状況
③疲労の蓄積の状況
④心身の状況
等について確認する。

Step 3
報告書・意見書の作成

面接指導に基づき、本人への指導区分ならびに就業区分の判定を行い、報告書及び意見書を作成の上、管理者に報告する。なお、必要に応じて、産業医、院内の専門科又は専門医療機関と連携して報告を行うことが望ましい。

面接指導実施医師が実施

➡「Ⅲ　面接指導の実際」を参照

Step 4
長時間労働の医師への対応

必要に応じて就業上の措置や職場環境の改善を行う。

管理者が実施

➡「Ⅳ　長時間労働の医師への対策」を参照

Ⅱ　長時間労働の医師の面接指導までの流れ

1．長時間労働の医師への面接指導における管理者の役割

本面接指導において、管理者は下記の役割を担う。

・面接指導実施医師を選任する。（同じ部署の上司は避けることが望ましい）
・面接指導対象医師（当該月に100時間以上の時間外・休日労働が見込まれる医師）を抽出する。
・「労働者の疲労蓄積度自己診断チェックリスト」等による事前確認を行う。
・面接指導の実施日程を決める。
・面接指導に必要な情報（時間外労働の状況、「労働者の疲労蓄積度自己診断チェックリスト」の結果等）を面接指導実施医師に提供する。
・面接指導実施医師から面接指導の結果について報告を受ける。
・必要に応じて就業上の措置や職場環境の改善を行う。

2．院内における面接指導実施体制の構築

長時間労働の医師に対する面接指導の実施にあたり、各病院の状況に応じた面接指導実施体制の構築が望ましい。その体制は面接指導実施医師及び産業医をはじめとする産業保健スタッフが中心となる。本面接指導体制の構築にあたっては、面接指導実施医師、産業医、管理者の連携が望ましい。

面接指導の実施体制

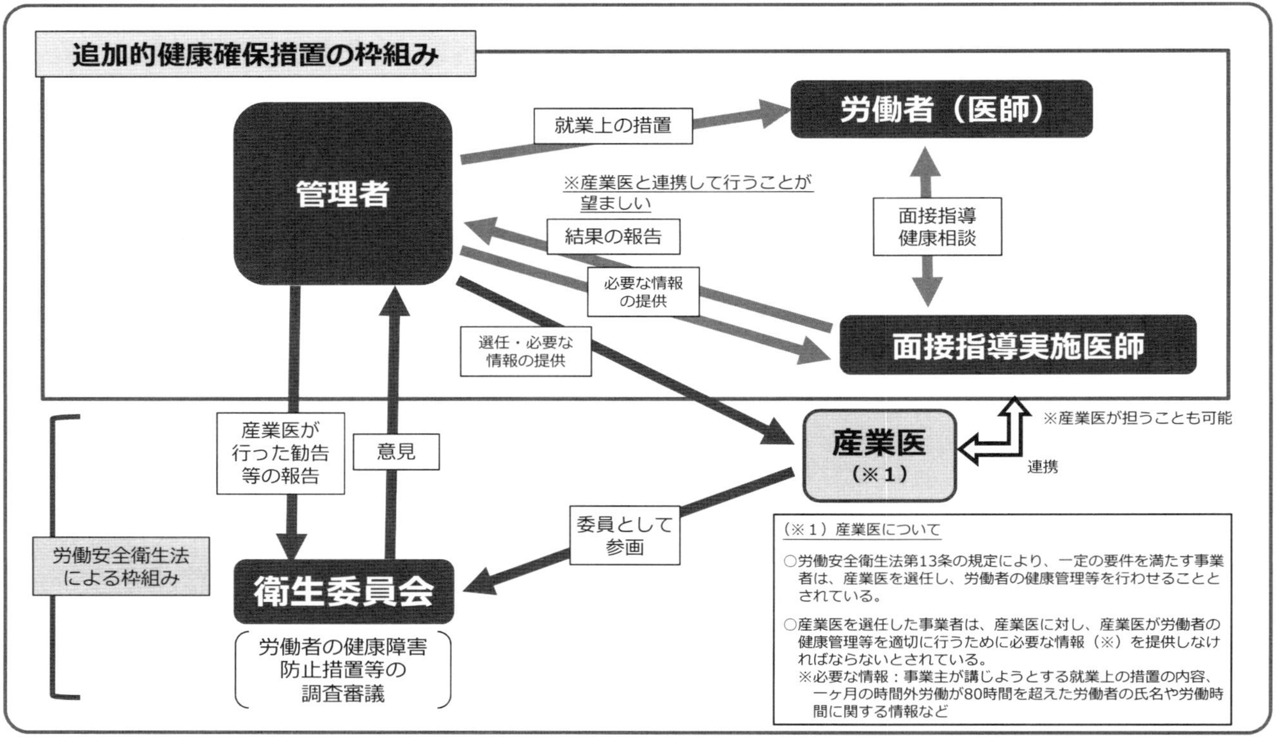

追加的健康確保措置の枠組み

管理者

労働者（医師）

面接指導実施医師

就業上の措置

※産業医と連携して行うことが望ましい

結果の報告

必要な情報の提供

面接指導
健康相談

選任・必要な情報の提供

産業医
（※1）

連携

※産業医が担うことも可能

労働安全衛生法による枠組み

産業医が行った勧告等の報告

意見

委員として参画

衛生委員会

（労働者の健康障害防止措置等の調査審議）

（※1）産業医について

○労働安全衛生法第13条の規定により、一定の要件を満たす事業者は、産業医を選任し、労働者の健康管理等を行わせることとされている。

○産業医を選任した事業者は、産業医に対し、産業医が労働者の健康管理等を適切に行うために必要な情報（※）を提供しなければならないとされている。
※必要な情報：事業主が講じようとする就業上の措置の内容、一ヶ月の時間外労働が80時間を超えた労働者の氏名や労働時間に関する情報など

※追加的健康確保措置の面接指導は、医療法において位置付けることと併せて、労働安全衛生法の面接指導としても位置付け、衛生委員会による調査審議等が及ぶ方向で検討（「医師の働き方改革に関する検討会」報告書より）

3．長時間労働の医師の事前確認と面接指導の実施時期

管理者は、当該月に100時間以上の時間外・休日労働が見込まれる医師（例えば、前月又は当月の時間外・休日労働が80時間を超えている者）を抽出し、時間外・休日労働が月100時間以上となる前に、**睡眠及び疲労の状況等、以下の事項について確認を行い、面接指導の実施日程を決める。**また、時間外・休日労働の各水準における睡眠及び疲労の状況の事前確認並びに面接指導の実施時期の案を下記に示す。

＜確認事項＞
① 前月の時間外・休日労働時間（副業・兼業先の労働時間も自己申告により通算する）
② 「労働者の疲労蓄積度の自己診断チェックリスト」（以下「疲労蓄積度チェック」という。）
③ 直近２週間の１日平均睡眠時間（可能であればアクチグラフ等の客観的指標を用いる）
④ 面接指導の希望

※可能であれば、面接指導対象医師と同じ病棟や診療科で勤務する看護師長や上級医から、長時間労働の負担による影響の有無等についても確認しておくことが望ましい。

事前確認・面接指導の実施時期

水準	A 水準	A・B・連携B・C 水準	B・連携B・C 水準
時間外・休日労働が100時間以上となる頻度	低い	→	高い
睡眠及び疲労の状況の事前確認の実施時期	当該月の時間外・休日労働が80時間を超えた後	ある程度の疲労蓄積が想定される時期（当該月の時間外・休日労働が80時間前後となる時期が望ましい） ※ただし、当該月の時間外・休日労働が100時間に到達する前に実施しなければならない。	毎月あらかじめ決めておいた時期に行うことも可能 ※ただし、当該月の時間外・休日労働が100時間に到達する前に実施しなければならない。
面接指導の実施時期	事前確認で一定の疲労の蓄積が予想される場合注）は、当該月の時間外・休日労働が100時間に到達する前に実施しなければならない。		

注）一定の疲労蓄積が予想される場合とは下記のいずれかに該当した場合である。
① 前月の時間外・休日労働時間：100時間以上
② 直近２週間の１日平均睡眠時間：６時間未満
③ 疲労蓄積度チェック：自覚症状がⅣ又は負担度の点数が４以上
④ 面接指導の希望：有

面接指導の実施時期の例

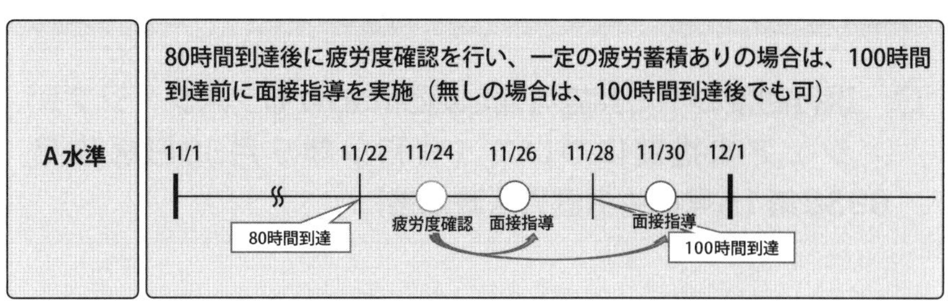

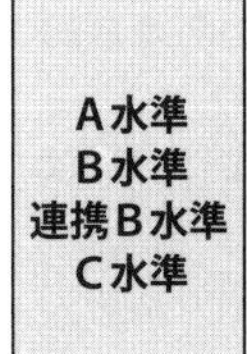

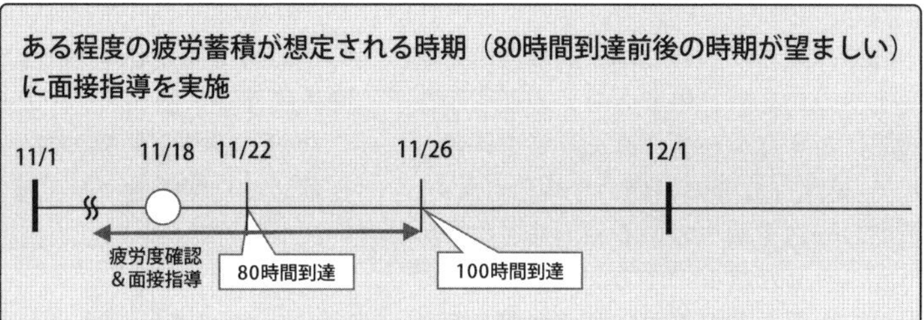

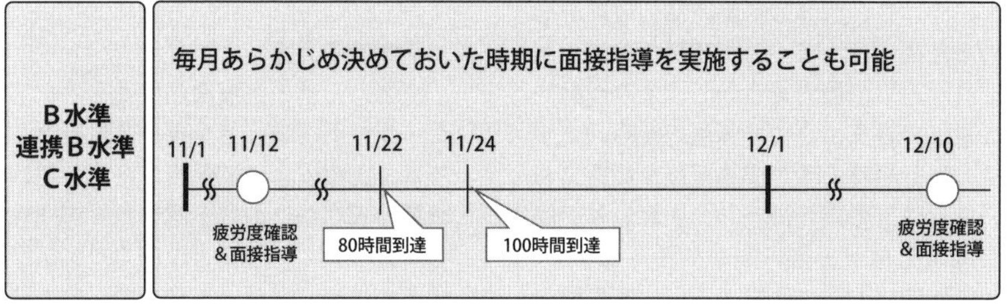

第Ⅲ章及び第Ⅳ章　略

8　タスク・シフト／シェアの推進について

○　現行制度の下で実施可能な範囲におけるタスク・シフト／シェアの推進について（令和３年９月30日医政発0930第16号厚生労働省医政局長）

医師の業務については、医療技術の高度化への対応や、患者へのきめ細やかな対応に対するニーズの高まり等を背景として、書類作成等の事務的な業務も含め、増加の一途を辿っていると指摘されている。こうした状況の中で、医師の時間外労働の上限規制が適用される令和６年４月に向けて、医師の労働時間の短縮を進めるためには、多くの医療関係職種それぞれが自らの能力を生かし、より能動的に対応できるようにする観点から、まずは、現行制度の下で実施可能な範囲において、医師の業務のうち、医師以外の医療関係職種が実施可能な業務について、医療機関において医師から他の医療関係職種へのタスク・シフト／シェアを早急に進める必要がある。このため、「医師の働き方改革を進めるためのタスク・シフト／シェアの推進に関する検討会」における議論を踏まえ、現行制度の下で医師から他の医療関係職種へのタスク・シフト／シェアが可能な業務の具体例やタスク・シフト／シェアを推進するに当たっての留意点等について、下記のとおり整理したので、貴職におかれては、その内容について御了知の上、各医療機関において、その実情に応じたタスク・シフト／シェアの取組が進むよう、貴管内の市町村（特別区を含む。）、医療機関、関係団体等に周知方願いたい。

なお、診療報酬等の算定については、従前どおり関係法令をご確認いただきたい。

記

１．基本的考え方

医師から他の医療関係職種へのタスク・シフト／シェアを進めるに当たっては、医療安全の確保及び各医療関係職種の資格法における職種毎の専門性を前提として、各個人の能力や各医療機関の体制、医師との信頼関係等も踏まえつつ、多くの医療関係職種それぞれが自らの能力を生かし、より能動的に対応できるよう、必要な取組を進めることが重要である。

その上で、まずは、現行制度の下で実施可能な範囲において、医師以外の医療関係職種が実施可能な業務についてのタスク・シフト／シェアを最大限に推進することが求められる。このため、厚生労働省において令和元年６月から７月にかけて実施したヒアリングの中で各種職能団体及び各種学会から提案のあった項目を基に、現行制度の下で医師から他の医療関係職種へのタスク・シフト／シェアが可能な業務の具体例について、3．のとおり整理した。各医療機関においては、3．において記載した業務の具体例も参考にしつつ、各医療機関の実情に応じて、タスク・シフト／シェアの取組を進められたい。

また、タスク・シフト／シェアを効果的に進めるために留意すべき事項について、「意識」「知識・技能」「余力」の3つの観点から、2．のとおり整理したので、2．において記載した留意点も踏まえつつ、タスク・シフト／シェアの取組を進められたい。

なお、今後、厚生労働省において、医療機関におけるタスク・シフト／シェアの推進の好事例について、2．において記載した留意点も踏まえた推進のプロセスや、費用対効果も含めて、収集・分析を行い、周知を行うことを予定している。

2．タスク・シフト／シェアを効果的に進めるために留意すべき事項

1）意識改革・啓発

タスク・シフト／シェアを効果的に進めるためには、個々のモチベーションや危機感等が重要であり、医療機関全体でタスク・シフト／シェアの取組の機運が向上するよう、病院長等の管理者の意識改革・啓発に加え、医療従事者全体の意識改革・啓発に取り組むことが求められる。具体的には、病院長等の管理者向けのマネジメント研修や医師全体に対する説明会の開催、各部門責任者に対する研修、全職員の意識改革に関する研修等に取り組む必要がある。特に、一部の職種のみ又は管理者のみの意識改革では、タスク・シフト／シェアが容易に進まないことに留意する必要がある。

2）知識・技能の習得

タスク・シフト／シェアを進める上で、医療安全を確保しつつ、タスク・シフト／シェアを受ける側の医療関係職種の不安を解消するためには、タスク・シフト／シェアを受ける側の医療関係職種の知識・技能を担保することが重要である。具体的には、各医療関係職種が新たに担当する業務に必要な知識・技能を習得するための教育・研修の実施等に取り組む必要がある。教育・研修の実施に当たっては、座学のみではなくシミュレーター等による実技の研修も行うほか、指導方法や研修のあり方の統一・マニュアルの作成を行うことなどにより、医療安全を十分に確保できるよう取り組む必要がある。

3）余力の確保

タスク・シフト／シェアを受ける側の医療関係職種の余力の確保も重要である。具体的には、ＩＣＴ機器の導入等による業務全体の縮減を行うほか、医師からのタスク・シフト／シェアだけでなく、看護師その他の医療関係職種から別の職種へのタスク・シフト／シェア（現行の担当職種の見直し）にもあわせて取り組むことなど、一連の業務の効率化を図るとともに、タスク・シフト／シェ

アを受ける側についても必要な人員を確保することなどにより、特定の職種に負担が集中することのないよう取り組む必要がある。

3．現行制度の下で医師から他の医療関係職種へのタスク・シフト／シェアが可能な業務の具体例

1） 看護師

① 特定行為（38行為21区分）の実施

特定行為研修を修了した看護師は、保健師助産師看護師法（昭和23年法律第203号）第37条の2に基づき、手順書により、特定行為を行うことができる。

具体的には、例えば、特定行為研修を修了した看護師は、人工呼吸管理や持続点滴中の降圧剤や利尿剤等の薬剤の投与量の調整、中心静脈カテーテルの抜去や末梢留置型中心静脈注射用カテーテルの挿入等の特定行為について、その都度医師の指示を求めることなく、医師が予め作成した手順書（医師による包括的指示の形態の一つ）により行うことが可能である。

② 事前に取り決めたプロトコール（※）に基づく薬剤の投与、採血・検査の実施

看護師は、診療の補助として医行為を行う場合、医師の指示の下に行う必要があるが、実施するに当たって高度かつ専門的な知識及び技能までは要しない薬剤の投与、採血・検査については、特定行為研修を修了した看護師に限らず、医師が包括的指示（看護師が患者の状態に応じて柔軟に対応できるよう、医師が、患者の病態の変化を予測し、その範囲内で看護師が実施すべき行為について一括して出す指示）を用いることで看護師はその指示の範囲内で患者の状態に応じて柔軟な対応を行うことも可能である。

具体的には、①対応可能な病態の変化の範囲、②実施する薬剤の投与、採血・検査の内容及びその判断の基準、③対応可能な範囲を逸脱した場合の医師への連絡等について、医師と看護師との間で事前にプロトコールを取り決めておき、医師が、診察を行った患者について、病態の変化を予測し、当該プロトコールを適用する（患者の状態に応じてプロトコールの一部を変更して適用する場合を含む。）ことを指示することにより、看護師は、患者の状態を適切に把握した上で、患者の状態を踏まえた薬剤の投与や投与量の調整、採血や検査の実施について、必ずしも実施前に再度医師の確認を求めることなく、当該プロトコールに基づいて行うことが可能である。

（※）「プロトコール」とは、事前に予測可能な範囲で対応の手順をまとめたもの。（診療の補助においては、医師の指示となるものをいう。）以下同じ。

③ 救急外来における医師の事前の指示や事前に取り決めたプロト

コールに基づく採血・検査の実施

救急外来においては、看護師が医師の事前の指示の下で採血・検査を実施し、医師が診察する際には、検査結果等の重要な情報を揃えておくことにより、医師が救急外来の患者に対しより迅速に対応することが可能になると考えられる。この場合の医学的検査のための採血は、医師法（昭和23年法律第203号）第20条に規定する「治療」には当たらず、医師による診察前であっても、医師の採血・検査の実施について事前の指示に基づき、看護師が採血・検査を実施することは可能である。

具体的には、救急外来において、①対応可能な患者の範囲、②対応可能な病態の変化の範囲、③実施する採血・検査の内容及びその判断の基準、④対応可能な範囲を逸脱した場合の医師への連絡等について、医師が看護師に事前に指示を出しておく、又は医師と看護師との間で事前にプロトコールを取り決めておくことにより、救急外来の患者について、医師が診察を行う前であっても、看護師が、医師の事前の指示やプロトコールに基づいて採血・検査を行うことが可能である。

④　血管造影・画像下治療（ＩＶＲ）の介助

血管造影・画像下治療において、看護師は、医師の指示の下、診療の補助として、造影剤の投与や、治療終了後の圧迫止血等の行為を行うことが可能である。ただし、エックス線撮影等の放射線を照射する行為については、医師又は医師の指示の下に診療放射線技師が行う必要がある。

⑤　注射、採血、静脈路の確保等

静脈注射・皮下注射・筋肉注射（ワクチン接種のためのものを含む。）、静脈採血（静脈路からの採血を含む）、動脈路からの採血、静脈路確保、静脈ライン・動脈ラインの抜去及び止血については、診療の補助として、医師の指示の下に看護師が行うことが可能である。（小児・新生児に対して行う場合も含む。）

⑥　カテーテルの留置、抜去等の各種処置行為

尿道カテーテル留置、末梢留置型中心静脈注射用カテーテルの抜去、皮下埋め込み式ＣＶポートの穿刺、胃管・ＥＤチューブの挿入及び抜去、手術部位（創部）の消毒、鶏眼処置、創傷処置、ドレッシング抜去、抜糸、軟膏処置、光線療法の開始・中止については、診療の補助として、医師の指示の下に看護師が行うことが可能である。（小児・新生児に対して行う場合も含む。）

⑦　診察前の情報収集

病歴聴取、バイタルサイン測定、服薬状況の確認、リスク因子のチェック（必要に応じてチェックシート等を活用）、検査結果の確

認等の診察前の情報収集については、必ずしも医師が行う必要はなく、知識及び技能を有する看護師が、医師との適切な連携の下で、医師による診察前に、こうした情報収集を行い、診察を行う医師にその結果を報告することは、医師の診察に係る負担軽減にも資すると考えられる。(看護師が報告した結果に基づく病状等の診断については、医師が行う必要がある。)

また、患者が休日や夜間に診療を求めて救急に来院した場合、事前に医師との連携の下で診療の優先順位の決定（トリアージ）に係る具体的な対応方針を整備しておくことにより、看護師が、当該対応方針に基づき、病歴聴取、バイタルサイン測定等の結果を踏まえて、診療の優先順位の判断を行うことも可能である。

2）助産師

① 院内助産

院内助産とは、緊急時の対応が可能な医療機関において、助産師が妊産褥婦とその家族の意向を尊重しながら、妊娠から産褥1か月頃まで、助産ケアを提供する体制をいう。「院内助産・助産師外来ガイドライン2018」（※）を参考に、院内助産の開設・運営に取り組むことにより、助産師の専門性の積極的な活用を図ることは、産科医師の業務負担軽減にも資すると考えられる。

② 助産師外来

助産師外来とは、緊急時の対応が可能な医療機関において、助産師が産科医師と役割分担をし、妊産婦とその家族の意向を尊重しながら、健康診査や保健指導を行う体制をいう。「院内助産・助産師外来ガイドライン2018」（※）を参考に、助産師外来の開設・運営に取り組むことにより、助産師の専門性の積極的な活用を図ることは、産科医師の業務負担軽減にも資すると考えられる。

（※）平成29年度厚生労働省看護職員確保対策特別事業「院内助産・助産師外来ガイドライン2018」(https://www.mhlw.go.jp/stf/seisakunitsuite/bunya/0000187231.html)

3）薬剤師

① 周術期における薬学的管理等

周術期における薬剤管理等の薬剤に関連する業務として、以下に掲げる業務については、薬剤師を積極的に活用することが考えられる。

ア　手術前における、患者の服用中の薬剤、アレルギー歴及び副作用歴等の確認、術前中止薬の患者への説明、医師・薬剤師等により事前に取り決めたプロトコールに基づく術中使用薬剤の処方オーダーの代行入力（※）、医師による処方後の払出し

イ　手術中における、麻酔薬等の投与量のダブルチェック、鎮痛

薬等の調製

ウ　手術後における、患者の状態を踏まえた鎮痛薬等の投与量・投与期間の提案、術前中止薬の再開の確認等の周術期の薬学的管理

（※）「代行入力」とは、医師が確認・署名等を行うことを前提に、医師以外の者が電子カルテに処方や検査の指示等を入力することを指す。薬剤師においては、必要に応じて、疑義照会や処方提案を行う。以下同じ。

② 病棟等における薬学的管理等

病棟等における薬剤管理等の薬剤に関連する業務として、以下に掲げる業務については、薬剤師を積極的に活用することが考えられる。

ア　病棟配置薬や調剤後の薬剤の管理状況の確認

イ　高カロリー輸液等の調製、患者に投与する薬剤が適切に準備されているかの確認、配合禁忌の確認や推奨される投与速度の提案

③ 事前に取り決めたプロトコールに沿って行う処方された薬剤の投与量の変更等

薬剤師が、医師・薬剤師等により事前に取り決めたプロトコールに基づき、薬物治療モニタリング（ＴＤＭ）や検査のオーダーを医師等と協働して実施し、医師の指示により実施された検査の結果等を確認することで、治療効果等の確認を行い、必要に応じて、医師に対する薬剤の提案、医師による処方の範囲内での薬剤の投与量・投与期間（投与間隔）の変更を行うことは可能である。投与量・投与期間（投与間隔）の変更を行った場合は、医師、看護師等と十分な情報共有を行う必要がある。

また、薬剤師が、医師・薬剤師等により事前に取り決めたプロトコールに基づき、薬物療法を受けている患者に対する薬学的管理（相互作用や重複投薬、配合変化、配合禁忌等に関する確認、薬剤の効果・副作用等に関する状態把握、服薬指導等）を行い、その結果を踏まえ、必要に応じて、服薬方法の変更（粉砕、一包化、一包化対象からの除外等）や薬剤の規格等の変更（内服薬の剤形変更、内服薬の規格変更及び外用薬の規格変更等）を行うことは可能である。こうした変更を行った場合、医師、看護師等と十分な情報共有を行う必要がある。

なお、病状が不安定であること等により専門的な管理が必要な場合には、医師と協働して実施する必要がある。

このほか、薬剤師が、医師・薬剤師等により事前に取り決めたプロトコールに基づき、入院患者の持参薬について、院内採用の同種同効薬への変更処方オーダーの代行入力を行い、医師による処方後、払出すことは可能である。

④　薬物療法に関する説明等

医師による治療方針等の説明後の薬物療法に係る治療スケジュール、有効性及び副作用等の患者への説明や、副作用軽減のための対応方法と記録の実施等についての患者への説明については、薬剤師を積極的に活用することが考えられる。

また、患者の苦痛や不安を軽減するため、薬物療法に関して、必要に応じて患者の相談に応じ必要な薬学的知見に基づく指導を行うなどの対応についても、薬剤師を積極的に活用することが考えられる。

⑤　医師への処方提案等の処方支援

入院患者について、薬剤師が、医師に対して処方提案等の処方支援を行うに当たっては、必要に応じて、以下のような取組を行うことが可能であり、また、効果的な処方支援に資すると考えられる。

患者の入院時に持参薬を確認するとともに、複数の内服薬が処方されている患者であって、薬物有害事象の存在や服薬過誤、服薬アドヒアランス低下等のおそれのある患者に対しては、処方の内容を総合的に評価する。

アレルギー歴及び副作用歴等を確認するとともに、医師と綿密に連携し、診療録等による服薬内容、バイタルサイン（血圧、脈拍、体温等）及び腎機能、肝機能に関する検査結果の確認、回診・カンファレンスの参加等により患者の状態を把握した上で処方提案等の処方支援を実施する。

さらに、外来診療の場面においても、医師の診察の前に、残薬を含めた服薬状況や副作用の発現状況等について、薬学的な観点から確認を行い、必要に応じて医師へ情報提供を行うことで、医師の負担軽減に繋がることが期待される。

⑥　糖尿病患者等における自己注射や自己血糖測定等の実技指導

薬剤師が、服薬指導の一環として、糖尿病患者等の自己注射や自己血糖測定等について、練習用注射器等を用いて、注射手技等の実技指導を行い、患者が正しい手順で注射できているか否かなどの確認等を行うことは可能である。ただし、薬剤師が患者に対して注射等の直接侵襲を伴う行為を行うことはできない。

4）診療放射線技師

①　撮影部位の確認・検査オーダーの代行入力等

放射線検査について、診療放射線技師が、医師の事前の具体的指示に基づき、撮影部位を確認して検査オーダーを代行入力すること及び追加撮影が必要となった場合に追加撮影のための検査オーダーを代行入力することは可能である。

また、診療放射線技師が実施した検査画像に異常所見が認められた場合に、診療放射線技師が、その客観的な情報について医師に報告することは可能である。ただし、当該所見に基づく病状等の判断は医師が行う必要がある。

② 画像誘導放射線治療（ＩＧＲＴ）における画像の一次照合等

画像誘導放射線治療において、診療放射線技師が、医師の具体的指示の下、画像の一次照合を行い、照合画像から照射位置精度を確認した上で、放射線の照射を行うことは可能である。ただし、照射位置の許容（値）範囲を超えた場合は、診療放射線技師は速やかに医師に報告し、照射の継続又は中断についての判断は医師が行う必要がある。診療放射線技師は、照合結果を記録し管理する必要がある。

③ 放射線造影検査時の造影剤の投与、投与後の抜針・止血等

放射線造影検査において、診療放射線技師は、医師の具体的指示の下、診療の補助として、造影剤注入装置の静脈路への接続、造影剤の投与のための造影剤注入装置の操作、投与終了後の抜針及び止血を行うことが可能である。

④ 血管造影・画像下治療（ＩＶＲ）における補助行為

血管造影・画像下治療において、術者である医師がカテーテルやガイドワイヤー等の位置を正確に調整できるよう、診療放射線技師が、当該医師の具体的指示の下、血管造影装置やＣＴ等の画像診断装置の操作を行い、当該医師に必要な画像を提示することは可能である。

このほか、血管造影・画像下治療における医師の補助としては、カテーテルやガイドワイヤー等を使用できる状態に準備する行為や、医師に手渡しする行為、カテーテル及びガイドワイヤー等を保持する行為、医師が体内から抜去したカテーテル及びガイドワイヤー等を清潔トレイ内に安全に格納する行為等の医行為に該当しない補助行為についても、清潔区域への立入り方法等について医師・看護師の十分な指導を受けた後は、診療放射線技師が行うことが可能である。

また、術前の血管造影の定型的手技や放射線被曝についての患者への説明、医療機関の定めるチェックリストに沿って行う採血結果、服薬状況、リスクファクター等の確認と医師への報告についても、放射線の検査等に関する専門的な知識を有する診療放射線技師を活用することが考えられる。

⑤ 病院又は診療所以外の場所での医師が診察した患者に対するエックス線の照射

医師が診察した患者について、診療放射線技師が、その医師の指示を受け、病院又は診療所以外の場所に出張してエックス線（百万電子ボルト未満のエネルギー）の照射を行うことは可能である。

⑥　放射線検査等に関する説明、同意書の受領

放射線検査等（一般撮影検査、ＣＴ検査、ＭＲＩ検査、核医学検査、超音波検査）の実施に当たっては、放射線検査等の目的や必要性、具体的な手法、放射線被曝、造影剤の副作用、安全性について、患者に適切に説明した上で、必要に応じて同意書を受領する必要があるが、こうした説明や同意書の受領については、必ずしも医師が行う必要はなく、放射線検査等に関する専門的な知識や技能を有する診療放射線技師を積極的に活用することが考えられる。

⑦　放射線管理区域内での患者誘導

放射線管理区域内への患者の誘導や、放射性医薬品投与後の安静待機室への誘導など、放射線管理区域内での患者の誘導については、適切に放射線を管理し、安全が確保されるよう留意しながら行う必要があるが、必ずしも医師が行う必要はなく、放射線管理に関する専門的な知識や技能を有する診療放射線技師を積極的に活用することが考えられる。

⑧　医療放射線安全管理責任者

医療放射線安全管理責任者は、診療用放射線の安全管理に関する十分な知識を有する常勤職員であって、原則として医師及び歯科医師のいずれかの資格を有している者である必要があるが、病院等における常勤の医師又は歯科医師が放射線診療における正当化を、また、常勤の診療放射線技師と協力し放射線診療における最適化を担保し、当該医師又は歯科医師が当該診療放射線技師に対して適切な指示を行う体制を確保している場合に限り、当該病院等については診療放射線技師を責任者とすることも可能である。

5）臨床検査技師

①　心臓・血管カテーテル検査、治療における直接侵襲を伴わない検査装置の操作

心臓・血管カテーテル検査・治療において、臨床検査技師が、医師の指示の下、超音波検査(血管内超音波検査を含む。)や心電図検査、心腔内・血管内の血圧等の観察・測定等における直接侵襲を伴わない検査装置の操作を行うことは可能である。

②　負荷心電図検査等における生体情報モニターの血圧や酸素飽和度などの確認

負荷心電図検査等の実施に当たって、臨床検査技師が、医師の指示の下、検査実施前に、患者に装着されている生体情報モニターの血圧や酸素飽和度などのバイタルサインを確認し、医師等と事前に取り決められた範囲の値になっているかを確認し、範囲内の場合に検査を実施することは可能である。検査実施中に異常等が認められた場合には、速やかに医師に報告する必要がある。

③　持続陽圧呼吸療法導入の際の陽圧の適正域の測定

睡眠時無呼吸症候群に対する持続陽圧呼吸療法導入の際に、臨床検査技師が、医師の指示の下、陽圧の適正域を測定し、調整する行為（脳波、心電図、呼吸の気流を検知するフローセンサー、いびき音を拾うマイクロフォン、胸壁・腹壁の拡張を検知する圧センサーの装着・脱着を含む。）を行うことは可能である。

④　生理学的検査を実施する際の口腔内からの喀痰等の吸引

生理学的検査を安全かつ適切に実施する上で必要となる喀痰等の吸引については、臨床検査技師等に関する法律（昭和33年法律第76号）第２条の「生理学的検査」に含まれるものと解され、医師の指示の下に臨床検査技師が行うことは可能である。

臨床検査技師が、生理学的検査を実施する上で必要な喀痰等の吸引を行うに当たっては、養成機関や医療機関等において必要な教育・研修等を受けた臨床検査技師が実施することとするとともに、医師の指示の下、他職種との適切な連携を図るなど、臨床検査技師が当該行為を安全に実施できるよう留意しなければならない。

⑤　検査にかかる薬剤を準備して、患者に服用してもらう行為

検査の実施に当たって、医師が処方・指示した調剤済みの薬剤を患者に渡し、服用してもらう行為は、医行為に該当せず、臨床検査技師が当該行為を行うことは可能である。具体的には、糖負荷試験にかかるブドウ糖液や脳波検査にかかる睡眠導入剤、尿素呼気試験にかかる尿素錠を患者に渡し服用してもらう行為や、気道可逆性検査（呼吸機能検査）にかかる気管支拡張剤を患者に吸入してもらう行為を臨床検査技師が行うことが考えられる。ただし、異常な所見等が見られた場合には医師が適切に対応できる体制の下で行う必要がある。

⑥　病棟・外来における採血業務

「医師及び医療関係職と事務職員等との間等での役割分担の推進について」（平成19年12月28日付け医政発1228001厚生労働省医政局長通知）においても示しているが、臨床検査技師は、病棟・外来において、医師の具体的指示の下に、診療の補助として採血（血液培養を含む検体採取）を行うことが可能であり、外来のみならず、病棟における採血の業務についても、臨床検査技師を積極的に活用することが考えられる。

⑦　血液製剤の洗浄・分割、血液細胞（幹細胞等）・胚細胞に関する操作

アレルギー反応を呈する患者や小児・新生児において有効に血液製剤を使用するための血液製剤の洗浄・分割、血液細胞（幹細胞等）・

胚細胞に関する操作については、適切な衛生管理及び精度管理を確保する観点から、必要な知識・技術を有する者が行うことが求められるが、必ずしも医師が行う必要はなく、血液製剤や細胞治療の管理等に関する専門的な知識・技術を有する臨床検査技師を積極的に活用することが考えられる。

⑧　輸血に関する定型的な事項や補足的な説明と同意書の受領

輸血の実施に当たっては、輸血の必要性や輸血を行わない場合の危険性、輸血後の副作用等のリスク等について、患者に適切に説明した上で、同意書を受領する必要があるが、こうした輸血に関する説明と同意書の受領については、必ずしも医師がすべて行う必要はなく、輸血関連業務等に関する専門的な知識を有する臨床検査技師を積極的に活用することが考えられる。具体的には、臨床検査技師が、医師の説明等の前後において、医療機関が定めた輸血に関する定型的な説明事項（輸血療法や輸血関連検査の意義、輸血後の副作用等のリスク等）や補足的な事項についての説明を行い、医師と患者、家族等が十分な意思疎通をとれるよう調整するとともに、輸血の同意書を受領することが考えられる。

⑨　救急救命処置の場における補助行為の実施

救急救命処置の場において、臨床検査技師は、臨床検査技師等に関する法律により診療の補助として実施することができるとされている生理学的検査や採血等に加え、患者の移送や血圧測定等の医行為に含まれない補助行為についても実施することが可能である。

⑩　細胞診や超音波検査等の検査所見の記載

臨床検査技師が、細胞診や超音波検査等の検査所見を報告書に記載し、医師に報告することは可能である。ただし、当該所見に基づく病状等の判断は医師が行う必要がある。

⑪　生検材料標本、特殊染色標本、免疫染色標本等の所見の報告書の作成

病理組織検査において、臨床検査技師が、病理医の指示の下、生検材料標本の組織所見、特殊染色標本の染色態度の評価、免疫染色標本等の染色態度の評価又は陽性細胞の計数・定量判定等についての報告書を作成することは可能である。臨床検査技師により作成された報告書については、病理医の確認と承認を受けた上で、臨床医へ報告される必要がある。

⑫　病理診断における手術検体等の切り出し

病理診断における手術検体等の切り出し（検体の写真撮影、組織片切り出し、カセット詰など）については、適切な衛生管理及び精

度管理を確保する観点から、必要な知識・技術を有する者が行うことが求められるが、必ずしも医師が行う必要はなく、病理医との適切な連携の下で、検体採取や検体の管理等に関する専門的な知識・技術を有する臨床検査技師を積極的に活用することが考えられる。

⑬　画像解析システムの操作等

病理組織標本のうち、生検検体の標本や病理医が指定した手術検体の標本をスキャナーで取り込む作業、当該画像データの保管・管理、適切に画像を記録するために必要な装置の調整と管理については、検体の管理等に関する専門的な知識・技術を有する臨床検査技師を積極的に活用することが考えられる。

⑭　病理解剖

病理解剖に関して必要な知識及び技能を有する臨床検査技師が、死体解剖保存法（昭和24年法律第204号）に基づき、解剖をしようとする地の保健所長の許可を受けて、病理解剖を行うことは可能である。また、臨床検査技師が同法に基づく厚生労働大臣より死体解剖資格の認定を受けている場合は、保健所長の許可を受けることなく、病理解剖を行うことが可能である。なお、臨床検査技師が病理解剖を行う場合において、臨床検査技師が標本の所見を客観的に記述することは可能であるが、当該所見に基づく死亡の原因についての判断については、医師が行う必要がある。

6）臨床工学技士

①　心臓・血管カテーテル検査・治療時に使用する生命維持管理装置の操作

心臓・血管カテーテル検査・治療において、臨床工学技士が、医師の具体的な指示の下、診療の補助として、生命維持管理装置を操作し、運転条件と監視条件の設定及び変更を行うことは可能である。

②　人工呼吸器の設定変更

臨床工学技士が、医師の具体的な指示の下、診療の補助として、人工呼吸器を操作し、運転条件と監視条件の設定及び変更を行うことは可能である。

③　人工呼吸器装着中の患者に対する動脈留置カテーテルからの採血

人工呼吸器を操作して呼吸療法を行う場合、血液中のガス濃度のモニターを行うため、動脈の留置カテーテルからの採血（以下「カテーテル採血」という。）を行う必要がある。「医療スタッフの協働・連携によるチーム医療の推進について」（平成22年４月30日付け医政発0430第１号厚生労働省医政局長通知）においても示しているが、人工呼吸器の操作を安全かつ適切に実施する上で必要となるカテーテル採血については、臨床工学技士法（昭和62年法律第60号）第２条第２項の「生命維持管理装置の操作」に含まれるものと解され、医師の具体的指示の下に臨床工学技士が行うことが可能である。

臨床工学技士によるカテーテル採血の実施に当たっては、養成機関や医療機関等において必要な教育・研修等を受けた臨床工学技士が実施することとするとともに、医師の具体的指示の下、他職種との適切な連携を図るなど、臨床工学技士が当該行為を安全に実施できるよう留意しなければならない。

④　人工呼吸器装着中の患者に対する喀痰等の吸引

人工呼吸器を装着した患者については、気道の粘膜分泌量が多くなるなど、適正な換気状態を維持するために喀痰等の吸引が必要となる場合がある。「医療スタッフの協働・連携によるチーム医療の推進について」（平成22年４月30日付け医政発0430第１号厚生労働省医政局長通知）においても示しているが、人工呼吸器の操作を安全かつ適切に実施する上で必要となる喀痰等の吸引については、臨床工学技士法（昭和62年法律第60号）第２条第２項の「生命維持管理装置の操作」に含まれるものと解され、医師の指示の下に臨床工学技士が行うことが可能である。

臨床工学技士による喀痰等の吸引の実施に当たっては、養成機関や医療機関等において必要な教育・研修等を受けた臨床工学技士が実施することとするとともに、医師の指示の下、他職種との適切な連携を図るなど、臨床工学技士が当該行為を安全に実施できるよう留意しなければならない。

⑤　人工心肺を施行中の患者の血液、補液及び薬剤の投与量の設定及び変更

人工心肺を施行中の患者に対し、臨床工学技士が、医師の具体的な指示の下、診療の補助として、人工心肺装置を操作し、血液、補液及び薬剤の投与量の設定及び変更を行うことは可能である。

⑥　血液浄化装置を操作して行う血液、補液及び薬剤の投与量の設定及び変更

血液浄化装置を施行中の患者に対し、臨床工学技士が、医師の具体的な指示の下、診療の補助として、血液浄化装置を操作し、血液、補液及び薬剤の投与量の設定及び変更を行うことは可能である。

⑦　血液浄化装置のバスキュラーアクセスへの接続を安全かつ適切に実施する上で必要となる超音波診断装置によるバスキュラーアクセスの血管径や流量等の確認

血液浄化装置の先端部のバスキュラーアクセス（令和３年10月１日前においては、シャントに限る。以下同じ。）への接続を安全かつ適切に実施するためには、

血液浄化装置の先端部のバスキュラーアクセスへの接続を行う際に、バスキュラーアクセスの血管径や流量等について、超音波診断装置を用いた確認が必要となる場合がある。血液浄化装置のバスキュラーアクセスへの接続を安全かつ適切に実施する上で必要となる超音波診断装置を用いたバスキュラーアクセスの血管径や流量等の確認については、臨床工学技士法第２条第２項の「生命維持管理装置の先端部の身体への接続」に含まれるものと解され、医師の具体的指示の下に臨床工学技士が行うことが可能である。

臨床工学技士による超音波診断装置を用いたバスキュラーアクセスの血管径や流量等の確認に当たっては、養成機関や医療機関等において必要な教育・研修等を受けた臨床工学技士が実施することとするとともに、医師の具体的指示の下、他職種との適切な連携を図るなど、臨床工学技士が当該行為を安全に実施できるよう留意しなければならない。

⑧　全身麻酔装置の操作

全身麻酔装置については、臨床工学技士法第２条第１項の「生命維持管理装置」に該当すると解され、臨床工学技士が、医師の具体的な指示の下、診療の補助として、全身麻酔装置を操作し、人工呼吸に係る運転条件と監視条件の設定及び変更を行うことは可能である。

⑨　麻酔中にモニターに表示されるバイタルサインの確認、麻酔記録の記入

麻酔記録は麻酔を担当する医師が作成する書類であり、作成責任は医師が負うこととされているが、医師が最終的に確認し署名（又は電子署名）することを条件に、臨床工学技士がモニター等に表示されるバイタルサインを確認し、麻酔記録に記入（代行入力）することは可能である。ただし、異常な所見等が見られた場合には医師が適切に対応できる体制の下で行う必要がある。

⑩　全身麻酔装置の使用前準備、気管挿管や術中麻酔に使用する薬剤の準備

全身麻酔装置の準備（使用前点検を含む。）、気管挿管等の準備、術中麻酔等に使用予定の薬剤のピッキング、溶解・希釈及びシリンジへの充填等については、全身麻酔装置を含む生命維持管理装置の操作や保守点検を担っている臨床工学技士を積極的に活用することが考えられる。

⑪　手術室や病棟等における医療機器の管理

臨床工学技士が、臨床工学技士法第２条第２項において、生命維持管理装置の保守点検を行うことを業とするとされているが、手術室や病棟等で使用する医療機器について、輸液ポンプやシリンジポンプ、心電図モニター等の生命維

持管理装置に該当しない医療機器であっても、臨床工学技士が保守点検、トラブルシューティング及び管理（中央管理方式では貸出・返却、使用歴の確認、不足時の補充等）を行うことは可能である。

⑫　各種手術等において術者に器材や医療材料を手渡す行為

各種手術（例：整形外科、心臓血管外科）、各種検査・処置（例：心・血管カテーテル検査・治療、内視鏡検査・治療、中心静脈カテーテル留置、胃管挿入）において、必要な器材や医療材料を準備し、術者である医師等に手渡す行為については、清潔区域への立入り方法等について医師・看護師の十分な指導を受けた臨床工学技士を積極的に活用することが考えられる。

⑬　生命維持管理装置を装着中の患者の移送

生命維持管理装置を装着中の患者の院内での移送については、生命維持管理装置のアクセスルート（例：人工呼吸の気管チューブやECMO装置の脱血・送血カニューラ）の抜去等がないよう特に配慮する必要があり、生命維持管理装置の操作や保守点検を担っている臨床工学技士を積極的に活用することが考えられる。

7）理学療法士

リハビリテーションに関する各種書類の記載・説明・書類交付

リハビリテーションに関する各種書類については、作成責任は医師が負うこととされているものについても、医師が最終的に確認又は署名（電子署名を含む。）することを条件に、理学療法士が書類を記載することや、当該書類について患者等への説明や交付を行うことは可能である。

8）作業療法士

①　リハビリテーションに関する各種書類の記載・説明・書類交付

リハビリテーションに関する各種書類については、作成責任は医師が負うこととされているものについても、医師が最終的に確認又は署名（電子署名を含む。）することを条件に、作業療法士が書類を記載することや、当該書類について患者等への説明や交付を行うことは可能である。

②　作業療法を実施するに当たっての運動、感覚、高次脳機能（認知機能を含む。）、ＡＤＬ等の評価等

作業療法士が、作業療法（ＡＤＬ・ＩＡＤＬ訓練、職業関連活動の訓練、福祉用具の使用等に関する訓練、退院後の住環境への適応訓練、発達障害や高次能障害等に対するリハビリテーション、等）を実施するに当たって、医師との適切な連携の下で、生活状況（ＡＤＬ、ＩＡＤＬ、本人の趣味・興味・関心領域等）や生活上の課題を聴き取り等で把握するとともに、運動、感覚、高次脳機能、ＡＤＬ、ＩＡＤＬ等に関する評価を

病院または診療所および医療機関以外の患者の生活の場で行うことも可能である。作業療法士は、その結果を医師に報告する必要があり、その報告の結果に基づく患者の状態の診断については、医師が行う必要がある。

9）言語聴覚士

① リハビリテーションに関する各種書類の記載・説明・書類交付

リハビリテーションに関する各種書類については、作成責任は医師が負うこととされているものについても、医師が最終的に確認又は署名（電子署名を含む。）することを条件に、言語聴覚士が書類を記載することや、当該書類について患者等への説明や交付を行うことは可能である。

② 侵襲性を伴わない嚥下検査

侵襲性を伴わない嚥下検査については、言語聴覚士も実施可能であり、医師との適切な連携の下で、言語聴覚士が、医療機関内であらかじめ定めたプロトコールに基づき、患者の症状に合わせた適切な嚥下検査を選択・実施し、その結果について、客観的な所見を医師に報告することは可能である。検査結果や当該所見に基づく診断については、医師が行う必要がある。

③ 嚥下訓練・摂食機能療法における患者の嚥下状態等に応じた食物形態等の選択

嚥下訓練・摂食機能療法においては、患者の摂食嚥下機能の改善・悪化に伴い、適時に食物形態を変える必要があるが、医師や関係職種との適切な連携の下で、言語聴覚士が、医療機関内であらかじめ定めたプロトコールに基づき、摂食嚥下機能の改善・悪化等の患者の状態にあわせて、訓練場面における食物形態を適宜選択することは可能である。言語聴覚士は、食物形態を変更した場合は、その結果について医師に報告する必要がある。

④ 高次脳機能障害、失語症、言語発達障害、発達障害等の評価に必要な臨床心理・神経心理学検査種目の実施等

高次脳機能障害(認知症含む。)、失語症、言語発達障害、発達障害等の評価に必要な臨床心理・神経心理学検査の種目の選択・実施について、医師との適切な連携の下で、言語聴覚士が、患者の症状を踏まえて、適切な検査を主体的に選択・実施し、その結果について、客観的な所見を医師に報告することは可能である。検査結果や当該所見に基づく診断については、医師が行う必要がある。

10）視能訓練士

① 白内障及び屈折矯正手術に使用する手術装置への検査データ等の入力

手術室における白内障及び屈折矯正手術に使用する手術装置の設定・準備や、患者情報および術前

の視機能検査で得たデータの手術装置の入力については、必ずしも医師が行う必要はなく、眼科検査等に関する専門的知識を有する視能訓練士を積極的に活用することが考えられる。ただし、手術前に医師が入力データの最終確認を行う必要がある。

② 視機能検査に関する検査結果の報告書の記載

検査結果の報告書については、作成責任は医師が負うこととされているが、医師が最終的に確認または署名（電子署名を含む。）することを条件に、視能訓練士が書類を作成することは可能である。

11）義肢装具士

① 義肢装具の採型・身体へ適合のために行う糖尿病患者等の足趾の爪切等

義肢装具の採型及び身体への適合を安全かつ適切に実施する上で必要となる足趾の爪切り、胼胝等の研磨及び切断術後のドレッシング等の断端形成については、義肢装具士法第37 条第１項の「義肢及び装具の装着部位の採型並びに義肢及び装具の身体への適合」に含まれるものと解され、医師の指示の下に義肢装具士が行うことは可能である。

義肢装具士による爪切り、胼胝等の研磨及びドレッシング等の断端形成の実施に当たっては、養成機関や医療機関等において必要な教育・研修等を受けた義肢装具士が実施することとするとともに、医師の指示の下、他職種との適切な連携を図るなど義肢装具士が当該行為を安全に実施できるよう留意しなければならない。

※手術直後の患部又はギブスで固定されている患部への実施に当たっては医師の具体的な指示の下に行うことが必要である。

② 装具を用いた足部潰瘍の免荷

足部潰瘍のある患者に対する免荷目的の装具の採型・適合については、義肢装具士法第37条第１項の「義肢及び装具の装着部位の採型並びに義肢及び装具の身体への適合」に含まれるものと解され、医師の指示の下に義肢装具士が行うことは可能である。

義肢装具士による足部潰瘍のある患者に対する免荷目的の装具の採型・適合の実施に当たっては、養成機関や医療機関等において必要な教育・研修等を受けた義肢装具士が実施することとするとともに、医師の指示の下、他職種との適切な連携を図るなど義肢装具士が当該行為を安全に実施できるよう留意しなければならない。

③ 切断者への断端管理に関する指導

義肢装具士が、断端管理に関して、患者に対して拘縮予防、断端の浮腫抑制方法等について指導を行うことは可能である。

12）救急救命士

① 病院救急車による患者搬送の際の患者観察

搬送患者が重度傷病者である場合に、病院救急車による患者搬送の際に同乗し、当該患者の血圧、脈拍、酸素飽和度、体温を適時測定し、状態の変化を観察する業務については、救急自動車等による重度傷病者の搬送に関して必要な知識や技能を有する救急救命士を積極的に活用することが考えられる。

② 救急外来等での診療経過の記録

救急外来等での診療録について、作成責任は医師が負うこととされているが、医師が最終的に確認し署名（電子署名を含む。）することを条件に、救急救命士が記載を代行することは可能である。

③ 救急外来での救急患者受け入れ要請の電話対応

消防機関からの救急患者受け入れ要請に対して、患者の状態等の情報について電話で聴取等を行う業務については、救急自動車等による重度傷病者の搬送に関して必要な知識や技能を有する救急救命士を積極的に活用することが考えられる。

13） その他職種にかかわらずタスク・シフト/シェアを進めることが可能な業務

以下に掲げる業務については、必ずしも医師が行う必要はなく、看護師その他の医療関係職種のほか、医師事務作業補助者（「医師の指示で事務作業の補助を行う事務に従事する者」をいう。）等の事務職員が行うことも可能である。業務を行う上で求められる専門性の程度や医療機関内の体制等に応じて、適切に役割分担を行う必要がある。なお、医師事務作業補助者等の事務職員が行う場合、院内の研修等により、必要な知識を備えることが望ましい。

① 診療録等の代行入力（電子カルテへの医療記録の代行入力、臨床写真など画像の取り込み、カンファレンス記録や回診記録の記載、手術記録の記載、各種サマリーの修正、各種検査オーダーの代行入力）

② 各種書類の記載（医師が最終的に確認または署名（電子署名を含む。）することを条件に、損保会社等に提出する診断書、介護保険主治医意見書等の書類、紹介状の返書、診療報酬等の算定に係る書類等を記載する業務）

③ 医師が診察をする前に、医療機関の定めた定型の問診票等を用いて、診察する医師以外の者が患者の病歴や症状などを聴取する業務

④ 日常的に行われる検査に関する定型的な説明、同意書の受領（日常的に行われる検査について、医療機関の定めた定型的な説明を行う、又は説明の動画を閲覧しても

らった上で、患者又はその家族から検査への同意書を受領）

⑤　入院時のオリエンテーション（医師等から入院に関する医学的な説明を受けた後の患者又はその家族等に対し、療養上の規則等の入院時の案内を行い、入院誓約書等の同意書を受領）

⑥　院内での患者移送・誘導

⑦　症例実績や各種臨床データの整理、研究申請書の準備、カンファレンスの準備、医師の当直表の作成等の業務

著者プロフィール

大澤　範恭（おおさわ　のりやす）

愛知県名古屋市出身、埼玉県さいたま市在住。
東京大学法学部卒業。厚生労働省（旧厚生省）で35年間勤務、平成30年1月、社会保険労務士・行政書士事務所を開業、令和元年7月、ＡＩＰ経営労務合同会社を設立。
現在は、病院専門の人事・労務コンサルタントとして活動中。
認定登録医業経営コンサルタント、特定社会保険労務士、行政書士。
（一財）生涯学習開発財団認定マスターコーチ
株式会社ワーク・ライフバランス認定ワーク・ライフバランスコンサルタント
（公社）日本医業経営コンサルタント協会埼玉県支部理事
埼玉県医療勤務環境改善支援センター医業経営アドバイザー・医療労務管理アドバイザー

ＡＩＰ経営労務合同会社／ＡＩＰ社会保険労務士・行政書士事務所
〒330－0061
埼玉県さいたま市浦和区常盤3－14－19　常盤壱番館204号室
TEL　048－626－3101
E-mail　nori@aip-sr.jp
URL　https://www.aip-sr.jp

「AIP経営」で検索

医師の時間外労働規制
関係法令通達集

令和5年11月1日　初版発行

〒101-0032
東京都千代田区岩本町1丁目2番19号
https://www.horei.co.jp/

検印省略

著　者　大　澤　範　恭
発行者　青　木　鉱　太
編集者　岩　倉　春　光
印刷所　神　谷　印　刷
製本所　国　　宝　　社

（営 業）　TEL　03-6858-6967　　Eメール　syuppan@horei.co.jp
（通 販）　TEL　03-6858-6966　　Eメール　book.order@horei.co.jp
（編 集）　FAX　03-6858-6957　　Eメール　tankoubon@horei.co.jp

（オンラインショップ）　https://www.horei.co.jp/iec/
（お詫びと訂正）　https://www.horei.co.jp/book/owabi.shtml
（書籍の追加情報）　https://www.horei.co.jp/book/osirasebook.shtml

※万一、本書の内容に誤記等が判明した場合には、上記「お詫びと訂正」に最新情報を掲載しております。ホームページに掲載されていない内容につきましては、FAXまたはEメールで編集までお問合せください。

・乱丁、落丁本は直接弊社出版部へお送りくだされればお取替えいたします。
・JCOPY〈出版者著作権管理機構 委託出版物〉
本書の無断複製は著作権法上での例外を除き禁じられています。複製される場合は、そのつど事前に、出版者著作権管理機構（電話 03-5244-5088、FAX 03-5244-5089、e-mail: info@jcopy.or.jp）の許諾を得てください。また、本書を代行業者等の第三者に依頼してスキャンやデジタル化することは、たとえ個人や家庭内での利用であっても一切認められておりません。

© N.Osawa 2023. Printed in JAPAN
ISBN 978-4-539-73000-3